笑いとユーモアの心理学

――何が可笑しいの？――

雨宮俊彦
[著]

PSYCHOLOGY OF LAUGHTER AND HUMOR
What is funny?

ミネルヴァ書房

　　　　　　は じ め に

　「美は見る人の目のなかにある」ということわざがある。美人に見とれるとき，美しさは，対象に備わっているとしか思えない。しかし，ショーペンハウアーはにべもなく，男の性欲がそう見せるにすぎないと言っている。オルダス・ハクスレーは，LSDを服用すると，衣類の生地の肌理がいくらながめてもあきないほど美しく感じられたと報告している。美しさは，対象ではなく，それを見る人の心のなかにある。
　可笑しさについても，「可笑しさは感じる人の心のなかにある」と言えるだろう。ヴィーチは，「なぜサルは木から落ちた？　なぜって，死んでたから。」というジョークを聴いて，1時間ほど笑い転げた。そして，その後数年間かけてサルのジョークがなぜ可笑しいのか考え続け，笑いの最新理論のひとつとして注目されている無害逸脱理論を考案した（4章で紹介する）。このサルのジョークはヴィーチの笑いのツボにぴったりはまったらしい。しかし，私には微妙に面白いかなと思える程度である。
　最近，私がはまっているのは，東京03の「万引きの謝罪」や「緊張しすぎる男」などのコントである。Youtubeで何回も見て大笑いをして，いまひとつぴんとこないという感じの学生にも，面白いだろうとつい見せてしまう。日常の心配事や微妙な心理のあやを極端にまで追求して，はたから見れば戯画化された滑稽に転化させてしまうのが基本パターンだが，これがツボにはまる。一方，ジャルジャルのコントは学生に勧められて見たが，ズレの単調な反復が微妙にシュールかなと思う程度で，まったく面白くない。
　何を可笑しいと思うかは，何を美しいと思うかより，人による差ははるかに大きいようだ。われわれが可笑しさを感ずる対象は多岐にわたる。われわれは可笑しさを，コントや漫才，落語などの演芸だけでなく，コメディー，笑い話などの作品，日常生活における会話など様々な領域で経験する。可笑しさを感

ずる対象も，イナイイナイバーや変な顔，変なしぐさから始まって，ヘマ，追いかけっこ，ドタバタ，戯画，皮肉，からかい，ジョーク，風刺などきわめて多様である。

　われわれが何を可笑しいと感ずるのか，そしてそれはなぜなのか，本書では，心理学とくに感情心理学の観点から解明を試みる。心理学的に見ると，笑いやユーモアが持つ身体から認知，社会にわたる多面性は，感情一般が持つ多面性の一例として位置づけられる。これについては，5章で具体的に解説する。

　笑いとユーモアを感情として位置づけることが，本書の第一の柱である。第二の柱は，多種多様な可笑しみの共通性と違いの定式化である。本書では，くすぐりやじゃれ遊びなど身体レベルの笑いから始めて，ドタバタ喜劇などでの滑稽さや挑発，からかい，知的なジョーク，超越のユーモアにいたるまで，きわめて多種多様な可笑しみを比較しながら，これらの共通性と違いの定式化を試みた。

　多種多様な可笑しみの共通性は，笑う身体が快・興奮・弛緩を示していることの確認（2章），可笑しみ生起条件としての遊戯性と興奮（3章）において示されている。多種多様な可笑しみの違いをどう位置づけるかについては，可笑しみの4段階モデル（5章）によって大枠が示されている。

　本書の第三の柱は，笑いとユーモアが，心身の健康や社会関係などに与える影響の解明である。第一の柱である感情としての位置づけと第二の柱である共通性と違いの把握をうけて，5章の終わりから6章で，笑いとユーモアのもつ様々な効用について，解明を試みている。笑いとユーモアの効果の感情調節モデルへの位置づけ（6章），ユーモア・スタイルと可笑しみの4段階モデル，およびセルフ・コンパッションとの関連（6章）などである。笑いと畏敬の対比（5章）と距離化（6章）では，笑いとユーモアにおける超越が，検討されている。

　以上のように，本書では，笑いとユーモアという多面的で複雑，多様な現象の全体像をとらえるための基本的な枠組みと視点の提示が試みられている。個々の研究については，基本的な枠組みと視点に関連する研究を主に紹介して

いる。心理学におけるユーモア研究を網羅的に紹介した本としては，マーチン（2007/2011）の『ユーモア心理学ハンドブック』を参照されたい。笑いやユーモアといった言葉の意味については，1章で導入の解説としてのべられている。

　本書の準備のために様々な思想家や研究者のユーモア論を読んだが，ダーウィンとフロイトの著作の密度の高さにとくに印象を受けた。ダーウィンの問題への幅広いバランスのとれたアプローチと何も見逃さない観察のするどさ，フロイトの強引だが周到な議論の展開と問題の本質へのするどい洞察である。4章では，様々なユーモア理論の解説を行っているが，基本的にはそれぞれ独立の内容である。もしややこしく感じられるところがあったら，ざっと飛ばして読んでいただけたらと思う。また，本書の話題は生理学から心理学，言語学まで多岐にわたるが，基本的な内容は互いに対応しているので，もし分かりにくいところがあったら，背景情報としてざっと流していだいて，興味のあるところを中心に読んでいただければと思う。笑いとユーモアの心理学は，まだまだ発展途上の領域である。本書の内容についての，疑問やご助言をいただけるとありがたい。

　本書は筆者の自由な勉学の産物である。暖かく見守り続けてくれた，故郷の父にあらためて感謝したい。本書の心理学的内容に関しては，私の研究室の学生だった吉田昂平さん，吉津潤さん，水谷聡秀さん，西川一二さんなどとの共同研究に負うところが多い。反転理論については近畿大学の生田好重先生との共同研究によっている。また，本書の刊行にあたっては，アプター博士，マギー博士，マーチン教授，ルフ教授には，写真使用の許可とお祝いの言葉をいただいた。共同研究者とユーモア心理学の先達に感謝の意を表する。

　本書は，ミネルヴァ書房の吉岡昌俊さんの辛抱強いご慫慂と励ましがなければ完成できなかった。また本書が，少しでも読みやすくなっていたとしたら，吉岡さんの懇切なご助言のおかげである。あらためて感謝の意を表する。

　中井久夫は，1983年度の3冊の本の収穫の1冊として『笑いの社会学』（木村，1983）をあげ「生真面目ななかに，なんとも言えぬおかしみと，人間への

鍾愛がにじみ出ている。」と評している。私がユーモア研究に入ったのは，木村洋二先生の誘いがきっかけだった。それ以来，ユーモアをはじめとして様々なテーマについて議論をしてきた。しかし，先生は2009年，私が在外研究から戻ってきた年に突然帰らぬ人となってしまった。本書を木村洋二先生の思い出に捧げる。

2016年3月

雨宮俊彦

本書の準備にあたっては，科研費基盤研究（C）（課題番号26350027）の助成を受けた。

目　次

はじめに

第1章　笑いとユーモアのとらえ方 …………………………… i
　1　日本語における笑い ………………………………………… 2
　2　ユーモアの語義の変遷 ……………………………………… 9
　3　心理学と笑い・ユーモア研究 …………………………… 11
　4　ユーモアとポジティブ心理学 …………………………… 14
　　コラム　日本文化と笑い ……………………………………… 21

第2章　笑う身体を観察する ……………………………………… 25
　1　ダーウィンによる笑う身体の観察 ……………………… 25
　2　笑顔の種類と笑いの強度 …………………………………… 27
　3　笑顔の進化 …………………………………………………… 33
　4　笑い声 ………………………………………………………… 38
　5　笑う身体 ……………………………………………………… 44
　　コラム　最も面白いジョーク ………………………………… 51

第3章　可笑しさの系譜を探る …………………………………… 53
　1　くすぐり ……………………………………………………… 54
　2　じゃれ遊び …………………………………………………… 62
　3　日常生活の笑いと笑いの感染 …………………………… 72
　4　乳幼児の笑い ………………………………………………… 75
　5　笑いとユーモアの2条件 …………………………………… 79
　6　ユーモア技法の分類 ………………………………………… 83
　　コラム　ユーモアを育む ……………………………………… 96

第4章　ユーモア理論を概観する……99

1. ユーモア理論の３つの流れ……99
2. 優越理論……101
3. 不一致理論……119
4. エネルギー理論……140

　コラム　アプターが語る反転理論とユーモア……172

第5章　感情として笑いとユーモアを位置づける……177

1. 笑いとユーモアの位置づけ……177
2. 感情のとらえ方……182
3. ネガティブ感情とポジティブ感情……197
4. 感情とは何か……203
5. 感情としての可笑しみの特徴……207

　コラム　笑いの測定法……230

第6章　笑いとユーモアの効用を探る……233

1. 効用を査定する……233
2. ストレス対処……243
3. ユーモアスタイル……257

　コラム　強みとしてのユーモア……271

引用・参考文献
人名索引／事項索引

第1章

笑いとユーモアのとらえ方

「ユーモアセンス（sense of humor）のない人は，バネのない荷車のようなものだ。路上のどんな小さな石ころにもガタガタ揺れる。」（ヘンリー・ウォード・ビーチャー（マギー(2010b, p. xi)より））

　ヘンリー・ウォード・ビーチャー（1813〜1887）は，奴隷制反対などの活動で知られているアメリカの牧師で，『アンクル・トムの小屋』の著者ハリエット・ビーチャー・ストウの弟にあたる。「よいユーモアはあらゆるものを耐えさせてくれる。」といった言葉もある。ここでの"sense of humor"は，日本語で対応する言葉を見つけることはほぼ不可能で，「ユーモアセンス」などと訳すしかない。

　欧米においては「ユーモア」という言葉は幅広い意味を担っている。一方，日本語の「ユーモア」は歴史の浅い外来語である。日本語で，より幅広い意味を担うのは「笑い」である。この対比は学会の名称にも反映されている。笑いやユーモアに関する国際的な学会としては，The International Society for Humor Studies（国際ユーモア学会）が有名である。日本において，国際ユーモア学会に対応する歴史のある学会としては，日本笑い学会（The Japan Society for Laughter and Humor Studies）がある。日本笑い学会の英語名称には"Laughter"だけではなく，"Humor"も入っている。これは，英語の"Laughter"が，ハッハッハという笑い声や関連する身体反応に限定される傾向のある言葉で，日本語の「笑い」のような幅広い意味を担う言葉ではないからである。"Laughter Studies"だけだとより直接的に笑い声や関連する身体反応に関する研究に限定されてしまう。

本書の目的は，笑いとユーモアを身体に根ざした現象としてとらえ，人格や対人関係，適応にいたるまで，感情心理学の枠組みに位置づけて，一連の現象として扱うことである。1章では2章以降での，理論と実証研究の検討に先立って，多様な笑いとユーモアをどうとらえるのか，予備的な知見の紹介を行う。1節と2節では，日本語と欧米の言語を対比させ，笑いとユーモアに関する言葉の検討を行う。3節と4節では，心理学においてユーモアがどう研究されてきたのか簡単に概観する。

1 日本語における笑い

　「悲劇（そして劇的なもの）は，普遍的である。喜劇は，時代や社会，文化人類学と結びついている。」（エーコ，1986）

（1）日本語の語彙

　日本語の語彙は，和語と漢語，オノマトペ，外来語の4つのグループからなる。通常，和語がひらがな，漢語が漢字，オノマトペと外来語がカタカナで表記される。和語は通常ひらがなで表記されるが，漢字を用いる場合もある。これが，訓読みである。たとえば漢字の「水」を〈スイ〉と読めば音読みの漢語だが，〈みず〉と読めば訓読みの和語にあたる。〈スイ〉は中国語からの借用だが，〈みず〉は日本古来の和語である。漢語の〈スイ〉と和語の〈みず〉は，漢字の「水」の2種類の読みを介して結びつけられているにすぎない。漢字の「水」を〈ウォーター〉と読んで，英語の〈ウォーター〉を漢語の〈スイ〉と結びつけることも同様に可能であり，和語の〈みず〉は，英語の〈ウォーター〉と同じく漢語の〈スイ〉とはもともと無関係の言葉だった。
　4グループの語彙と3種類の表記の対応，そして，同じ文字（漢字）に対する多量の複数の読みの存在という特徴を持つ日本語の表記は，世界の言語のなかで最も複雑であると言える。とくに，名前に関しては，用いる漢字の制限はあっても，読みとの対応に関する制限はないので，緑夢（ぐりむ）から，七音

（どれみ），星影夢（ぽえむ）と野放し状態で，キラキラネームの花盛りである。一方，苗字に関しては，ほとんど気まぐれとしか思えない漢字の異字体が多数存在している。このような日本語表記の複雑さと無秩序は，かつて文化人類学者の梅棹忠夫が嘆いたように，日本語における正書法（表記と読みの対応の規則）確立の障害であり，文明を担う書き言葉としての日本語の機能性向上を阻む要因となっている（梅棹，1992）。ただ一方で，この複雑さと無秩序は，キラキラネームから「ICOCA イコカ」（JR 関西）などをはじめとする商品のネーミング，CM における言葉遊びまで，言葉の表記をめぐる遊びと笑いの豊かな源を提供していると言えるかもしれない。

　以下，日本語の語彙が笑いとユーモアをどのようにとらえているのか，和語とオノマトペについて見ていく。語義や用例については，『日本語大辞典（第2版)』（小学館，2002）を参照する。

（2）和語における笑いに関する基本語彙：「えむ」と「わらう」

　和語における笑いに関する基本語彙には「えむ」と「わらう」がある。基本的には「えむ」が笑い声を伴わない笑顔を指すのに対し，「わらう」が笑い声あるいは笑い声を伴う笑いの反応全般を指す。「えむ」が笑い声を伴わない笑顔に限定されているのに対し，「わらう」は多くの複合語の構成要素として，笑い全般に関して，身体的表現を基盤に，多様な心理的，社会的な意味まで表現する言葉となっている。

　「えむ」には，にこにこしたり，笑顔になるという語義以外に，(つぼみがほころんで花が)咲く，(果実が熟して)裂け開くといった場合を指す語義もある。笑顔，つぼみの開花，果実いずれの場合も内側からの力で外にほころび出る状態を指している。和語は語彙数が少なく，和語の基本語の語義は一般性と抽象性を持つ傾向があるが，「えむ」もその例である。和語における語義の細分化は，複合語とオノマトペによる修飾による。

　「えむ」が笑顔を指す自動詞だけだったのに対し，「わらう」には自動詞と他動詞があり，笑い声と関連して笑顔も含んだ幅広い出来事を指す。自動詞の場

合の基本的語義は,「喜びやおかしさなどの心情を,声または顔の表情で表出する。おかしがって顔をくずし声をたてる。」である。これに対し,他動詞の場合の語義は「あざける。ばかにして声をたてたり,顔をくずしたりする。嘲笑する。あざわらう。」と他者に対する攻撃的な笑いである(日本語の「わらう」における親和的な笑いと攻撃的な笑いの区別は,英語における親和的な laugh with(共に笑う)と攻撃的な laugh at(誰かを笑う)の区別(マーチン,2007/2011)とまったく一致する)。日本語における「わらう」の自動詞の副次的な語義には,「えむ」の場合と同じくつぼみが開いて花が咲く,果実が熟して裂ける,がある。さらに,「わらう」には,「山がわらう」(春になって芽が出たりして明るくなる)や「膝がわらう」(力がぬけてがくがくする)などの語義もある。「山がわらう」は笑いにおける明るさ,「膝がわらう」は笑いにおける脱力(2章5節参照)を擬人的にとらえた表現だと言えるだろう。

「えむ」が自動詞のみで内側からの力で外にほころび出るといった状態をとらえているのに対し,「わらう」は他動詞としての攻撃的な笑いも含み,外への反応,働きかけといった意味合いを中心にしている。この日本語における「えむ」と「わらう」の意味の対比は,幼児において最初に出現する笑顔と笑い声の基本的な違いと対応している。

(3) 最初の笑顔と笑い声

図1.1は,養育者によるビデオ記録を利用した乳児の笑い研究を提唱しているアディマンらが,養育者による乳児の行動観察報告を集計したものである(アディマン & アディマン,2013)。最初の笑い声が月齢3ヶ月を中心に分布するのに対し,笑顔は生後1ヶ月までが最も多い。ピークで見ると,最初の笑い声は笑顔から2ヶ月から3ヶ月遅れて生じている。

生まれたばかりの乳児で観察される笑顔を,自発的微笑,あるいは,新生児微笑という。自発的微笑は,睡眠中に観察される100%内発的な笑顔である。

---

(1) The Baby Laughter Project (http://babylaughter.net/)

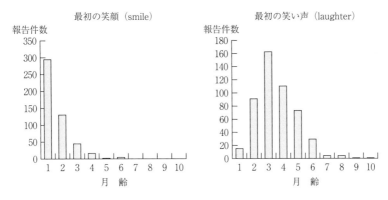

図1.1　最初の笑顔（smile）と笑い声（laughter）が観察された月齢の報告件数
（出所）　アディマン＆アディマン（2013）

　生後2ヶ月を過ぎると，覚醒時の笑顔として，養育者などへむけての社会的微笑が現れる。自発的微笑は，社会的微笑に比べると目立たなくなるが，生後2ヶ月を過ぎても持続する（川上，2009）。自発的微笑は，胎児においても確認されている。自発的微笑の機能に関しては，まだはっきり分かっていないが，覚醒度の変動との関連で，覚醒度が一定水準より下がったときの反応とする理論もある（スロウフェ＆ウォーターズ，1976）。乳児に見られる消化後の笑顔なども，満足による覚醒度の低下と関連してとらえることができる。

　乳児における笑顔は，最初の段階では純粋に内発的な反応として始まる。これに対し，3ヶ月齢を中心にはじめて生ずる笑い声は，くすぐりや音などの刺激に対する反応として生ずる（コジンツェフ，2010）。笑顔は笑い声を伴うとは限らないが，笑い声が生じているときには同時に笑顔も生じている。一般には，笑顔の強度が増していくと，笑い声を伴うようになると考えられている。しかし，自発的微笑に関しては，笑い声を伴う笑顔との違いの指摘もある。たとえば，カワカミら（2006）は，笑い声を伴う笑顔が3ヶ月齢よりも前にも生じうることを示したうえで，自発的微笑は左右非対称の傾向が強く平均の持続時間が2秒程度なのに対し，初期の笑い声を伴う笑顔は左右対称であり平均の持続時間は3秒程度とやや長いなど，両者が異なったタイプの笑顔であることを指

表1.1 日本語における「えむ」と「わらう」の語義とその展開

	対　　象	基本的方向性	展　　開
えむ	笑顔のみ	内発的反応	自発的微笑→社会的微笑
わらう	笑顔＋笑い声	環境への働きかけ	親和と攻撃 種々の行動・感情・社会関係

摘している。

（4）「えむ」と「わらう」の語義とその展開
　乳児における笑顔と笑いの成立について簡単に紹介した。日本語における「えむ」と「わらう」は，こうした笑顔と笑いの基本的特性をとらえた語彙であると言える。表1.1に「えむ」と「わらう」の語義とその展開について整理した。

（5）「えむ」の複合語
　「えむ」は，現在では「えみ」と名詞化して使われることが多い。「えみをうかべる」とか「満面のえみ」などである。動詞としては，「えむ」を構成要素とした複合語の「ほほえむ」がよく使われる。「ほほえむ」は，漢字では「微笑む」あるいは「頬笑む」と表記される。いずれも，笑い顔であり，笑い声を伴わないかすかな笑いの表現（微笑む）か，笑いにおける頬に着目した表現（頬笑む）になっている。「えむ」を構成要素とした複合語には，「ほくそえむ」などもある。「ほほえむ」「ほくそえむ」ともに，名詞化すると「ほほえみ」「ほくそえみ」となる。「ほほえむ」などは社会的微笑と対応しているが，「えみをうかべる」，「満面のえみ」，「ほくそえむ」などでは，内発的反応として，内から外へほころび出るといった語義の基本的方向性が明確である。「えみ」を構成要素とした複合語には，他にも「そぞろえみ」（漠然とした笑顔）や「はつかの糞笑み」（生まれた子が，生後20日ごろ，はじめて笑うこと）など数件あるが現在では使われていない。「はつかの糞笑み」は明らかに新生児微笑を指した言葉である。糞という接頭辞は，社会的微笑と異なり意味なく笑う

ことからついたのかもしれない。

（6）「わらう」の複合語

「わらう」は「えむ」に比べると，はるかに広い適用範囲を持っている。これは，「わらう」が，笑顔だけでなく，笑い声も対象とし，親和と攻撃という基本的に異なった2タイプの環境への働きかけをも指し示しうるからである。「わらう」は「わらい」と名詞化して修飾語を付し，多くの複合語を形成している。『日本国語大辞典（第2版）』（小学館，2002）には，「わらい」を構成要素とする複合語が118あげられている。これらを大きく分けると，行動の様子，感情，社会関係，それにオノマトペの4タイプに分かれる。以下，順に紹介する。「わらい」は「笑い」と漢字を使って表記する。

行動の様子

様々な行動の様子を表現した複合語には，「片口笑い（口角の一方だけほんの少し笑いを浮かべること。ちょっと笑うこと）」，「揺すり笑い」（肩，上半身などをゆり動かしながら笑うこと），「大笑い」，「馬鹿笑い」，「豪傑笑い」，「高笑い」などがある。

感　情

様々な感情と関連した笑いを表現した複合語には，「思い出し笑い」，「しのび笑い」，「泣き笑い」，「苦笑い」，「含み笑い」，「はにかみ笑い」，「恥ずかし笑い」，「照れ笑い」，「道化笑い（おどけた笑い）」，「作り笑い（おかしくもないのに，わざと笑って見せること）」，「空笑い（おかしくもないのに笑うこと）」などがある。「作り笑い」と「空笑い」は，ほぼ同義である。

社会関係

様々な社会関係と関連した笑いを表現した複合語には，種々の状況における親和的な笑いや攻撃的な笑いが含まれて多様である。宥和的な笑いには，「愛想笑い」，「追従笑い」，「乞食の空笑い（利益を得るために心にもないお世辞笑いをすること）」などがある。感染や共感の笑いには，「側笑い（人の話すかたわらにいて笑うこと）」，「もらい笑い（他人の笑いに誘われて自分もいっしょに笑う

こと)」,「気の毒笑い(同情して心を痛めながら, しいて笑顔をつくること)」などがある。攻撃的な笑いには,「鼻先笑い」,「薄ら笑い」,「せせら笑い」,「あざ笑い」,「さるの尻笑い(猿が自分のしりが赤いことに気がつかないで, 他のしりを笑うように, 自分の欠点や短所などに気づかず, 他人をばかにすること)」などがある。他に,「誘い出し笑い(相手がつりこまれて笑うようにしむける笑い)」,「ごまかし笑い」などもある。

以上のように日本語の「笑い」は, 心理・社会的な意味を持つ種々の行動を示す語群の構成要素として, 幅広い意味を担う言葉として使われている。陽気な笑いや陰気な笑い, 粗野な笑いや上品な笑いなどといった, 笑いや笑い声の感性的な印象については, オノマトペを用いて表現される。

オノマトペ

様々なタイプの笑いの違いは, オノマトペによる修飾によっても表現される。例としてあげると,「にやにや笑い」,「にたにた笑い」,「にこにこ笑い」,「へらへら笑い」,「くすくす笑い」,「けたけた笑い」,「からから笑い」,「どっと笑い」などである。笑いを修飾するオノマトペの特徴は, 擬態語と擬音語が連続的なことである。たとえば,「くすくす笑い」や「けたけた笑い」,「からから笑い」などは, 笑うときの状態を形容する擬態語とも言えるし, 笑い声を形容する擬音語とも言える。これは,「わらい」が笑顔と笑い声の両方, あるいはその複合を指し示す言葉だからである。「にこにこ」といった擬態語度が高い語の場合には, 純然たる擬音語の場合とは違って, 聞いたときに脳の視覚領域も活性化されることが, 脳活動の画像化(fMRI)を用いて示されている(苧阪, 2010)。オノマトペの意味は, 辞書的ではなく感性的なものであり, 原則として翻訳不能だが, 笑い声を形容するオノマトペの場合, 音韻と感性的印象との関連には明確な規則性がある[2](雨宮・水谷, 2006)。

---

(2) たとえば「わはは」,「はははは」には明るい印象があるのに対し,「ひひひ」,「いひひ」には陰質な印象がある。これは, 母音としての「あ」の大きさ,「い」の小ささの印象と関連している。また「がはは」の粗野な印象と「おほほ」や「うふふ」の繊細な印象は,「が」音の硬さや「う」や「お」の柔らかさの印象と関連している。

2　ユーモアの語義の変遷

「反逆，殺人，放火，入れ歯，かつらを告白する人はいる。しかし，そのなかの何人が自分にはユーモアセンスがないと認めるだろうか。」（フランク・ムーア・コルビー（マギー（2010b, p. xiv）より））

（1）英語における "humor" と "laughter"

英語の "humor" が可笑しみに関連した幅広い意味を持つのにたいし，日本語の「ユーモア」は19世紀になってはじめて用いられた外来語で，「滑稽」に似た，しかし，ある種上品な特定のタイプの可笑しみを指す言葉にすぎず，英語の "humor" のような一般性は持たない。たとえば，"sense of humor" に適切に対応する日本語はないので，そのまま「ユーモアセンス」などとするしかない。日本語のユーモアは，現時点では英語のような一般的な意味はまだ持っていないが，本書では，英語の場合と同じ広い意味で，笑いと並べて用いることにする。

英語の "laughter" は，より限定的，即物的に，笑い声，あるいは笑う行動を指し示している。英語のシソーラス WordNet 2.1（プリンストン大学，2010）によると "laughter" には下位語（hyponym）として，"chuckle", "giggle", "belly laugh", "horselaugh", "snort", "titter" など，笑う行動の特徴や一部心理に関連した言葉もあるが，日本語の「わらい」のような幅広い心理・社会的な意味を担う言葉としては使われていない。英語における "laughter" の意味は，日本語における「わらい」のような幅広さは持たず，基本的には，あくびやくしゃみなどと同じく，より直接的に笑い声と関連する身体的活動に限定される傾向にある。こういった位置づけは，研究にも反映されている。たとえば，あくびを専門に研究していた異端の行動研究者プロヴァインによる著書 *Laughter*（プロヴァイン，2001）は，人間の笑い声の音声的特徴や，くすぐり，笑いの感染などについて興味深い知見が紹介された，好著である。しか

し，"Laughter" では，直接的な行動観察の結果，笑いの生起が気の利いたジョークなどとはほとんど関係していないことが判明した事実を1つの根拠に，認知的評価や主観的感情状態などを対象とした心理学的なアプローチをほとんど無視している。

　日本語の「わらい」と対応して，英語でより幅広い心理・社会的な意味を持つ言葉として使われているのは "humor" である。"humor" はラテン語由来で，もともとは体液とか気質の意味で用いられていたが，後に，可笑しみに関連した意味で用いられるようになった（マーチン，2007/2011）。英語の "humor" は，16世紀から現代にかけて，その意味が大きく変化した。第一の変化は，意味の一般化である。第二の変化は，価値の上昇，あるいは，インフレーションである。

（2）英語圏における "humor" の語義の拡張と価値の上昇
　ギリシャの医学者ヒポクラテスは，健康が4種類の体液（フモール：humor）のバランスからなると考えた。4種類の体液とは，血液，胆汁，黒胆汁，粘液である。ローマ時代になると，4種類の体液と固有の性格との結びつきも言われるようになった。血液が多いと多血質で陽気，黒胆汁が多すぎると憂鬱な気質となる，などである。ここから，"good humored" が「上機嫌な」，"bad humored" が「不機嫌な」など，フモールはしだいに心理的な意味を持つようになる。英語においては，"humor" ははじめは，「気分屋」の意味で使われ，16世紀になると風変わりな人物を指すようになった。"humorist" は，当初，笑いの的となる風変わりな人を指したが，19世紀になると，現在と同じく，人を笑わせる才能を持つ人を指すようになる。人格と関連した可笑しみを指す "humor" に対し，知性と関連した可笑しみに関しては，"wit" という言葉も使われるようになった。しかし，現在では，"wit" も含めて，可笑しみ全般に関連した一般的な言葉として "humor" が用いられるようになった。WordNet 2.1 には，"humor" について，笑いに関連した語義が3つ，中世以来の気質に関する語義が3つあげられている。可笑しみに関連した語義は，可笑しみを感

じさせるメッセージ，メッセージを発したり感じ取る感覚と人格特性，可笑しみを感じさせる対象の特性の3種である。

　語義の拡大と並んで生じた変化は，価値の上昇である。"humor" は，当初，気分屋，風変わりな人物を指す程度の言葉だった。その後，"humorist" は人を笑わせる才能を指すプラスの言葉となった。ユーモアセンス（"sense of humor"）は，ユーモアを理解し用いる能力である。20世紀以降の英語圏では，ユーモアセンスは，人が持ちうる最も重要な性格特性との地位を占めるようになり，ユーモアセンスの欠如は，狂信性，自己中心性，柔軟性の欠如など，性格の欠陥を指すことになってしまった。とくに男性においては，ユーモアセンスは重要な特性と見なされ，高く評価される傾向にある（プロヴァイン，2001）。心理学者でさえ，ユーモアセンスを成熟して健康な人格の特徴と見なすようになった（オルポート，1961/1968）。冒頭の引用のように，殺人者と言われるより，ユーモアがないと言われることの方が，受け入れがたいなどといった言葉すらある。こうしたユーモアの過大評価は，ユーモアにおける権威への挑戦や知的な批評性，ポジティブ感情という特性が，20世紀欧米における民主主義社会の価値観と合致したためだろう。権威を敬い，原典に忠実で，自己制御を重視した中世の社会では，ユーモアは悪徳と結びついて低い価値しか与えられてこなかった。現代においても，宗教指導者のパロディーを，欧米社会ではユーモアとして評価するが，イスラム教を信奉する社会では冒涜として非難するなど，同じ行為に対して，ユーモアとして評価するか冒涜として非難するか，大きく評価が変わるような事態が生じている。

3　心理学と笑い・ユーモア研究

「人生は，ただ感じるだけの人々にとっては悲劇にほかなりませんが，もしあなたが考えることができれば，それは巨大な喜劇になります」（ホームズ＆ラスキ（1953/1981）『ホームズ-ラスキ往復書簡集』，p. 348）

（1）笑いの謎にいどんだ思想家たち

「笑いとは何を意味するのか。笑いを誘うものの根底には何があるのか。…（中略）…アリストテレス以来，おえらい思想家たちがこのちっぽけな問題と取り組んで来たが，この問題はいつもその努力を潜りぬけ，すりぬけ，身をかわし，またも立ち直るのである。哲学的思索に対して投げかけられた小癪な挑戦というべきだ。」ベルクソン（1900/1976）は，笑いに関する自らの論考をこう始めている。笑いについては，アリストテレスから始まって，ホッブス，カント，ショーペンハウアー，ベルクソン，フロイト，ケストラー，デネットにいたるまで，錚々たる思想家たちが，人はなぜ笑うのか，何を笑うのか，その謎を解き明かすべく，それぞれ論考を残してきた。

思想家たちは，人はなぜ笑うのか，何を笑うのかという問題を，それぞれの理論的立場から解こうとした。これは，冒頭の「人生は，…（中略）…もしあなたが考えることができれば，それは巨大な喜劇になります」という警句に示されるように，ジョークなどに示される笑いには知的で批評的な側面があり，笑いが哲学的思索にとってのかっこうのパズルを提供したからである。しかし，笑いには，知的な側面のもう一方で，くすぐりやじゃれ合いで生ずる生理的反応という身体的な側面もあり，思想家たちの概念分析はこうした笑いの身体的な側面までは届かなかった。笑いとユーモアに対する思想家たちの分析の貢献と限界については，4章で概観する。

（2）心理学におけるユーモア研究

笑いとユーモアにおける知的な側面と身体的な側面を統合的に把握できるのは，心理学だろう。しかし，現状の心理学では，笑いとユーモアに関しては周辺的で断片的な研究が蓄積されているにすぎず，笑いとユーモアにおける知的な側面と身体的な側面の統合的な把握までいたっていない。この原因には，笑いとユーモアの評価と心理学の枠組みの問題がある。ここでは，笑いとユーモアの評価について，笑いやユーモアが真面目でなく，前向きでポジティブであるとも見なされなかった事情についてのべる。心理学の枠組みの問題は，身体

と認知が別々に扱われてきたことである。両者を結びつけることは，本書の中心課題である。

　マーチン（2007/2011）の『ユーモア心理学ハンドブック』は，笑いとユーモアに関する心理学的な研究を，認知・発達・社会関係・個人差・健康や精神衛生との関係，教育・臨床・産業における応用，哲学的な先駆的理論の概観，進化・生理・脳などの生理生物学的な研究までふくめて網羅した大著である。本のはじめの方では，英語での心理学のテキストブックを調べたロッケライン（2002）による調査を紹介し，笑いやユーモアについては，子どもの発達などの領域で若干扱われている程度で，心理学のテキストでは，ほとんど扱われていないとのべている。日本でも状況は変わらない。生理心理・学習・認知・発達・人格・社会心理・臨床心理・文化心理，心理学のどの領域でも，笑いとユーモアはテキストではほとんど扱われず，研究においても各領域の周辺の無視できる程度の位置しかしめていない。マーチンが行ったのは，様々な分野を横断して，各領域の周辺の辺境の地から，笑いとユーモアに関する文献を徹底的に渉猟することだった。そのうえで，各分野の研究に対するエビデンスにもとづいたクリティカルな検討がなされている。マーチンの『ユーモア心理学ハンドブック』は，ユーモア研究の碩学が一人で書いた現時点では最良のハンドブックである。

（3）ユーモア心理学の先駆者たち：第一世代と第二世代

　マーチンの『ユーモア心理学ハンドブック』は，心理学の周辺に散在したユーモアに関する実証的研究の知見を網羅した最良のハンドブックだが，笑いやユーモアにおける知的側面と身体的側面を統合する枠組みは提示されていない。マーチンが強調するのは，ユーモアには心理学すべての分野がかかわっていることである。実際マーチンは，カナダの大学においてユーモアをテーマに心理学の導入教育を試みている（安部，2008）。こうした姿勢は，マーチンと並ぶユーモア心理学の代表的研究者であるルフにも共通している。ルフは，2009年の筆者のインタビューに答えて，ユーモア研究は心理学の小宇宙だとの

マギー氏　　　　　　ルフ氏　　　　　　マーチン氏

図1.2　ユーモア心理学の第一世代と第二世代の先駆者たち

べている。マーチンとルフはともに国際ユーモア学会の会長をつとめている。ユーモア心理学をライフワークとした研究者の第一世代としては，マギーがいる。マーチンとルフは第二世代と見ることができる。それぞれ，不真面目だとか純粋でないといったユーモアに対する偏見と闘い，ライフワークとしてユーモア心理学を開拓してきた。

4　ユーモアとポジティブ心理学

「わたしがわたしの悪魔を見たとき，その悪魔は，まじめで，深遠で，おごそかだった。それは重さの霊であった。――この霊に支配されて，いっさいの事物は落ちる。これを殺すのは，怒りによってではなく，笑いによってだ。さあ，この重さの霊を殺そうではないか。」（ニーチェ（1891/1973）『ツァラトゥストラ』，p. 62）

「遊びをせんとや生れけむ，戯れせんとや生れけん，遊ぶ子どもの声きけば，我が身さえこそ動がるれ。」（佐々木（1941）『梁塵秘抄』）

（1）真面目なユーモア研究者のなげき

幼児における道化や自閉症児の笑いに関してユニークな研究をしているレディ（2008/2015）は，ユーモアの認知発達理論で知られているシュルツに，自分の研究キャリアをユーモア研究で築かないように助言されたとのべている。

バーラインやシュルツなどユーモアの心理学研究で有名な研究者も，キャリアを別の領域で築いてから，ユーモア研究に取り組んでいる。ユーモアそのものは，愉快で真面目ではない現象である。これがユーモア研究と混同され，ユーモア研究は愉快で真面目ではないと受け取られてしまう。真面目でないと受け取られかねない研究でキャリアを築こうとするのは，シュルツが警告したように危険なこともあるのかもしれない。

　ユーモア心理学をライフワークとした最初の研究者と言えるマギーは，第一線の発達心理学者としてユーモアを研究していたが，その後大学を離れ，The Laughter Remedy（http://www.laughterremedy.com/）という組織をたちあげ，ユーモアトレーニングとユーモアに関する啓蒙を中心に活動するようになっている。図1.2のマギーの写真は，ユーモア心理学の知見を実際の場面に生かそうとするマギーの熱意を示すものである。マギーの次の世代になるルフは，大学時代に読んだフロイトのジョーク論に影響され，アイゼンクなどの心理測定の教えをうけ，エクマンなどとも共同研究し，幅広くユーモア心理学を実証的に研究している。ルフもチューリヒ大学に移る前に，キャリアで苦労したことがあり，これはユーモア研究に対する低い評価が関係したとのべている。

（2）ポジティブ心理学とユーモア研究の不幸な出会い

　ユーモアに限らず，研究テーマの重要性の評価は時代によって変わる。心理学では，伝統的に不安や抑うつ，攻撃性，トラウマ，不適応といったネガティブな現象が，重要な問題として研究テーマとして選ばれ，熱中や感謝，幸福といったポジティブな現象は，重要な研究対象としては見なされてこなかった。こうした状況が大きく変わったのは，セリグマンらが唱えたポジティブ心理学運動以来である。フロー（課題への熱中状態）や感謝，幸福などが研究対象として注目され，次々に論文や本が出されるようになった。

　ユーモアは愉快な経験であり，ポジティブ心理学の主要なテーマの1つとなることが期待される。筆者もそうした期待で，2009年の第1回国際ポジティブ心理学会に出席し，笑いと畏敬の比較について発表した。ジンバルドの堕天使

効果（普通の人が状況によっては邪悪な行為をすること）についての記念講演に始まって，幸福感や情熱，勇気など様々な講演やシンポジウムが開催されていた。しかし，ユーモアについての発表は，ほとんどなかった。会場では，マギーがポスターセッションで，マギーの考案したユーモアトレーニングの評価に関するルフとの共同研究を発表していた。筆者はあの大家がポスターセッションかと，驚いたが，親しく研究の話をする機会を得た。マギーは，日本ではユーモアはどう受け取られているのかと尋ねたので，一般の人は笑いが健康によいと興味を持っているなどと説明したら，うらやましいと言われた。その後，学会関係者に話をきく機会があった。セリグマンがユーモアをポジティブ心理学に取り入れることにあまり積極的でないとのことだった。

　もちろん，ユーモアはポジティブ心理学の中心テーマである人間の徳と強みに関して，24の強みのなかの1つとしてリストアップされている（6章コラム参照）。また，2014年の"Handbook of positive psychology interventions"（パークス & シューラー，2014）にはユーモア訓練の章もある（3章コラム参照）。しかし，"Handbook of positive psychology"（スナイダー & ロペス，2009）では2版になってもユーモアにはほとんど言及されていないなど，ユーモアのポジティブ心理学における位置づけは依然として周辺的である。以下，ユーモアとポジティブ心理学の微妙な関係について簡単にのべる。

（3）ピューリタン的ポジティブ追求とユーモアの両義性

　ポジティブ心理学はアメリカでとくに人気のある分野である。第1回国際ポジティブ心理学会の参加者も，2/3は企業関係者だった。ポジティブ心理学については，アメリカの社会批評家エーレンライク（2009/2010）が『ポジティブ病の国，アメリカ』で批判をしている。エーレンライクは，癌の治療を受けたとき，まわりから病気にポジティブに対処することの重要さを押しつけられた。抗癌剤で毛の抜けた頭にカラフルな帽子をかぶるのはまだよいとして，HappyとかBe Positiveと頭にペインティングするとか，ネガティブな人がいるとまわりをもしめらせるので明るくなどと強要されたそうで，たしかに，

エーレンライクでなくとも，ほっといてくれと言いたくなる。

　エーレンライクによると，アメリカにおけるポジティビティーの強迫的な追求は，アメリカ建国以来の思想であるピューリタニズムが形を変えたものである。ピューリタニズムでは，神に救済されているか否かは，あらかじめ決められている。人間には，印から救済されているか否かを知るしかない。社会での成功や神の教えにそった欲求や行動は救われていることの印であり，神の教えに背く欲求や行動は救われていないことの印となる。これを信じると，神の教えに背く欲求や行動が自らの内から現れることは恐怖となる。救済されていないことの印で，これを，その後の善行で埋め合わせなどできないからである。

　神の教えにそった欲求や行動をポジティブな感情や行動，神の教えに背いた欲求や行動をネガティブな感情や行動に置き換えれば，エーレンライクが癌治療で経験した強迫的なポジティブ追求は，ある種のポジティブ教となる。ピューリタニズムがアメリカにおけるポジティブ追求の背景にあることは，フランスの批評家，アタリ（2009/2009）も指摘している。

　ピューリタニズムを背景としたポジティブ追求の立場からすると，ユーモアには全幅の信頼を置けないところがあるようだ。たとえば，深刻なテーマについての白熱した討論番組を考えてみる。真面目に議論を聴いていれば可笑しいとは思えないだろう。しかし，音声を消して観ると，討論者の熱狂ぶりが笑えてくるかもしれない。ユーモアは，出来事に真面目にかかわるだけでは生まれない。やや外に立つ視点をもつことで，出来事に可笑しさを見いだしうる。その結果として見いだされたユーモアが，ある種の攪乱要因となって，集団の方向の修正に寄与することもある。こうしたユーモアのもつ，両義的なかかわり方を，レディ（2008/2015）は，脱関与的関与（Disengaged Engagement）と呼んでいる。このように，ユーモアには，ピューリタン的で真面目なポジティブ追求と相容れない不真面目さや両義性があり，単にポジティブ感情をもたらすだけではなく，既存の枠組みや前提を攪乱したり相対化するところがある。さらに，ユーモアには，人と親しんだり，励ましたりするポジティブな側面だけでなく，人をあざけったり，さげすんだりするようなネガティブな側面もある。

このように，ユーモアには真面目なポジティブ追求という立場とは合致しないような側面があるようだ。

(4) ユーモアのネガティブな側面

エドワード & マーチン (2011) はポジティブ心理学において，ユーモア研究が浸透していない理由として，ユーモアにはネガティブな側面もあり，これが適切に分離できていないためではないかと指摘している。マーチンやルフなどの，第二世代のユーモア心理学者が主要な課題としたのは，ユーモアにおけるネガティブな側面を正確に査定することだった。マーチンはユーモアスタイル質問紙 (Humor Style Questionnaire: HSQ) を開発し，親和や自己高揚などのポジティブなユーモアと攻撃や自虐などのネガティブなユーモアを分けて測定しようとした。ルフは嘲笑について，嘲笑への恐怖の程度や攻撃的なユーモアの測定を試みた。マーチンのHSQについては，6章で具体的に検討する。これに対し，マギー (2010a) などは，ユーモアは基本的にポジティブなものであり，人を傷つけるユーモアは本来のユーモアの堕落したものだという立場を堅持している。ユーモアのネガティブな側面の評価が，第一世代のマギーと第二世代のマーチンやルフとの大きな違いである。

(5) ユーモアと幼児の遊戯性

マギー (2010a, b) やチェイフ (2007) をはじめとして，ユーモアを理解するうえでの遊びや不真面目さの意義を強調する研究者は多い。理論的に言えば，ユーモアと遊びや不真面目さとの関連を否定する研究者はほとんどいない。しかし関連を実質的に把握できているか否かを問題とすると，大人における認知中心のユーモア研究には限界がある。0歳から6歳までの幼児の笑いを参加観察により丹念に跡づけた友定 (1993) は，自分が観察した幼児たちの笑いの遊びに満ちた身体性，社会的相互性と哲学者の概念分析における真面目な脱身体的個人性とのギャップを指摘している。こうしたギャップをうめつつあるのが，最近の幼児の笑い研究である (アディマン & アディマン, 2013；レディ,

2008/2015)。ここでは，幼児の遊びのなかにおける笑いとその身体性，社会的相互性に関する理論が豊富な実証的データとともに提供され始めている。

『梁塵秘抄』における子どもの遊びへの肯定的評価は，キリスト教的な厳格主義に縛られていない，遊びへのすなおな感受性を示している。西欧中世におけるキリスト教的な厳格主義は子どもや遊びへの肯定的評価とは無縁で，笑いは避けるべき悪徳とみなされた。もっとも，庶民の間では笑い話を愛好するなど笑いを好む傾向は見られ，公式のキリスト教的文化と庶民文化に差はあったようだ（ヴェルドン，2001/2002）。欧米では20世紀になると，西欧で伝統的に評価されてきた知性と結びついたタイプの笑いは，ユーモアとして過大評価されるまでにいたった。しかし，現代でも，笑いに対する否定的な評価もまだら状に共存しているようだ。"humor"と対比しての"laughter"に対する低い評価，真面目な活動としての心理学研究における抵抗感などである。西欧文化における笑いに対する態度には，やや屈折したものが潜んでいるようだ。キリスト教の敵を任じたニーチェは，キリスト教的な厳格主義と笑いとの敵対関係を明確に認識し，笑いの側に立つことを宣言している。精神発達の最終段階に幼児の自在さを置いたニーチェなら，『梁塵秘抄』の歌にも賛意を表したかもしれない。

（6）本書の目的

本書の目的は，笑いとユーモアについて，身体レベルと認知レベルをつないで理解することである。現在の研究は，従来の思想家によるアプローチや認知革命の影響もあり，認知レベルが中心になっているので，身体レベルからの把握が中心課題となる。笑いとユーモアを身体から理解するため，2章では，笑っているときに身体には何が生じているのかを観察することから始める。次に，3章では，何を可笑しいと感じるのか，じゃれあいやくすぐりなど身体レベルから始めてジョークまで順に見ていく。4章では，ジョークの可笑しさの解明を中心に展開されてきたユーモア理論の系譜を簡単におさらいし，最近の総合的理論として反転理論を紹介し，その強みと課題を検討する。5章では，笑い

を遊戯性の状態における興奮の感情として，感情の相互作用モデルに位置づけることを試みる。この位置づけを受けて，6章では笑いとユーモアの効用について解説する。

コラム　日本文化と笑い

「喜劇は，時代や社会，文化人類学と結びついている。」とエーコ（1986）は書いている。日本の笑いとユーモアにはどんな特徴があるのだろうか？

マグロウ & ワーナー（2014/2015）の『世界の"笑いのツボ"探し』は，ユーモアの無害逸脱理論（4章で紹介する）を提唱する心理学者のマグロウとジャーナリストのワーナーがコンビを組んでの珍道中が紹介された，素敵に面白い本である。訪問先とテーマは，デンマークでのムハマンド風刺画事件，タンザニアにおける笑い感染の真相，アマゾンへのパッチ・アダムスたちの道化慰問への参加体験，パレスチナ紛争の絶望の地でユーモアは可能かなど，理論的にも興味深いものばかりである。日本は，世界の他のどことも違うユーモアセンスの国として「ユーモアとロスト・イン・トランスレーション」の章で紹介されている。

まず，ユーモア社会学者のクリスティ・デイビスのインタビューを引いて，日本のユーモアの特異性が強調される。

「「まぬけジョークは世界のほぼすべての国に存在する」。…（中略）…ヨーロッパ，インド，中東，ラテンアメリカ，オーストラリア。どの土地に行っても，彼は同様のジョークを目にしてきた。では，そのモデルに当てはまらない国はないのだろうか？　この手のジョークの存在しない国は？　デイビスはひとつ頷く。「東アジアは例外だね」。たとえば日本では，社会のなかにいわゆる「バカにしていいまぬけ層」が存在しない。さらに，隣国の中国や韓国をバカにするジョークもないという。「あそこは別世界だよ」デイビスは言った。日本のユーモアは，彼にとってはいまだ解けないパズルなのだ」（マグロウ & ワーナー，2014/2015, pp. 181-182）。

まぬけジョークだけでなく，政治ジョークもほとんど見当たらない。

「そういえば，NSC（吉本興業が経営するお笑い芸人養成スクール New Star Creation）の授業にはひとつ欠けていたものがある——そう，政治ジョークだ。日本での滞在中，政治をネタにしたジョークにお目にかかることはほとんどなかった。「アメリカでコメディの中枢となるような笑い——たとえば政治ネタなんかは，日本ではほとんど見られません」そう教えてくれたのはパトリック・ハーラン。コロラド生まれのハーバード大卒で，インターナショナルな人気お笑いコンビ「パックンマックン」のボケ担当でもある。日本の政治はあまりに安定していて，選挙もあまりに当たり障りがなく退屈なため，政治が笑いの種にならないのだという（それに，天皇はジョークにするにはあまりに神聖すぎる）」（マグロウ & ワーナー，

2014/2015, p. 202)。

　マグロウとワーナーの両名は，笑いの首都大阪（井上，2003）をまず訪れ，翻訳なしの日本の落語や吉本の若手のコメディアンによる罰ゲームと称する馬鹿騒ぎ（多くの日本人も同じ印象だろう）を視聴して，理解不能なユーモアの国日本の感を深める。しかし，最後は日本のコメディアンたちとともだちんこをして，互いに笑いあい，笑いの基本は世界共通だと実感できたという珍道中を地で行くような内容である。

　日本文化にまぬけジョークや政治ジョークが存在しない訳ではない。落語では与太郎をはじめとするまぬけは定番の人物である。「鮑(あわび)のし」も「牛ほめ」も，「青菜」もまぬけを笑う落語で，「金明竹」などきついのもある。ただ，社会的文脈でのまぬけジョークがほとんど用いられないのは，互いに互いをジョークでバカにし合っている他の国々とは対照的だろう。また，江戸時代の狂歌（「世の中に　蚊ほどうるさき　ものはなし　ぶんぶといいて　夜も寝られず」など）や川柳（「役人の　子はにぎにぎを　よく覚え」など）に見られるように，日本文化に政治風刺や政治ジョークがないわけではない。しかし，スタンダップコメディアンが政治ジョークを言うアメリカや政治的風刺が盛んな西欧・東欧の諸国などと比べて，日本に政治ジョークがきわめて希薄なのは事実である。

　日本にまぬけジョークや政治ジョークがきわめて希薄なのは，日本に集団間の葛藤や笑いのネタになる政治家がないからではない。違いは，これらの問題がジョークとして練り上げられにくい点にある。たとえば，森喜朗元首相について，こんな話がある。

　　ワシントン訪問に同行していた補佐官が，首相に説明をした。
　　「クリントン大統領に会ったらまず，"How are you?"（調子はいかがですか）と言って握手をすればクリントン大統領は"I'm fine, are you?"（上々です。あなたはどうですか）と答えるでしょうから，"Me, too."（私もです）と応じてください」
　　ところが本番で，森首相は間違えて"Who are you?"（あなたは誰ですか）と言ってしまった。
　　クリントン大統領は苦笑しつつも，"I am Hillary's husband."（私はヒラリーの夫です）と当意即妙のジョークで場をおさめようとした。
　　しかし，われらが森首相は，筋書き通り"Me, too."とのべた。

第1章　笑いとユーモアのとらえ方

さすがのクリントン大統領もこれには絶句するしかなかった。

この話はジョークとしてはよくできている。問題は，これが実際の話として週刊誌などに取り上げられたことである。政治的なからかいや風刺がジョークとして鑑賞され，練り上げられる場が存在すれば，この種のジョークのバリエーションが様々に展開されただろう。まぬけジョークも，同様である。江戸のある時期には，制限はあったとしても政治的なジョークの受け皿として，狂歌や川柳という場，さらには黄表紙といった風刺的な笑いの活字文化があった。現代日本でも，そうした場があれば，政治的ジョークやまぬけジョークが展開する可能性はある。しかし，日本文化には，そもそも，政治的なジョークやまぬけジョークが活発に展開しにくい背景があるのかもしれない。以下，3点をのべる。

1つ目は身体性である。これは，1章の笑いの語彙分析やマグロウ・ワーナーのともだちんこのエピソードでも示唆されている。「風雲！たけし城」は，海外でも人気のテレビ番組だが，身体的笑いが全面展開で，その天真爛漫な創意工夫ぶりは，アメリカのテレビ番組の「ジャッカス」などを軽く凌駕している。しかし，身体的笑いでは政治的ジョークは扱いにくい。また，まぬけジョークも自ら馬鹿な振る舞いをするという直接的身体的レベルにとどまり，社会的な集団間のジョークにはなりにくい。

2つ目は場の優先である。日本文化ではハレとケ，無礼講など，場によって行動規範を切り替えることにより，複雑な人間社会の要求に対応することが優先される。遊びと生真面目さも，生真面目な仕事の場面とふざける酒席というように，場面で分ける。政治や集団間の葛藤などは生真面目な場における問題として，遊びやユーモアとは場を分けられ語られることになり，ジョークの対象からは外される。結果として，シリアスな政治や集団間の葛藤にジョークによって切り込むといった政治的ジョークや集団間のまぬけジョークは生じにくくなる。

3つ目が二次的声の文化の問題である。西欧では，表音文字を用いていることもあり，知的な文書であっても，声に出して読まれることを前提としている。論文なども，かつては，どこそこで読まれたなどと付記されていた。そして，知的な意見を声で表明し意見を戦わす，演説や討論の文化が根強く存在する。こうした文書を基盤とした声の文化を，文字以前の口承文学などにおける一次的声の文化と区別して，二次的声の文化と言う（オング，1982/1991）。西欧には，強固な二次的声の文化が存在している。

日本文化では二次的声の文化は弱い。1章でのべたように日本語は3種類もの文字種を用いる世界で最も複雑な表記システムを持ち，正書法すら未確立で，「日本」の音声表現についても，「ニホン」なのか「ニッポン」なのかはっきりしないありさまである。このように日本語では，文字と音の対応がきわめて弱い。その結果，知的な言説は仏典や漢籍以来の書かれた文字の世界に止まり，声の文化としては十分には展開されず，演説や討論の伝統はほとんど存在しない。

　ユーモアは，事実や意見のたんなる陳述ではなく，イントネーションなども含んだ声による表現を必要とするが，知的な内容は一次的声の文化では扱えない。知的なユーモアは演説や討論などの二次的声の文化を前提とするが，日本では二次的声の文化の伝統が弱い。近年のテレビ番組における政治討論番組の一部では，政治的ジョークも用いられるようになったが，まだ一部の現象にとどまる。落語などは，仏教における説教や種々の説話文学などを基盤としているので，二次的な声の文化の産物としての洗練を経ているが，基本的には噺であり，知的批評性に向けられた言説ではない。日本における政治的なジョークの弱さの背景として，知的な批評性をもったジョークの弱さ，ひいては二次的声の文化の弱さをあげることができるだろう。

　以上，日本で政治ジョークやまぬけジョークが展開しにくい文化的背景についてのべた。身体性への傾向や場の重要性は，知的なこだわりやシリアスさから吹っ切れた日本における笑いやユーモアの美質にもつながっている。また批判的議論の抑制（二次的声の文化と関連するが）などといった他の要因も考えられるだろう。いずれにせよ，日本における笑いやユーモアは日本の社会と文化に根付いたものであり，他の多くの国とは異なった日本のユーモアセンスは，笑いとユーモアの多様性を知るうえで，興味深い位置をしめている。

第2章

笑う身体を観察する

　われわれは毎日笑う人を見ている。自分も笑う。しかし，笑っているときの顔の表情，呼吸と笑い声，身体には，何が生じているのだろうか？　われわれは，笑いには慣れているが，笑いがどんな身体的状態なのか，その詳細は知らないままである。2章では，笑う身体の具体的な観察から始めることにしたい。

1　ダーウィンによる笑う身体の観察

（1）ダーウィンの古典『人及び動物の表情について』

　笑いを含めた感情表出に関する研究の出発点になったのは，進化論で有名なダーウィンが1872年に出版した『人及び動物の表情について』である（ダーウィン，1872/1931）。この本でダーウィンは，人間における多種多様な感情について，表情やしぐさ，声などによる表出を，動物との連続性を基本としながら，複数の証拠を駆使し検討している。証拠は動物行動との比較，表情筋や腺などの解剖学的知見，幼児の観察（自分の子どもを観察した），盲人や聾唖者などの行動に関する知見，日常生活での観察，西欧人以外の感情表出に関する海外の宣教師などへのアンケート調査など，きわめて多岐にわたる。『人及び動物の表情について』は幅広い内容と，鋭い観察にもとづく的確な考察に満ちていて，140年後に読んでも刺激的で学ぶことが多い。笑いや笑顔が扱われているのは，8章である。以下，8章の冒頭部分を引用する。この本には岩波文庫の1931年版日本語訳があるが，古色蒼然としていて読みにくいので，これを参考にしながら新たに訳した文をつかう。

「喜びが強いときは様々な目標のない行動—小躍りしたり，手を拍ったり，足踏みをしたり，大声で笑うなどが生ずる。音笑（laughter）は主にたんなる喜びや幸福感の表出らしい。これは，遊戯中ほとんど絶え間なく笑っている子どもにはっきりと見ることができる。…（中略）…人が往来で旧友に会うと，ちょうどよい香りをかいだときの軽い喜びの場合のように微笑（smile）する。そして，後に分かるように，その微笑はしだいに音笑となる。」（p. 231）

　ここでは，笑いが，その強度と対応して，微笑，音笑，目標のない身体動作の3種類の運動を伴うこと，これが喜びや幸福感といった快の表出であり，子どもの遊戯に典型的に観察されることが，簡潔に示されている。

（2）エクマンによる表情研究

　表情分析のパイオニアであるエクマンは，表情筋分析システムであるFACS（Facial Action Coding System）を開発し，ダーウィンの表情研究を100年後に復活させた感情心理学研究の第一人者として知られている（エクマン，2003/2006）。ダーウィンは『人及び動物の表情について』で，表情を感情状態の表出として扱い，いち早くフランス人解剖学者デュシェンヌの研究を引用し，笑いにおける眼輪筋収縮の役割を指摘した。エクマンは表情を感情状態の表出として位置づける理論を定式化し，笑顔については，眼輪筋収縮の有無を基準にしたデュシェンヌ・スマイルとノン・デュシェンヌ・スマイルの対比を強調した（表情筋と笑いのタイプについては，次節で解説する）。『人及び動物の表情について』を読むと，たしかにダーウィンはエクマンの先駆者と言えるが，その立場はよりニュアンスに富んでいることが分かる。ダーウィンは，表情が感情の表出であることを前提としているが，他の動物や個体への働きかけの場合もあることも認めている[1]。また，ダーウィンは，自発的な快の笑顔の基準について，眼輪筋収縮の有無だけに帰すことに疑問を呈し，笑いの強さが増すにつ

---

[1] これは，今日，エクマンらによる表情の表出理論とフリドゥランドらによる行動エコロジー理論の対立となっている論点である（カッパス，クランハーバー & カスター，2013）。

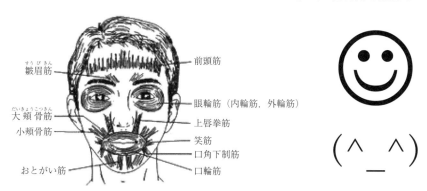

図 2.1　表情筋（志水・角辻・中村，1994）とスマイリー・顔文字

れて生ずる眼輪筋以外の筋の笑顔への影響を指摘しており，エクマンのような単純な二分法ではないかたちで，笑いの強度の笑顔への影響を言っている。

今日，笑顔に関する研究で，定説の位置にあるのが，エクマンによるデュシェンヌ・スマイルとノン・デュシェンヌ・スマイルの対比説であり，ポジティブ感情研究で有名なケルトナー（2009）やユーモア研究者であるルフ（ルフ＆エクマン，2001）などがこの立場の推進者である。しかし，笑顔の対比を笑顔の強度による変化のなかに位置づけることは可能である。以下，具体的に検討する。

2　笑顔の種類と笑いの強度

（1）笑顔に関係する表情筋

図 2.1 に主な表情筋とスマイリー・顔文字を示した（志水・角辻・中村，1994）。笑顔ととくに関係するのが大頬骨筋と眼輪筋である。大頬骨筋は，スマイリーに示されるような口角のあがった，笑顔に特徴的な表情を作る筋である。逆に，口角下制筋の収縮によって口角がさがると，不満や落胆などネガティブな表情となる。口角があがることが笑顔の主要な特徴であり，これは大頬骨筋の収縮によっている。笑顔には眼輪筋による眼の表情も関係している。眼

輪筋の内側（内輪筋）は収縮して眼を閉じさせ有害物質が眼に入らないようにする働きがある。これに対して，眼輪筋の外側（外輪筋）は人間の段階で発達した筋肉で，眼の下側が中心になっており，眼を細め，目尻に皺（カラスの足跡）を作る。笑顔で眼が細められると眼の表面はややうるんだ状態になり，眼が明るく見える。これが眼が笑うという状態で，主に眼輪筋の収縮によっている。額の皺眉筋が収縮すると眉を内側に引き寄せ，眉間に縦皺を作る。ダーウィンは，皺眉筋を困難に出会ったときに収縮する受難の筋肉と呼んでいる。カシオッポらは，大頬骨筋の収縮が感情のポジティブ度の，皺眉筋の収縮が感情のネガティブ度の，それぞれ指標となることを指摘している。

（2）デュシェンヌ・スマイル

笑顔における眼輪筋の役割をはじめて指摘したのは，フランスの解剖学者のデュシェンヌである。エクマン，ダヴィドソン＆フリーセン（1990）によると，デュシェンヌは1862年に出版された表情に関する本で次のようにのべている。「偽りのない喜びの感情は，大頬骨筋と眼輪筋がともに収縮することによって表出される。大頬骨筋の収縮は意図的になしうるが，眼輪筋は心からの感情によってのみ影響され，偽りの喜びや欺瞞的な笑いによって収縮することはない。眼を取り囲む筋は意志には従わず，本当の喜びの感情によってのみ作動する。笑顔における眼輪筋の不活発さは，偽の友人の正体を暴露する」（エクマンほか，1990, p. 231）。

図2.2はダーウィン（1872/1931）に引用されたデュシェンヌによる写真である。左側は自然な笑いで，口角が上がっているだけでなく，眼も細められ目尻に皺ができていることが分かる。右側は，同じ人物の大頬骨筋を電気刺激したときの表情である。口角は上がっているが，眼の下側が収縮しておらず，不自然な表情になっている。デュシェンヌは，この不自然さを自然な笑顔の特徴である眼の下側の眼輪筋が収縮していないことに帰している。ダーウィンは，「この見解には多くの真理があることは疑いないが，私の見るところでは真理の全部を包括していない。」（p. 236）と右側の表情における2つの不自然さを

図 2.2　自然な笑い（左）と大頬骨筋の電気刺激による表情（右）
（出所）エクマン，ダヴィドソン ＆ フリーセン（1990）

指摘している。1つは，右側の表情では，本来は眼の下側眼輪筋の収縮にともなう上唇の引き上げが顕著に生じていることである。もう1つは，ネガティブ感情の場合以外は，大笑いの場合にしか生じない皺眉筋の収縮が見られることである。ダーウィンの指摘は，眼輪筋の収縮の重要性は認めながら，笑いの強度と関連して，眼輪筋だけではなく，顔全体の表出の関連に着目している。

エクマンら（1990）は，デュシェンヌがのべた大頬骨筋と眼輪筋がともに収縮することによる笑顔をデュシェンヌ・スマイルと名付けた。エクマンら（1990）によれば，デュシェンヌ・スマイルは喜びの自発的表出であり，意図的にデュシェンヌ・スマイルができるのは少数派（2割弱程度）である。眼輪筋の収縮がない大頬骨筋の収縮による笑顔がノン・デュシェンヌ・スマイルである。ノン・デュシェンヌ・スマイルには，愛想笑いや感情の隠蔽のための笑い，恐怖や嫌悪，軽蔑など他の感情表出と混ざった笑顔など，様々なタイプの笑顔があることが指摘されている。

（3）デュシェンヌ・スマイルの効用

デュシェンヌ・スマイルがポジティブな感情の表出であることは，多くの研究で示されている（エクマン，2003/2006）。たとえば，10ヶ月の赤ん坊は知らない人が近づいてくると笑うが眼輪筋は収縮しない。一方，母親が近づいてく

図2.3　卒業アルバムの笑顔　左7点（大頬骨筋3点/眼輪筋4点），
右4点（大頬骨筋3点/眼輪筋1点）
（出所）　ケルトナー（2009）

るとデュシェンヌ・スマイルを示す。仲のよい夫婦が1日の終わりに再会するとデュシェンヌ・スマイルを示すが，仲の悪い夫婦の笑顔では眼輪筋は反応しない。エクマンら（1990）は，愉快なビデオを観るとデュシェンヌ・スマイルがノン・デュシェンヌ・スマイルより多くなるが，不快なビデオではまれに生ずる笑いもほとんどがノン・デュシェンヌ・スマイルであることを示した。

デュシェンヌ・スマイルは，様々なよい印象を与えることも知られている。デュシェンヌ・スマイルの人はノン・デュシェンヌ・スマイルの人に比べ，より感情的・対人的にポジティブで，よりユーモアのセンスがあり，より愉快で，自発性が高く，率直であるという印象を与えるなどである。

デュシェンヌ・スマイルは，基本的にはポジティブな状況で表出されるが，不快なビデオを観たり，つらいことを思い出して語るなど，ネガティブな状況でも生ずる。こうしたネガティブな状況下におけるデュシェンヌ・スマイルは，ネガティブな状況の悪影響を緩和することが知られている（パパ＆ボナノ，2008）。たとえば，大学の新入生にビデオを観せそのビデオについてインタビューした実験で，不快なビデオを観た後のインタビューにおいてデュシェンヌ・スマイルを示した学生は，そうでない学生よりも，不快な印象が緩和されており，友人が多く，1年後の抑うつもより少なかった。同様に，近親者の死

別後のインタビューでデュシェンヌ・スマイルを示した人は，そうでない人より2年後の抑うつは少なかった。

より長期にわたるデュシェンヌ・スマイルの効用を示した研究もある。アメリカのミルズ大学を1959年と1960年に卒業した110人の女子大生を対象とした，30年後の追跡調査である（ケルトナー，2009）。卒業アルバム写真の大頬骨筋と眼輪筋の収縮の度合いをそれぞれ5段階で評定し，両者の合計点を10点満点で求め笑顔得点とした。図2.3にその例を示す。卒業アルバムの写真の笑顔得点が高いほど，27歳までに結婚する率が高く，中年になるまで未婚のケースは少なく，結婚している人は卒業30年後の結婚満足度も高かった。これらの効果は，アルバム写真から判断した美しさの影響を除いても残った。さらに，笑顔得点は卒業30年後の心理的ウェルビーイングと0.27の有意な相関を示した。

（4）笑顔の強度

目が笑うデュシェンヌ・スマイルの効用は明確で，デュシェンヌ・スマイルの重要性は疑いない。しかし，デュシェンヌ・スマイルを意図的に作るのが困難とする，デュシェンヌやエクマンの主張に関しては，近年多くの反証がなされるようになってきた（クランハーバー & マンステッド，2009；ガナリ，ホール & ルーベン，2013）。エクマンらの主張に反して，デュシェンヌ・スマイルの見本を見せたり，その要点を説明すると7割から8割近くの人が，意図的にデュシェンヌ・スマイルをすることができるのである。意図的にデュシェンヌ・スマイルをすることの難しさは，大頬骨筋により口角をあげるノン・デュシェンヌ・スマイルと比較してのことにすぎず，適切な教示を与えると，大多数の人がデュシェンヌ・スマイルを意図的にできるということらしい。[(2)]

さらに，エクマン（2003/2006）も指摘していることだが，大きな笑いにな

---

(2) クランハーバー & マンステッド(2009)は，自発的なデュシェンヌ・スマイルでも教示によって意図的に作られたデュシェンヌ・スマイルでも，表出者本人における生理的，感情的な効果に大きな差がないことから，デュシェンヌ・スマイルによる感情調節の働きは，自発的か意図的かによらないと述べている。

ると口が開き頬が押し上げられ，眼輪筋の収縮なしにも，眼が細められ目尻に皺ができる。眼輪筋の収縮の有無は，小さな笑いでは簡単に判別できるが，大きな笑いになるとそう簡単ではなくなる。雨宮・吉田（2008）では，2名の被験者にお笑いビデオを見せて，そのときの大頬骨筋と眼輪筋の活動を記録したが，被験者が大笑いして大頬骨筋が大きく活動すると，かならず眼輪筋の活動も見られた。メッシンガー，フォーゲル＆ディクソン（1997）は，大きな笑いにおいては，口角が大きく上げられると，筋の協同によって，頬も上げられデュシェンヌ・スマイルになることを指摘している。デュシェンヌ・スマイルとノン・デュシェンヌ・スマイルの対比は，アルバム写真や日常生活における穏やかな笑顔など小さな笑いについては成り立つが，じゃれ遊びなどにおける大きな笑いにおいてはデュシェンヌ・スマイルのみになる。笑いが大きくなると，口を開ける表情も生ずるようになる。

　フォーゲルら（2006）は，生後6ヶ月から12ヶ月の乳児を対象に，お母さんとの「イナイイナイバー（peekaboo）」および「くすぐり遊び」の際に生ずる笑顔を分析している。笑顔の分析は，エクマンが開発した表情筋運動分析法のFACSを用いて行われた。すべての笑顔に共通の前提は大頬骨筋の収縮である。大頬骨筋収縮の程度はFACSに従って，5段階に分けられた。大頬骨筋の収縮の程度を笑顔の強度の指標とした（成人の実験では，主観的な喜びの程度と大頬骨筋の収縮の程度が相関していることが示されている）。大頬骨筋の収縮のみの笑顔が単純タイプの笑顔である。これに，眼輪筋の収縮が加わると，眼収縮（デュシェンヌ）タイプの笑顔となる。もう1つの追加要因がアゴ下げによる口開けである。この口開けは，じゃれ遊びをしている子どもや類人猿に典型的に見られるもので，子どもでは口開け笑顔，類人猿ではプレイ・フェイスまたは口開け表示などと呼ばれる表情に相当する。単純タイプの笑顔にアゴ下げによる口開けが加わると，口開け（プレイ）タイプの笑顔となる。単純タイプの笑顔に，眼輪筋の収縮と遊びの口開けの両者が加わると，眼収縮・口開け（デュシェンヌ・プレイ）タイプの笑顔になる。図2.4には以上の4タイプの笑顔と大頬骨筋の収縮の程度の分布が示されている。大頬骨筋の大きな収縮と眼輪

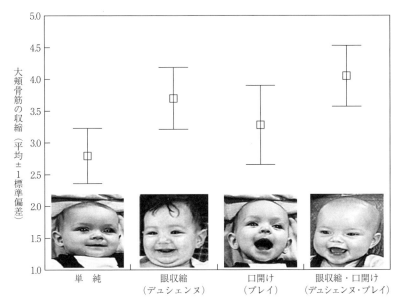

図2.4　乳児における笑いのタイプと大頬骨筋の収縮度
(出所)　フォーゲルほか (2006)

筋の収縮は協同関係にあるのに対し，大頬骨筋の大きな収縮とアゴ下げは拮抗関係にあるので，フォーゲルら (2006) は4つの笑顔タイプにおける大頬骨筋の収縮について，「眼収縮＞眼収縮・口開け＞単純＞口開け」と予測したが，実際は，図2.4に示すように「眼収縮・口開け＞眼収縮＞口開け＞単純」となった。これは，遊びの口開けが眼輪筋の収縮よりも弱いとはいえ，大頬骨筋の収縮と正の関連を持つことを示している。大頬骨筋の収縮の程度は，目の笑いや口開けも含んだ，顔全体における笑顔の強度の適切な指標となるようだ。

3　笑顔の進化

(1) ダーウィンの問題提起

ダーウィン (1872/1931) は「激しい音笑から，穏やかな音笑，微笑，穏や

図 2.5 チンパンジーの「無言歯だし表示」(左) と「プレイ・フェイス」(右)
(出所) ケルトナー (2009)

かな微笑および単なる快活の表情へまで，1つの連続的な段階をたどることができる。」(p. 210) と笑顔と音笑が一連の系列を形成していることを指摘した。次に，微笑のはじめに強い呼気が生ずるが，これは呼気である点は音笑と似ているが，反復的でない点が異なるなど，笑顔と音笑の関連について，様々な観察を示している。ここでのダーウィンの記述は，この不十分な類似性が，微笑が音笑の痕跡として見られるかもしれないことを示唆している。そして，「音笑をもって微笑の十分な発達として見るか，あるいは，また，よりもっともらしく思われるように温和な微笑を，我々がうれしいときに必ず笑うという，幾世代間に牢固なものとして確立した習慣の最後の痕跡として見るかは，ともかくとして」(pp. 242-243) と，一連の系列に位置づけられる笑顔と音笑が関連しているとすれば，どちらが起源かという問題を提起している。

(2) 無言歯だし表示とプレイ・フェイス

相互に関連し一連の系列をなすとも見ることができる人間の笑顔と音笑の起源に関するダーウィンの問いに答えるのは今日でも難しい。おそらく，起源は1つではなく，2つある (ケルトナー，2009)。1つの起源は，「無言歯だし表示 (Silent Bared Teeth Display)」であり，もう1つの起源は笑顔の強度にかんして扱った口開けによる「プレイ・フェイス」である。

図2.5の左の「無言歯だし表示」は，上下の歯列をあわせたまま口角を後ろに引いて，歯列を露出させる表情である。多くの霊長類では，無言歯だし表示は，劣位のサルが優位のサルに対して，恐怖や服従を示し，敵意がないことを伝える機能があるとされている。個体間の序列がよりゆるやかな霊長類の種では，優位な個体が劣位の個体に対して無言歯だし表示をすることもあり，その機能も，服従だけではなく，宥和や友好といった親和的なものも含むようになる（松阪，2008；ケルトナー，2009）。

　図2.5の右の「プレイ・フェイス」は，口を丸く開けて口角を少し後ろに引く表情で，Relaxed Open Mouth Display とも呼ばれる。「プレイ・フェイス」は「無言歯だし表示」より限られているが，霊長類の多くの種に見られる。「プレイ・フェイス」が見られるのは，追いかけっこやじゃれ合い，木ではしゃいだりといった，活発な遊びの際である。活発な遊びでは，ハアハアというあえぎや荒い息継ぎや騒々しい身体運動も生ずる（松阪，2008；ケルトナー，2009）。

　笑顔の強度についての説明でのべたように人間の笑顔には，すべて口角の引き上げがあり，これに眼輪筋の収縮と口開けが加わることもあるなど，複合的なものである。人間の笑顔には，「無言歯だし表示」と「プレイ・フェイス」の両方の系統が流れ込んでいるらしい。笑顔の強度の説明でのべた笑顔の成分は，大頬骨筋の収縮による口角の引き上げ，目の笑い，アゴ下げによる口開けの3つだった。アゴ下げによる口開けの起源が，「プレイ・フェイス」にあるのは，活発な遊びの状況で表出されるという共通性を見ても明らかである。

　「プレイ・フェイス」の状況では，音笑も生ずる。デュシェンヌ・スマイルの条件となる目の笑いの起源を言うのは難しいが，ジェルベー & ウィルソン（2005）は，「プレイ・フェイス」からの派生だとしている。口開け・目の笑い・音笑と関連する遊びの状況における「プレイ・フェイス」が，人間の遊びと笑いの主要な起源であることは明確である。しかし，人間の笑いでは，これに「無言歯だし表示」における服従を起源とする，口角の引き上げが，宥和や親和などのより幅広いポジティブな意味も担って，「プレイ・フェイス」を起源とする口開け・目の笑い・音笑と合流したらしい。

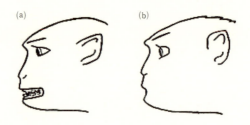

図2.6 チンパンジーの (a)「無言歯だし表示」と (b) 威嚇の表情
（出所） オハラ（1994）

（3）サイズ・シンボリズム

　服従や宥和の伝達は，動物のコミュニケーションではごく一般的なものである。モートン（1977）のサイズ・シンボリズム説によれば，動物間における伝達が宥和を意図するか威嚇を意図するかの基本はごく単純である。動物では，体の大きい方が強く，体の小さい方が弱い。したがって，姿勢や声で，体のサイズを大きく示そうとすれば「私は強いから従え」と威嚇の意図表示になり，体のサイズを小さく示そうとすれば「私は弱く敵対しません」と宥和の意図表示になる。これがサイズ・シンボリズムである。姿勢の場合は，威嚇するときには，背中を伸ばし，尻尾を立て，毛を逆立てるなど体を大きく見せようとし，逆に宥和しようとするときには，背中を丸め，尻尾を巻くなど体を小さく見せようとする。声の場合は，一般的に，体の大きさと声の低さが比例関係にあるので，威嚇の場合は低い声を出し，宥和の場合は高い声を出す。

　姿勢と声のサイズ・シンボリズムは人間の場合にもあてはまる。宥和を請う場合には頭を下げ身を縮まらせるが，威嚇する場合には体をそびやかすようにする。声の場合も，宥和を請う場合には高い声に，威嚇する場合には頭を上げ低い声になる。電話で話をするのを聴いていて，お気遣いの相手が出てくると，急に声が高くなるなど，日常生活でもよく経験する。

　楽音や母音などの有声音の場合，基本周波数と倍音成分により音の高さが分かるが，全ての周波数を均等に含む無声音などの雑音には基本周波数に相当す

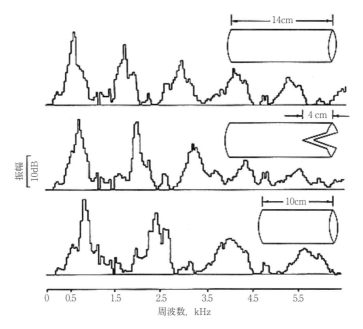

図2.7 声の共鳴部分の長さ，および形状と音の共鳴
（注）　上：14cm，中：14cmで4cmの切り込み，下：10cm
（出所）　オハラ（1994）

る音の高さがない。このため，音から体の大きさを知られないためには雑音を使うとよい。実際，鳥や蛇など，体の小さな動物が相手を威嚇するときにはシュー，シューといった雑音を出す。高い音が宥和・弱さ，低い音が威嚇・強さとすれば，雑音は親しみのなさや未知の危険を示しうることになる。

オハラ（1994）は，霊長類における「無言歯だし表示」が音声におけるサイズ・シンボリズムを起源としていると主張した。図2.6の左がチンパンジーにおける服従や宥和を伝える「無言歯だし表示」で，右は威嚇の表情である。人間の場合も同様だが，怒りでは，口をつむぎ，相手をじっとにらむ（歯をむき出して口を開ける怒りの表情もある）。オハラ（1994）が着目したのは，それぞれの表情における声の共鳴である。

図2.7に示したように，声の共鳴部分（声帯から口腔まで）を想定した管の

長さが14cmの場合と10cmの場合を比較すると，10cmの方が各周波数ごとの音の強さが高い周波数の方にずれている。通常，体の大きさと声の共鳴部分の長さは比例するので，上の14cmが大きな体の動物，下の10cmが小さな体の動物に相当する。14cmの共鳴部分がある場合でも，口角を引き上げると，真ん中の切り込みを入れた14cmの管のように，口腔の共鳴部分が短くなる。これは，「無言歯だし表示」における口角を引き上げた状態を想定したものだが，切り込みを入れた分だけ有効な共鳴の長さが減少し，音が高い周波数の方にずれていることが分かる。実際，口角を引き上げた状態で声を出してみると，低い音が出しにくくなる。

　オハラ（1994）は，宥和意図の伝達で高い音を出すときの口角の引き上げが，儀式化されて「無言歯だし表示」が進化したと想定している。音声伝達が基盤だとするオハラ説は，視覚中心の人間の立場から見ると，やや常識外れのようにも思えるが，動物のコミュニケーションという観点からは，そうでもない。視覚表示は向きや障害物に影響され，相手が直接見える範囲にいないと伝わらないが，音声表示はそういった制約はなく，動物のコミュニケーションでは音声伝達がより基本になるからである。オハラ説が正しいか否かは別として，人間の笑い声においても，サイズ・シンボリズムが用いられていることが最近の研究で明らかになってきた。[3]

4　笑い声

（1）笑い声と言語の起源

　霊長類がじゃれ合いの場面で，プレイ・フェイスとともに出すハアハアとい

（3）　サイズ・シンボリズムの原理は動物のコミュニケーションだけではなく，人間の言語コミュニケーションにおける声の調子（Prosody）や音楽の調性にも適用できるらしい。クック（2012）は，短調と長調に関し，それぞれの和音の中間音が高い音にシフトすれば弱く悲しげな印象の短調，低い方へシフトすれば強く明るい印象の長調になることを示し，音楽心理学で未解決の短調，長調の印象の問題がサイズ・シンボリズムによって説明しうることを指摘している。

うあえぎ (panting) はプレイ・パントと呼ばれる。プレイ・パントはたいていプレイ・フェイスをともなうが、口をあまりあけずにプレイ・パントを発することもあるらしい。プレイ・パントは人間の笑いとは違って、呼気の連続ではなく、呼気と吸気を繰り返して発声される[(4)]。音声もハアハアという感じで、咽頭での共鳴を経ない無声の雑音で、咽頭での共鳴によって生ずる有声の発声が中心となる人間の笑いとは異なる。

　ケルトナー（2009）をはじめ、多くの研究者が霊長類のプレイ・パントを笑い声の起源だと見なしている。プロヴァイン（2001）は、さらに、笑い声が、人間の言語進化の前段階だと主張した。プロヴァイン（2001）が着目したのは、動物の場合呼吸が歩行と同期しているので歩行と独立に呼気を調節することが難しいのに対し2足歩行がこれを可能にしたこと、このときの呼気を区切って出される音声が有声になったことである。人間の笑いを特徴づけるこの2点が、言語進化につながったとプロヴァインは主張している。進化の過程は推測にすぎないが、後で見るように、笑い声の印象は言葉の調子の印象とかなりの共通性があるので、笑い声と言葉になんらかのつながりがあるのは事実だろう。

（2）笑い声の基本パターン

　通常、笑い声では、「ハッ」「ハッ」「ハッ」という笑いのパルス（呼気による声帯の振動）が、0.2秒程度の周期で生ずる（プロヴァイン，2001）。0.2秒は、通常の発話における1拍（50音の1文字に相当する）の発話時間の単位に近い。たとえば、「あいえうお」と普通の早さで唱えると約1秒となる。笑い声は、発話とほぼ同じテンポで生ずる現象である。Praat（フリーの代表的音声ソフト）などを用いて、笑い声の速度を大きく変えると、通常の笑いとは違った、奇妙な印象となる。

　図2.8にチェイフ（2007）の笑い声サンプルにおける最初の例としてあげら

（4）松阪（2008）によれば、チンパンジーは多彩な音声レパートリーを持っており、プレイ・パントのような呼気と吸気の繰り返しとは別に、遊びなどの興奮場面で呼気のみの素早い反復による音声が観察されることもあるらしい。

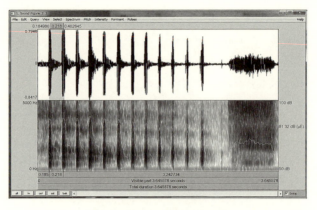

図 2.8　笑い声の基本パターン
(注)　音声ソフト Praat による。上：波形（音波の音圧の変化をグラフ化したもの。横軸が時間，縦軸が音圧。振幅が大きいほど音は大きくなる。）下：スペクトログラム（音声を構成する各周波数ごとの強さを色の濃さで示したもの。縦軸は 0 Hz から5,000Hz まで。）

れていた Figure 2.2 の笑い声（http://www.linguistics.ucsb.edu/faculty/chafe/sounds.htm からダウンロードできる）の波形とスペクトログラムを示した。最初に約0.2秒の間隔で呼気による笑いのパルスが12回生じ，その後，0.5秒程度の間があき，1秒程度の吸気が続いている。

　息継ぎをはさまない笑い声のひとつながりをバウト（bout）と言う。バウト内の，笑いのパルスの数は，平均すると4から6で，多い場合は9から12程度となる（ルフ＆エクマン，2001）。図2.8でのバウトは，12パルスからなっていて，かなり長いバウトに相当する。バウト内ではパルスごとに波形の振幅は徐々に減衰していく。これは，肺にためこんだ空気を絞り出す感じで順に出して呼気で笑いのパルスを作っていくためである。笑いでは，肺にためこんだ空気を絞り出していくので，呼吸はかなり深くなり，安静時の約2.5倍にもなる（ルフ，1993）。大笑いしたときなど，途中に息継ぎをはさんで，複数のバウトが連続することがある。これを笑いエピソードと言う。

（3）有声の笑いと無声の笑い

プロヴァイン（2001）は笑い声が定型的であることを強調したが，その後の研究（オーレンほか，2013；シェマイタート，ワイルドグルーバー＆アルター，2013）で，笑い声にかなりのバラエティーがあることが分かってきた。チェイフ（2007）は，個人に特有な笑いのパターンもあることを指摘している。たとえば，三島由紀夫のトレードマークとされた豪傑笑いは有名である。最近で言えば，「午後のまりやーじゅ」というラジオ番組における山田まりやの「あははーっ」といったうわずったややわざとらしい笑いなども特徴的である。

笑い声のバラエティーにおける，最も重要な違いが，有声の笑いと無声の笑いの対比である。ここでの有声と無声の区別は言語音の場合と同じである。有声の笑いは，笑い声が声帯を振動させる通常の笑い声である。有声の笑い声は，オノマトペでは，あはは，いひひ，うふふ，へへへ，おほほ，などと母音または子音＋母音の拍で表現されるが，実際の笑い声は，舌の位置による共鳴の調整をともなわず，明確な母音ではなく，あいまい母音とされるものに近い。有声の笑い声は通常アゴを下げたプレイ・フェイスで生ずるので，共鳴する口腔が短くなり，一般の発話に比べるとやや高い音になる。無声の笑いは，霊長類のプレイ・パントなどと同様，笑い声が声帯を振動させない笑いである。英語だと，喉の奥における呼気の阻害音による grunt，鼻における呼気の阻害音による snort などである。阻害音というのは，閉鎖や狭めなどの障害を作って，気流を妨げることによって調音される破裂音・摩擦音・破擦音などの総称である。有声，無声の笑い声の例は，バカロウスキのサイト（http://www.psy.vanderbilt.edu/faculty/bachorowski/laugh.htm）で確認できる。

ケルトナー（2009）はバカロウスキらによる有声の笑いと無声の笑いの対比の発見を，笑顔におけるデュシェンヌ・スマイルとノン・デュシェンヌ・スマイルの対比に匹敵する重要性を持つと言っている。オーレンら（2013）は，有声の笑いと無声の笑いを聴いたときの違いを印象評定，IAT（Implicit Association Test：良い，悪いの評価カテゴリーと有声・無声の笑いのカテゴリーとの連合を調べた），表情筋の筋電図（大頬骨筋の収縮をポジティブな反応，皺眉

筋の収縮をネガティブな反応の指標とした）による測定の3つの方法で確認している。意識的評価，無意識の連合，表情筋いずれの場合も，有声の笑いがポジティブな印象と結びつくことが示された。無声の笑いについては，意識的評価の場合にのみニュートラルからややネガティブな評価に偏っていた。刺激として用いた有声の笑いと無声の笑いは，すべて友好的な状況での笑いからサンプリングされており，嘲りのようなネガティブな笑いは含まれていない。友好的な状況における笑いであっても，有声の笑いと無声の笑いには明確な印象の差があり，有声の笑いの方がよりポジティブな印象を与える。バカロウスキらは会話の場面で，一方の笑いにもう一方が笑いで反応するようなケースを交唱の笑い（Antiphonal Laughter）と名付けた。交唱というのは，教会の合唱などで2群の歌手が交代して歌うことで，交唱の笑いは笑いに笑いで応ずることになる。バカロウスキらの研究によると，一方が有声の笑いの場合の方が，交唱の笑いがはるかに生じやすくなる。

　有声の笑いの方がポジティブな印象を与え，交唱の笑いも生じやすいのは何故だろうか？　オーレンら（2013）は2つの可能性をあげている。1つは，笑いが生ずる状況では有声の笑いの方が目立つので，有声の笑いの方が笑い状況というポジティブな事態への評価と連合する条件刺激となりやすいという条件づけ説である。もう1つは，より没個性的な無声の笑いに比べて，有声の笑いには笑い声の高さや音質など，笑い手の性や個人に関する情報が豊富にあるために，より関心を引きやすく，ポジティブな印象を与えやすいとする説である。この説は，交唱の笑いをうまく説明する。また，サイズシンボリズムにかんしてのべた，雑音の親しみのなさとも合致する。

　バカロウスキらは，有声の笑いの音の高さの役割についても調べている（オーレン＆バカロウスキ，2003）。未知の男性と女性のペアでの実験で，女性は男性とのペアの場合の方がより多く笑い，また笑い声も非常に高かった。これに対し，男性の場合には，相手が男性であれ，女性であれこのように高い笑い声は見られなかった。女性の場合の高い声の笑いは，サイズシンボリズムにもとづく，宥和のシグナルと見なすことができる。男性が女性相手により多

く笑わなかったのは,「笑わせる男性, 笑う女性」という偏り（プロヴァイン, 2001）が影響したのかもしれない。

（4）喜び・くすぐり・シャーデンフロイデ・嘲りの笑い

以上は, 友好的な場面での笑い声についてだった。実際の笑いには, 相手を嘲ったり, 人の失敗を喜ぶ（シャーデンフロイデ）ような暗い笑いもある。シェマイタートら（2009）は, これらの暗い笑いも含めて調査をしている。この調査での笑いは, 俳優がシナリオを想定して演技したものを録音した。笑いの種類は4種類である。喜びは, しばらく会っていなかった親しい友人に会ったときの笑いである。嘲りは, 敵対者を打ち負かして屈辱をあたえるような笑いである。シャーデンフロイデは, 人に不運（犬の糞に足を滑らすなど）が生じたときの笑いである。シャーデンフロイデは, 喜びのような友好関係も嘲りのような敵対もない場合を想定している。くすぐりは, くすぐられることを想像しての笑いである。以上の4種類の笑いについて, 8人の俳優（女性3人, 男性5人）が複数回笑いを録音したものを刺激とした。

4種類の笑い声を聴いて, 4つのどれかを選択すると, 全体の正答率は44％。喜びが44％, くすぐりが45％, シャーデンフロイデが37％, 嘲りが50％だった。シャーデンフロイデを除くと, 偶然の正答率は25％のところを5割弱は正答が得られている。シャーデンフロイデは30％が喜びとして誤って分類された。

図2.9は4種類の笑い声を, 感情の基本次元である聴き手の覚醒度, 送り手の支配性の印象, 快不快（受け手と送り手）について評定した結果である。まず快（送り手）に示されるように, 全ての笑いは, 笑う人にとっては快とみなされることが分かる。黒の棒で示される嘲りは, 他の笑いとは異なり, 受け手にとっては不快で, 最も支配的と感じられる笑いである。シャーデンフロイデは, 支配性と受け手の快不快については, 喜びと嘲りの中間に位置する。くすぐりは興奮する笑いで覚醒度が最も高い。

4種類の笑いの音響特性を分析すると, それぞれの印象と対応した特徴があることが分かる。まず, 最も興奮して感じられるくすぐりの笑いは, 最も高い

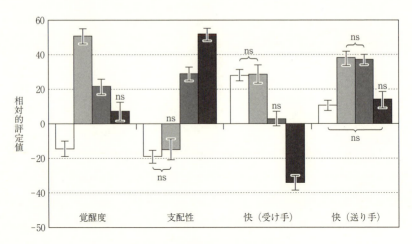

図 2.9 4種類の笑い声の印象
(注) 声は左から喜び：白，くすぐり：薄灰，シャーデンフロイデ：灰，嘲り：黒
(出所) シェマイタートほか (2009)

音で，パルスの持続時間とパルス間間隔が最も短い，非常にテンポの速い笑いである。喜びの笑いは，ピッチは平均的で低い笑い声ではない。しかし，音響成分は低周波数成分の密度が高く，有声的で豊かな感じの笑い声である。嘲りの笑いは，喜びの笑いとは対照的にピッチは低く，低い笑い声だが，音響成分は高周波数に偏っていて，無声的でやせた感じの笑い声である。シャーデンフロイデは，喜びと嘲りの中間的な特徴の笑い声である。ここでの嘲りと喜びの対比には，声のピッチの低さの威嚇的印象だけでなく，音響的成分の違いも加わっている。こうした笑い声の音性的特性と印象の関係は，言葉における音調の音性的特性がもたらす印象の関係とほぼ重なっており，笑い声と言葉における音調の共通性を示唆している。

5 笑う身体

かすかに口角をあげた微笑から，目の笑い，口を開けての笑い，声を出しての笑いと，笑いが次第に大きくなると，笑いによる不随意的な呼気の連続で，

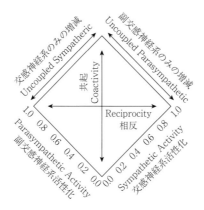

図2.10 交感神経系と副交感神経系の活性の相反支配と共起
(出所) ベルンストンほか (1994)

お腹の筋肉がよじれる感じになり，体を後ろにそらして大きく揺さぶったり，手を拍ったり，といった活発な，しかし，脱力した感じの，ダーウィンのいう目的なき身体の運動が生ずる。このとき，身体には何が生じているのだろうか？

(1) 笑いは活動・興奮状態

コメディービデオなどを見せて可笑しみを感じたり笑ったりする際の，心拍や血圧，皮膚電気抵抗などの身体的変化を測定する多くの研究が行われてきた(マーチン，2007/2011)。種々の研究の結果は一貫していて，心拍と血圧は増し，皮膚電気抵抗は下がっている。これは交感神経系の活性化によるものである。笑いと並ぶ強い感情の表出であり，ストレス解消の役割が着目されている涙は，副交感神経系の活性化によることが知られている（有田，2007）。自律神経系を構成する交感神経系と副交感神経系は，切り替えスイッチのようにして働き，身体の活動と休息・栄養吸収のバランスを司っている。自律神経系による身体状態から言えば，笑いは活発な活動を伴う交感神経優位，涙は休息に伴う副交感神経系優位の状態である。

交感神経系と副交感神経系は基本的には交互に働き，可笑しみや笑いは，交

感神経系活性化による活動・興奮状態である。しかし，車のアクセルとブレーキを同時に押すこと（坂道発進のときなど）があるように，交感神経系と副交感神経系が同時に活性化されることもある。ベルンストンら（1994）は，交感神経系と副交感神経系の活性化を一次元の両極モデルではなく，二次元の平面（Autonomic Plane：自律神経系面）に位置づけた（図2.10）。交感神経系活性と副交感神経系の活性の共起と感情の関係はまだ研究は進んでいないが，笑いのような活動性とリラックスといった相反する側面を持つポジティブ感情の位置づけには有効だと期待される。可笑しみと笑いにおけるリラックスの側面としては，笑いにおける呼吸と身体の脱力感の2つが重要である。以下，順に説明する。

（2）呼吸と迷走神経緊張

図2.8における笑い声の波形から明らかなように笑いは呼気の連続が中心であり，吸気は息継ぎとして合間に生ずるだけである。瞑想やリラクゼーションを目的とした呼吸法でも，呼気に重点を置いた呼吸を行う（永田，2012）。この呼気を中心とした呼吸が，副交感神経系を活性化し，感情的ウェルビーイングとも関連するらしい。

呼吸とかかわる副交感神経系は迷走神経である。迷走神経は呼吸や心拍，内臓のコントロールにかかわる大きな神経節で，副交感神経系の8割近くを占める。呼吸を通じて声のコントールにも関係している。迷走神経には腹側の疑核と背側の孤束核がある。心拍のコントロールにかかわっているのはより反応の早い疑核である。複迷走神経系理論（Polyvagal Theory）を提唱したポージス（2011）によると，孤束核は，進化的に古いシステムで，脅威に対する対処としての死んだまね反応などの経路の一部を構成している。人間の場合だと，脅威に対して，隅に固まるなどの反応と関係する。一方，疑核はほ乳類の段階でとくに発達したシステムで，愛着による安全確保と関連した脅威に対する対処にかかわっているとポージスは主張している。この辺が呼吸による副交感神経系の活性化が感情的ウェルビーイングと関連する背景かもしれない。副交感神

第2章 笑う身体を観察する

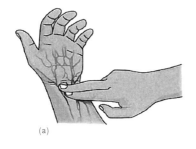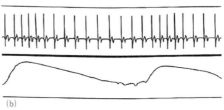

図2.11 呼吸性洞性不整脈
（注） 右図上：心拍，右図下：呼吸（上方向が吸気，下方向が呼気）
（出所） カラット＆シオタ（2006）

経系における迷走神経の活性度を，迷走神経緊張（Vagal Tone）と言う。緊張というとリラックスとは逆のようだが，単に迷走神経が活性化しているというだけのことで，迷走神経緊張が高いのは非常にリラックスした状態である。

迷走神経緊張は，呼吸ごとの心拍数の変動を指標として用いる。息を吸ったときと息を吐いたときの心拍数を計測すると，息を吸ったときの方が，息を吐いたときよりも心拍数が多くなる。これを，呼吸性洞性不整脈（RSA：Respiratory Sinus Arithmia）と言う。図2.11に示したように，自分で呼吸性洞性不整脈を確認することもできる（カラット＆シオタ，2006）。不整脈という名前はついているが，単に脈拍が変動するというだけのことで，健康な人に見られる正常な現象である。むしろ，呼吸性洞性不整脈は適応的な現象で，若い人や健康な人の方がより大きな呼吸性洞性不整脈を示す。

呼吸性洞性不整脈は，息を吸い肺が拡張すると，副交感神経系（疑核から発する迷走神経）から心臓へ送られている信号がブロックされ，交感神経系の影響が相対的に大きくなるために生ずる。呼吸性洞性不整脈は活動時よりも安静時やリラックス時の方が大きく出る。生理的な機能としては，息を吸ったときには，息を吐いたときより血中には酸素が多いので，息を吸ったときの心拍が増すことにより，血中の酸素の多いときの心拍を増し，より効率的な身体への酸素供給がなされるとの説がある。呼吸性洞性不整脈は呼吸ごとの心拍の変動なので，4秒程度の周期による心拍の変動となり，これらは分単位のよりゆっ

47

くりした低周波数成分の心拍変動とは異なる高周波数成分の心拍変動を構成する。したがって，迷走神経緊張は心拍数変動の高周波数成分の比を指標として簡単に測定できる。呼吸性洞性不整脈による迷走神経緊張が大きい人の方が，ポジティブ感情をより多く経験しており，またネガティブな状況にもよりレジリエンスを持って対応できる傾向にあるなどとの報告がされている（コク＆フレデリクソン，2010）。以上から，呼気の連続である笑いには，副交感神経系における迷走神経を活性化させ，心身の健康に寄与することが示唆される。

（3）脱力する身体

　大笑いしたときの脱力感は誰でも経験があるだろう。これが，極端な形で生ずるのが情動性脱力発作（カタプレキシー）である。情動性脱力発作は，興奮や喜び，笑いなど激しい感情によって引き起こされる，筋緊張の消失による身体の脱力である。情動性脱力発作の患者さんは，興奮したり，笑ったりすると体がガクッとくずれ落ちる。このときの筋緊張の消失は夢見睡眠（REM 睡眠）のときと似ている。REM 睡眠では大脳は活動していて夢を見るが，筋緊張は消失しており，運動指令が実行に移されることはない。情動性脱力発作は睡眠障害であるナルコレプシーの患者さんが併発することが多い。情動性脱力発作ほど極端ではないが，健常者においても，笑うと身体の脱力が生ずる。

　オーブリームら（2004）は，ホフマン反射を用いて，健常者においても，可笑しみの感情が生じ笑っているときには，筋肉の弛緩が生じていることを示した（図2.12）。ホフマン反射は，筋肉内にある筋紡錘（筋の引っ張りをモニターしている）から，a 運動ニューロン（脊髄から筋への収縮指令を出すニューロン）へのフィードバックによって，筋が引っ張られたまま伸びて，ぐったりとせずに，収縮し一定の緊張を保つしくみである。オーブリームら（2004）の実験では，筋紡錘からのニューロンへの電気刺激による筋肉の収縮が，コメディーのビデオを観て笑っているときには，平常時より約33％減少することが示された（図2.12におけるHとある波の部分である。Hより早く生じているMとある波は，a 運動ニューロンへの直接の電気刺激による筋の収縮である）。

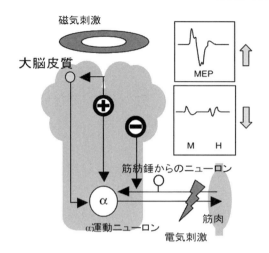

図2.12 笑いによるホフマン反射の抑制と磁気誘導電位（MEP）の活性化
（出所）オーブリームほか（2004）にもとづき筆者作成。

興味深いことに，経頭蓋磁気刺激法を用いて大脳皮質を刺激したときの磁気に生じた磁気誘導電位（MEP: Magnetic Evoked Potential）の面積は，笑っているときには，平常時よりも60%増した。この2つの実験結果から，笑っているときには，大脳皮質およびα運動ニューロンの反応が促進され（図2.12における⊕から大脳皮質とα運動ニューロンへの矢印），ホフマン反射は筋紡錘からα運動ニューロンへのシナプスの前段階で抑制されていることが分かる（図2.12における⊖から筋紡錘からのニューロンへの矢印。もしこの抑制が筋紡錘からα運動ニューロンへのシナプスの後段階なら，経頭蓋磁気刺激の筋収縮への影響も抑制してしまう）。

この実験結果は，笑っているときの身体が，ホフマン反射の抑制により平常時よりも筋緊張が約1/3少ないグニャグニャした脱力状態にあるが，大脳皮質やα運動ニューロンの刺激への反応性は平常時よりも約2/3高くなっていることを示している。これは，笑う身体が，交感神経系の活性化と対応して反応しやすい活発な興奮状態にあるが，同時に脱力し弛緩した状態にあることを示している。

（4）笑いは快・興奮・弛緩によって特徴づけられる

　本章ではダーウィンにならって，笑う身体を観察した。笑顔におけるデュシェンヌ・スマイルと笑い声から受ける印象は，笑いが快の状態であることを示している。心拍や血圧，皮膚電気抵抗などは，笑いが交感神経系が活性化した興奮の状態であることを示している。ただし，笑いにおいて呼気が優位になることは，笑いが単純な交感神経系の活性化ではなく，呼気による迷走神経系の活性化を通じたリラックスの側面も持っていることを示唆する。こうした笑いにおけるリラックスや弛緩の側面は，笑っている時の脱力感により明確に観察される。以上のような笑う身体の観察から，笑いは，快・興奮・弛緩によって特徴づけられると結論できるだろう。

第 2 章 笑う身体を観察する

 コラム　最も面白いジョーク

　イギリスの心理学者ワイズマンらがインターネットにラフラボ（笑い研究所）というサイト（http://www.richardwiseman.com/LaughLab/）を立ち上げ，最も面白いジョークを募って，投票を行った。最終的には 3 万5000人から 4 万近くのジョークが集まり，投票者は200万人にのぼった。慎重な集計の結果，1 位に輝いたのは次のジョークである。

　　森に狩りに出た 2 人のハンターの内の 1 人が突然倒れた。どうやら息をしておらず，白目をむいている。もう 1 人は慌てて携帯電話を取りだし，救急サービスに電話をかけ，「友だちが死んじゃったみたい。どうすれば。」と，息を切らしながら，オペレーターに言った。オペレーターは「落ち着いてください。大丈夫です。まず，本当に死んでいることを確認してください。」と言った。しばらく沈黙が流れ，1 発の銃声が響いた。ハンターは電話口に戻ると，「うん確認したよ。次は，どうしたらいい。」と言った。

　このジョークを投稿したのは，ゴサールという31歳になるイギリス人の精神科医である。ゴサールさんは，自分のハンタージョークについて，自分よりももっとバカで間抜けなことをする人がいることを伝えて，人をよい気分にするから好きだと言っている。ラフラボは，発案者による率直な回答だけでは，具合が悪いと考えたのか，このジョークには，人の愚かさを笑う楽しさだけではなく，"make sure he's dead" に関し，オペレーターとハンターの解釈に典型的なズレが見られること，死という人々の心配事を滑稽な出来事に変え不安を緩和すること，といった要素も備えているなどと，ハンタージョークの優れている理由を解説している。
　第 2 位になったジョークは，やはりイギリス人のアナンダッパさんによるものである。

　　シャーロック・ホームズとワトソン博士がキャンプに出かけた。彼らは星空の下でテントを張り，眠りについた。夜中にホームズはワトソン博士を起こして，こう告げた。
　　ホームズ：「ワトソン君，星空を見て，何が分かるのか，いってみたまえ。」
　　ワトソン：「何百万もの星が見えます。」
　　ホームズ：「そこから，何が推論できる。」

51

ワトソン：「そうですね，何百万もの星があれば，惑星を持っている星もかなりあるでしょうし，そのなかには地球のような惑星もあるでしょう。そして，地球のような惑星があれば，そこには生命が存在するかもしれません。」
　　ホームズ：「ワトソン君。君はバカか。誰かがわれわれのテントを盗んだんだよ。」

　ここでも主要なテーマは「愚かさを笑う」である。ズレは，ワトソン博士の惑星・生命談義とテントの盗難である。盗難という生活にかかわる不安が，ズレの滑稽さのなかで相対化されていると言えるかもしれない。

第3章

可笑しさの系譜を探る

　演者が本筋とは直接関係がない駄洒落や内輪ネタ等で観客の笑いを取ることを「くすぐり」という。「くすぐり」という日本語の比喩には，身体をくすぐって笑わせることと，ジョークの滑稽さで笑わせることに共通性があることの認識が示されている。

　くすぐりによる笑いは身体の笑いの典型であり，ジョークの滑稽さによる笑いは精神の笑いの典型である。身体の笑いと精神の笑いに共通性があるのか，あるいは，まったく別のものなのか。意見は分かれている。たとえば，言語学の小泉（1997）は，こう主張している。「類人猿は「くすぐったくて笑う」のであって，「可笑しくて笑う」のではない。「くすぐったい」のは生理的現象であるが，「可笑しさ」を覚えるには知的な要素が必要となる。だから，赤ちゃんも脇の下をくすぐれば，同じくキャッキャッと笑う。また，イナイイナイバーをすれば，人相の変化に興味を示して笑う。くすぐったさの感覚よりも人相の変化に反応する能力こそが笑いの起源であると思う」(p.9)。一方，身体の笑いと精神の笑いの共通性を重視する論者もいる。たとえば，人類学者のコジンツェフ（2010）は笑いに関する生物文化理論を提唱し，類人猿も人もくすぐりによって笑うので，くすぐりが笑いの起源を解く鍵だとして，くすぐりを類人猿の笑いと人の笑いという2種類の言語が書き込まれたロゼッタストーンになぞらえている。

　本章では，くすぐりから始めて言語的ジョークまで，身体の笑いから精神の笑いへと，可笑しさの系譜を順に探ってみることにする。

1 くすぐり

（1）ダーウィンが着目した奇妙な類似性

　ダーウィンは，くすぐりによる笑いと滑稽さによる笑いの類似性に着目し，くすぐりというロゼッタストーンを解読しようと試みた。『人及び動物の表情について』(1872/1931)でダーウィンはこう言っている。「想像がときとして滑稽な考えによってくすぐられると言われる。この精神のくすぐりは，身体のそれと奇妙にも似ている」(p. 233)。ダーウィンとほぼ同時期に同じ考えをドイツの進化論者のヘッケルも唱えたので，くすぐりによる笑いと滑稽さによる笑いに共通のしくみがあるとする考えは，ダーウィン−ヘッケル仮説と呼ばれる。

　くすぐりによる笑いと滑稽による笑いの奇妙な類似性について，ダーウィンは注意深い観察にもとづき，次のようにのべている。「子どもがくすぐられるとき，どんなに激しく笑い，全身をどんなに震わせるかは，誰でも知るところである。前に見てきたように，類人猿もやはりくすぐられるとき，とくに脇の下をくすぐられるときは，我々の音笑に相当する反復音を発する。…（中略）…ただし，滑稽な考えから来る音笑は，不随意ではあるが，厳密に反射的動作とは言えない。この場合には，くすぐられて笑う場合も同じだが，精神は愉快な状態になければならない。見知らぬ人にくすぐられると幼児は恐怖して泣き叫ぶことがある。接触は軽微でなくてはならぬ。滑稽とされる考えや出来事は，真面目な意義を持っていてはならない。…（中略）…子どもは自分で自分をくすぐったくすることが，ほとんどできないか，または，他人からくすぐられるときよりはその程度がはるかに少ないという事実から考えると，触れられるべき精密な点は，あらかじめ知られてはならぬものらしい。精神の場合も同様で，何か思いがけぬもの―通常の思考の連鎖を打ち破る新奇なもしくは不釣り合いな考え―が滑稽の主たる要素らしい」(pp. 233-234)。ここで，ダーウィンは，くすぐりによる笑いと滑稽さによる笑いが，相手に対する安心と愉快な状態を前提としているので厳密には反射的とは言えないこと，くすぐりも滑稽も重大では

なく軽微である必要があること，くすぐりも滑稽も意外性が必要であることを指摘している。ダーウィンが指摘する安心と非重大性は遊びの基本条件である。この遊び状態に意外性が加わると，くすぐりの場合も滑稽さの場合も笑いが生ずる。後に詳述するが（5節），笑いの生起条件を遊戯性×興奮とする本書の立場からすると，ここでダーウィンが指摘した，くすぐりによる笑いと滑稽さによる笑いの奇妙な類似性は，笑い生起条件の中核をとらえたものと言える。

（2）くすぐりに関する基本的事実

皮膚には圧覚や痛み，温度，かゆみなどに関する受容体があるが，くすぐりは痛みやかゆみとは違って単一の受容体に依存した感覚ではなく，複合的な感覚である。くすぐりにはニスメイシス（knismesis）とガルガレイシス（galgalesis）の2タイプがある（ハリス，2012；セルデン，2004）。ニスメイシスは皮膚をさっとなで回したときの感覚で，かゆみに移動の感覚が加わったものであり，笑いは生じない。ガルガレイシスは，皮膚の特定の部位をより強く，荒くなでたときの感覚で，笑いが生ずる。ダーウィンが「接触は軽微でなくてはならぬ」とのべたのは，攻撃的な侵犯と比較してのことで，ニスメイシスは考慮に入れていない。したがって，ここは「接触はあまり強すぎてはならぬ」程度に修正した方が適当である。ガルガレイシスは，圧や，振動感覚などの受容体への刺激の複合で生ずると考えられている。脊髄視床路を切断してかゆみや痛みの感覚を無くすと，くすぐったさも消えることから，ガルガレイシスにはかゆみや痛みの感覚も関与しているらしい。

くすぐりによる笑いが生じやすい身体の部位は，脇の下や，首筋，お腹のまわり，胸など，無防備で攻撃に脆弱な部分であり（ただし，足の裏などもくすぐりに敏感である），くすぐられると，笑うとともにくすぐり手から逃れようとする動作も生ずる。相手に安心感が持てず，遊びの気分でないと，くすぐりは単なる侵犯の苦痛になってしまう。実際，過去の拷問には，くすぐりの刑があったらしい。したがって，遊びによる擬似的なものだが，くすぐりには，侵犯や攻撃の側面が存在すると言えるだろう。

プロヴァイン（2001）は，身体の開口部など性感帯もくすぐりに敏感であることに注意を促している。実際，大人のくすぐりは，性的な活動と結びついていることが多い。ただし，性感帯へのくすぐりは，一般的なくすぐりのように笑いや回避反応とは結びついていない。これは，ニスメイシスかガルガレイシスかという，くすぐりそのものの差もあるだろうが，基本的にはくすぐりが置かれた社会的行動のタイプの違いを反映していると考えられる。一般のくすぐりは，じゃれ遊びの一環だが，性的なくすぐりは性的活動の一環である。性的活動にじゃれ遊びの要素が加わると，性的なくすぐりも笑いや回避反応を伴うようになる。一見たわいもなく見えるくすぐりの背景には，精神分析で扱う二大欲動である，性欲と攻撃性が存在していると言える。

（3）くすぐりにおける非自己性の検出

　ダーウィンは子どもには自分で自分をくすぐることができない，あるいは非常に難しいと指摘しているが，これは大人も同様である。「触れられるべき精密な点は，あらかじめ知られてはならぬものらしい」という推測は非常に的確である。

　自分で自分をくすぐる場合は，運動指令と同時に運動指令のコピー（Efference Copy）信号が出され，運動結果と運動指令のコピーの照合がなされる。運動指令のコピーと運動結果が一致すれば，運動結果は自己の運動指令の結果であって，外界や他者による変化は生じていない。たとえば，眼球を意図的に動かすと網膜に入る画像は変化するが，この変化は，眼球運動の運動指令のコピー信号と照合されて打ち消され，動きは知覚されない。これに対し，たとえば目玉を手で押して，網膜に入る画像を変更させると，眼球運動の運動指令のコピー信号は存在しないので，網膜の画像の運動がそのまま運動として知覚される。より難しいが，眼球運動を薬か手で押さえることによって麻痺させて，目玉を動かそうとすると，網膜の画像は動かないが，眼球運動の運動指令のコピー信号は生ずるので，眼球運動の運動指令とは逆方向への動きが知覚される。

第3章　可笑しさの系譜を探る

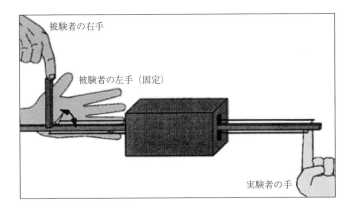

図3.1　くすぐりマシーン
（出所）　ブレイクモア，ウォルパート & フリス（1998）

　くすぐりの場合も，自分で自分をくすぐるときには，くすぐり運動の運動指令のコピーが，皮膚から送られる感覚と小脳で照合され，自己刺激に起因する感覚はキャンセルされるしくみがあることが分かっている（ブレイクモア，ウォルパート & フリス，1998）。こうしたしくみで，くすぐりは自己刺激をキャンセルし，非自己刺激を検出する。したがって，自己による運動指令のモニターにズレや遅れがあると，自己刺激を非自己刺激と誤認し，自分で自分をくすぐることができるようになる。ブレイクモアらは，右手の棒の上下運動による自分自身の左手のひらに対するくすぐりを，実験者が棒の前後方向の運動で任意に解除できる装置を用い（図3.1），予測不能性の要素が加わると，自分で自分をくすぐることができることを示した。

　プロヴァイン（2001）はより微妙な実験を紹介している。体の左右はそれぞれ逆側の半球が支配している。右手で左足の裏をくすぐった場合には運動指令のコピーと触覚情報が左右別々の半球に入るため，照合は左右半球間の脳梁を経由する必要がある。一方，右手で右足の裏をくすぐった場合は，運動指令のコピーと触覚情報はともに左半球に入る。このため，右手で左足の裏をくすぐった場合の方が，運動指令と触覚情報の照合にやや時間がかかる。プロヴァイン（2001）の実験では，右手で左足の裏をくすぐった場合の方が，右手で右足

57

の裏の場合よりもややくすぐったく感じるという結果が得られた。右手にとっては，左足の裏の方が，同じ側の足の裏よりもやや自分ではないということになる。

また，幻聴のある統合失調症の患者さんの場合は，自分で自分をくすぐってもくすぐったく感じるという報告がある（ブレイクモア，ウォルパート & フリス，2000）。幻聴は，「これではだめだ」などといった自分で自分に語る内言が，そこにはいない他者からの言葉のように聞こえてしまう現象である。通常，自分で自分に語る場合は，語りの指令情報をまずモニターし，それを内言と照合し，自分で自分に語った思考の言葉だとして理解する。幻聴は，語りの指令情報のモニターに遅れがあるために，内言を自分の言葉として認識できずに，他者からの語りとして聞いてしまう現象である。この指令情報のモニターの遅れが，意図的行為に生ずれば，させられ体験となる。自分で自分をくすぐった場合も，運動指令のモニターの遅れが生じ，自己刺激を非自己刺激と誤認し，自分で自分をくすぐっても，他者にくすぐられた場合と同じようにくすぐったいということになる。幻聴のある統合失調症の患者さんの場合，自分の言葉，行為指令，くすぐり，これらが完全に自分のものとしてではなく，ある程度他者的に受け取られるのである。

（4）くすぐりは反射か

くすぐりは通常お母さんと乳幼児の遊びやじゃれ遊びなど，社会的遊びの一環として行われている。くすぐりが笑いをもたらすのは，くすぐりが楽しい社会的遊びの条件刺激となっているためかもしれない。ハリス（2012）によると，リューバは，自らの2人の乳児を対象にこうした条件づけの可能性を排除するために，くすぐりを行うときには実験者の大人はマスクをして笑顔や笑い声などは一切生じないようにした。それにもかかわらず，幼児は生後6ヶ月から7ヶ月になると，くすぐりに対して笑いで反応した。ハリス（2012）は，この結果や，図3.1に示したくすぐりマシーンの例をあげて，くすぐりによる笑いの中心部分は，社会的遊びといった複雑な行動の一環としてではなく，反射や定

型的行動パターン（Fixed Action Pattern）として理解するのが適当だとしている。また，真剣でなく遊びの気分の方がくすぐりによる笑いは生じやすいが，これは，驚き反射（Startle Reflex）が，不安の高いときの方が反応が大きいのと同じで，反射の調節にすぎないとハリスは論じている。

（5）ハリスによるダーウィン-ヘッケル仮説批判

　ハリスは，くすぐりによる笑いを社会的遊びの文脈から切り離して，実験的に検証し，くすぐりによる笑いと滑稽さによる笑いの関係について，ダーウィン-ヘッケル仮説とは真逆の主張をしている。ハリス（2012）によれば，くすぐりで笑うのは，玉葱を切って涙が出るのが悲しみの涙とまったく関係ないのと同じように，滑稽さによる可笑しさとはまったく関係なく，笑いという反応が共通なだけである。ハリスの主張の根拠は，ユーモアによる笑いはデュシェンヌ・スマイル（2章2節参照）が中心だが，くすぐりによる笑いは苦痛の表情もまじるなど，表情に違いがあること，ユーモアによる笑いとくすぐりによる笑いには加算効果がないといった実験結果である。以下，ハリスらの実験を紹介する。

　ハリス＆アルバラド（2005）は，くすぐりによる笑いと滑稽さによる笑いを比較するために，10秒間のくすぐり条件と，コメディー条件でのオーディオテープの試聴時，それに氷水に手を浸す痛み条件での表情の比較をした。表情は，FACS（2章2節参照）を用いて分析している。10秒間のくすぐりは，被験者とは面識のない実験者が後ろから両方の脇の下を10秒間くすぐるというものである。実験中に録画された全ての笑いのうち，デュシェンヌ・スマイルの割合はくすぐり条件では21％，コメディー条件では40％，痛み条件ではゼロだった。くすぐり条件では，痛み条件と同じく苦痛の表情も生じていた。この実験結果から，ハリスらは，滑稽さによる笑いはポジティブな愉快さによる笑いだが，くすぐりの場合にはポジティブな愉快さはより少なく苦痛の表情もある点が異なるとしている。

　くすぐりの場合には滑稽さと異なって苦痛の表情が混じるという結果に，た

いていの人は納得がいくだろう。ただ滑稽さにはネガティブ感情が交じらないかというとそうでもない。ヘメノバー＆シマック（2007）は，コメディーの種類によっては，可笑しみと嫌悪感を同時に感ずることがあることを示している。だからネガティブ感情を伴うことは，くすぐりによる笑いだけではなく，滑稽さによる笑いでも同じである。悲しみや苦痛がまざる滑稽さもあるだろう。そのため，どの感情がまざるかは，刺激による詳細な違いによる部分が多くて，くすぐりと滑稽さを分ける基準とはなりにくい。ハリス＆アルバラド（2005）の実験でも，親しい人同士でくすぐりっこをするなら，苦痛の表情はもっと少なかっただろう。

　ダーウィン‐ヘッケル仮説を支持する研究としてはフリドゥランド＆ロフティス（1990）による調査研究がある。この調査では，くすぐりへの敏感さと日常の出来事への笑いやすさなどとの関係を質問紙によって調査した。結果，くすぐりへの敏感さと日常の出来事への笑いやすさには正の相関が見られた。これは，両者に共通のしくみがあるとするダーウィン‐ヘッケル仮説が，日常生活での経験の自己報告において支持されることを示している。

　ハリス＆クリステンフェルド（1997）では，日常生活での経験から離れて，より実験的に，ダーウィン‐ヘッケル仮説の検証を試みている。くすぐり刺激は，面識のない実験者が後ろから被験者の両脇と右足をそれぞれ10秒間くすぐることである。この後に，体の各部分をくすぐって，くすぐったさの主観的評定を求めた。コメディ刺激は14分程度のコメディフィルムの視聴である。視聴後，フィルムの面白さの主観的評定を求めた。主観的評定に加えて，行動的指標も求めた。くすぐりの場合は，10秒間のくすぐり中における笑顔や笑い声，身をよじる反応を総合して行動的指標とした。コメディの場合は，視聴中に笑顔と笑い声が生じた秒数を行動的指標とした。被験者はランダムに3群に分けられた。A群は，コメディ試聴→くすぐり，B群はくすぐり→コメディ試聴，C群はコントロール刺激としての自然映像視聴→くすぐりである。

　実験のポイントは，コメディ試聴とくすぐりによる反応に加算効果が見られるか否かである。ダーウィン‐ヘッケル仮説の言うように，くすぐりとコメデ

第3章　可笑しさの系譜を探る

ィーが同じしくみを共有しているなら，B群におけるコメディへの反応はくすぐり刺激によるウォームアップの後なので，A群におけるコメディへの反応よりも高くなることが予測される。また，A群におけるくすぐりへの反応はコメディ視聴によるウォームアップの後なので，B群やC群におけるくすぐりへの反応よりも高くなることが予測される。結果は，主観的評定値についても，行動的指標についても，有意な加算効果は示されなかった。

　A群とB群を合算してコメディ刺激とくすぐり刺激への反応の個人差の相関を求めると，行動的指標の場合と主観的評定の場合で大きく異なった。行動的指標については，コメディ刺激とくすぐり刺激への反応は，.39と有意な正の相関を示した。一方，主観的な評定値については，コメディ刺激の可笑しみとくすぐり条件におけるくすぐったさは有意な相関を示さなかった。主観的評定値における可笑しみとくすぐったさが無相関だったことは，加算効果の欠如とあわせて，くすぐりと滑稽さによる可笑しみに共通性がないことを示す。行動的な笑顔評定におけるコメディ試聴とくすぐりの正の相関は，コメディへの反応とくすぐりへの反応に共通なのは，笑顔や笑い声などの表出レベルであることを示しており，これはフリドゥランド & ロフティス (1990) の調査におけるくすぐりへの敏感さと日常の出来度への笑いやすさ（これをハリスらは，可笑しみではなく笑顔や笑い声を反映した報告であると解釈する）の相関と合致する結果だと，ハリス & クリステンフェルド (1997) は主張している。

(6) くすぐりにおける遊びの重要性

　ハリス & クリステンフェルド (1997) の実験は，説得的であるように見える。くすぐりによる笑いとユーモアによる笑いの無関係を唱えるハリスらの主張と，共通性を唱えるダーウィン-ヘッケル仮説とどちらが正しいのだろうか？　ここで，ダーウィンの結論が自然状態における動物や幼児のじゃれ遊びや日常の観察にもとづいているのに対し，ハリスの結論は実験室で実験者が決められた時間と動作でくすぐり刺激を被験者に与えるといった人工的な実験にもとづいていることに注目したい。ハリスらによる実験は，反射的行動として

のくすぐりをターゲットとしており，くすぐりにおけるじゃれ遊びの側面は捨象されている。反射としてのくすぐりで重要なのは，くすぐりマシーンの実験に示されるように，予測不可能性と意外性である。これに対し，くすぐりをじゃれ遊びの一環としてとらえるダーウィンは，くすぐりにおける社会的遊びの側面をも重視している。ハリスが実験的に純化して検証した反射としてのくすぐりは，基礎となる要素ではあるが，じゃれ遊びの一環としてのくすぐりの一部分にすぎない。ユーモアによる笑いの起源となるのは，意外性を条件とする実験的な断片としてのくすぐりではなく，遊びも含んだじゃれ遊びの一環としてのくすぐりである。2章では，デュシェンヌ・スマイルを口開けや音笑など，より全体的な表出のなかに位置づけて評価した。本章でもくすぐりをじゃれ遊びのなかに位置づけて評価することにしよう。

2　じゃれ遊び

（1）笑うネズミ

　ネズミは超音波の音声による鳴き声を出す。1つは，22kHz程度のやや長い（0.3秒以上）音声で，もう1つは50kHz以上のやや短い（0.3秒以下）音声である。ネズミが超音波の音声を使う理由は，他の捕食動物に察知されにくくするためらしい。22kHz程度の低い方は罰の予期や回避行動の際に見られネガティブな感情状態を示す音声，50kHz以上の高い方は報酬の予期や接近行動の際に見られポジティブな感情状態を示す音声と考えられている（ナストン，ブルグドルフ＆パンクセップ，2002）。

　パンクセップ（2007）によると，ネズミは仲間とじゃれ遊びをしているときにも，50kHz以上の高い音声を出し，慣れた実験者がネコのニオイのない安心な状態でネズミをくすぐると，やはり50kHz以上の高い音声をだす。ネズミはくすぐられると，実験者の手の方によってくるなど，明らかにくすぐられることを好んでいるらしい。また，50kHz以上の高い音声を出した場合の方が，ネズミ同士のじゃれ遊びは長続きする。さらに，ネズミのドーパミン報酬

系の回路（人間が可笑しみを感じているときにfMRIで見るとここの箇所が活性化している）を化学物質で活性化させると，50kHz以上の高い音声の頻度が増すことも分かっている。

　これらの事実から，パンクセップは50kHz以上の高い音声をネズミの笑い声だとしている。ネズミの50kHz以上の高い音声が，単純な快の音声というだけではなく，人間の笑い声に相当する，じゃれ遊びの愉快さを伝える音声でもあることは確からしい。ただ，ネズミの超音波は，発声的，音声的に人間の笑いともチンパンジーのプレイ・パント（2章4節参照）ともまったく違うので，共通の機能を担っているにしても，起源は別だと考えられる。

（2）遊びとは何か

　パンクセップ（パンクセップ，1998；パンクセップ＆ビヴェン，2012）は，人間も含めて，ほ乳類には共通の7つの感情システムがあると主張している。7つの感情システムは3つのジャンルに分けられる。1つは，危険・妨害への対処で，「恐怖」と「怒り」がこれにあたる。これらは，脊椎動物のレベルから共通に備わり，危険・妨害に対して即座の明確な反応をもたらす。「恐怖」と「怒り」は，典型的な感情として古くから研究されている。もう1つが，絆や集団形成にかかわるほ乳類に特有の感情で，「ケア」と「パニック」という愛着の両面と「情欲（Lust）」が含まれる。「ケア」は養育の愛で，「パニック」は幼い動物の愛着が満たされない場合の感情である。3つ目が，可能性探索とスキル構築にかかわる「好奇心・探索」（動物の場合は，好奇心という言葉がしっくりいかない場合があるので，探索という言葉をあわせて用いる）と「遊び」である。パンクセップによると，7つの感情システムのうち，最も基本となる

---

(1)　パンクセップがネズミをくすぐっている様子は，Youtubeで"panksepp laughing rat"などの語で検索すると何種類か動画があるので見てみると，ネズミがパンクセップの手を追いかけて，あきらかにくすぐられているのを好んでいる様子が分かって面白い。ネズミにとってネコのニオイは，恐怖の無条件刺激で，恐怖があるとネズミはくすぐられても50kHzの音声は出さないので，パンクセップの実験室では実験者がネコに接しないよう厳重にコントロールしているとのことである。

のは,「好奇心・探索」であり,餌や交尾相手の探索はアメーバのレベルから見られる。新奇な刺激は,動物にとって益と害,両方の可能性があるので,「好奇心・探索」による「接近」と「恐怖」による「回避」が拮抗する。

　パンクセップによれば,好奇心が最も基礎的な感情であるのに対し,遊びは最も総合的な感情である。一般に遊びはフィーリングとしては愉快さ（amusement）と結びつけられているが,他の感情も遊びのなかにとりこまれうる。たとえば,サットン-スミス（2003）は種々の遊びを分類し,遊びにおいては,愉快さや喜びだけではなく,怒り,恐怖,驚き,嫌悪,孤独感などの否定的な感情の仮想的な経験が基本テーマとなっていることを指摘している。遊びでは,様々な種類の感情が仮想的な形で総合的に経験されうる。

　動物の遊びには,大きく分けて,移動遊び,モノ遊び,社会的遊びの3種類がある（ブルグハルト,2005）。移動遊びは,鳥が繰り返し滑空したり,リスが樹を登ったり下りたりするなどの遊びである。モノ遊びは,ネコが毛玉を転がしたり,チンパンジーが枝を折って振り回したりする遊びである。社会遊びは,後でのべるプレイ・ファイティングが中心だが,性行動をまねする遊びもある。

　モノ遊びなどの場合,動物が見つけたモノを探索しているのか,あるいは,遊んでいるのか区別がつきにくいことがある。探索と遊びの違いは,探索は新奇な対象に対して生ずるが,遊びはなじんだ対象や状況で生じやすいこと,探索の場合は決まったパターンの行動だが,遊びの場合はより多様な行動が見られること,探索の場合には注意の集中が生じて,遊びのような快の興奮や心拍の変動は示されない,などである（ブルグハルト,2005）。同じ対象に探索と遊びが連続して生ずることがあるが,この場合,探索から遊びに移行するのが通例である。また,探索は危険な状態や空腹状態でも生ずるが,遊びは安全性の認識と適切な栄養状態を前提として生ずる。以上が,遊びと探索の区別である。鳥がかごのなかを行ったり来たりするなど,飼育動物によく見られる常同行動（目的のない同じ行動の繰り返し）も,遊びと間違われることがある。遊びの場合には常同行動と違って,行動に変化があり,快の興奮が生じている点が異なる。

遊びは，安全性の認識を前提とするので，幼い動物などは親の周辺でしか遊ばない。ボルビィーの愛着理論によると，愛着には，近接性の維持，分離不安，安心の逃避場，安全基地の４つの機能がある。子どもは愛着対象の近くにいようとし（近接性の維持），離されると不安を感じ（分離不安），危険や不安に遭遇すると愛着対象のもとに避難し（安心の逃避場），安心を与えてくれる愛着対象を拠点に活動を展開する（安全基地）。

幼い動物にとっては，親の保護による安全基地が遊びの前提であり，最初の遊びは親との相互作用で生ずる。遊びは，安心，安全の状態で生じる自由で活発な活動なので，目立ちやすく，危険に対する警戒は弱くなり，捕食の危険が増す。たとえば，ハーコート（1991）の観察によると，ペルー沖でトドに捕食されたアシカの子26頭のうち，22頭が遊びの最中で，休憩中が３匹，授乳中が１匹であった。幼い動物の遊びは，高い捕食のリスクを伴い，多くのエネルギーを要する。ブルグハルト（2005）は，こうした事実にもとづき，幼い動物の遊びには，スキル構築など，リスクを上回る進化的なメリットがあるはずだと主張している。

（3）遊びの５つの特徴

遊びは安全性と安心の認識のもとで幼い動物に多く生じ，スキル構築の機能を果たす。探索や常同行動など，遊びと一見紛らわしい行動もあるが，明確な区別は可能である。他の行動と比較したときの遊びの特徴はどこにあるのだろうか。ベイトソン＆マーチン（2013）は，以下の５つのポイントをあげている。

①活動それ自体が目的：遊びは楽しい活動であり，自発的，内発的に活動それ自体を目的として行われる。

②シリアスでないこと：遊びは，活動それ自体の楽しみ以外の利益や具体的目標は持たず，結果に関する通常の心配からは自由である。遊びは，「シリアス」とは対極の活動であり，社会的な遊びに入る前など，行動がシリアスでないことを示す，シグナルや表情を伴うことがある。

③新奇性：新奇な組み合わせでの行動や考えが生ずる。社会的遊びでは，優位な個体が一時的に従属的に振る舞う役割の逆転など，社会的関係の一時的な変更が生ずる。遊びは新奇性の源である。
　④誇張や変化をともなう繰り返し：遊びは常同行動と似ているが，たんなる繰り返しではなく，誇張や不完全さをともなって変化していく繰り返しである。遊びは他の行動とは違って見える。
　⑤余裕：遊びはそのときの状況に敏感に依存しており，動物にストレスや病気などのない余裕の状態で生ずる。遊びはウェルビーイングの指標である。
　以上の，①から⑤を満たすのが生物学的な基準での遊びである。種々の競技やスポーツ，ゲーム，芝居など，一般に言われる遊びは，社会としては余剰の活動ではあるが，当事者にとってはシリアスな仕事として行われるものもある。たとえば，スポーツは社会的には遊びかもしれないが，スポーツ選手にとっては，ストレス下でも，シリアスに，生活のために取り組まなければならない。これらの活動には，「新奇性」や「誇張や変化をともなう繰り返し」といった行動的特徴は見られる。しかし，動機付けに関しては「シリアスでないこと」や「余裕」，「活動それ自体が目的」などの基準を満たさないので，ここで定義する遊びには該当しない。
　動物の社会的遊びなどの場合，競争がエスカレートしてしまうこともある。こうした場合，活動そのものは依然として遊びではあるが，活動そのものの楽しさを中核とした遊戯性（playfulness）は弱くなったと見ることができる。一方，競争や目的追求などによって，遊び本来の遊戯性が弱まるのとは逆に，仕事や決まった行動であっても，それ自体を楽しみとしてとらえて，活動に新奇性や変化を導入することによって，遊戯的な活動となることもある。
　モノ遊び，移動遊び，社会的遊びなど，遊び活動は多様だが，遊びの中核となるのは，遊戯性である。遊戯性は，遊びとされる活動で典型的に見られ，ダーウィン（1872/1931）が「遊戯中ほとんど絶え間なく笑っている子ども」と言ったように，笑いは，社会的遊びの場面で典型的に生ずる。しかし，遊戯性は，仕事や決まった行動においても見られ，ケルトナー（2009）が笑いを瞬

間バケーションと言ったように，仕事をふくめた生活の様々な場面においても，一時的な遊戯性がもたらす愉快さとともに笑いが生ずる。

（4）プレイ・ファイティング

人間の社会的遊びで主に研究されてきたのは，ルールにもとづくゲームやごっこ遊びなどであり，荒っぽい格闘ごっこ（Rough and Tumble Play）は子どもによる幼稚な遊びとして位置づけられ，ほとんど研究されてこなかった（ブルグハルト，2005）。ゲームやごっこ遊びで注目されるのは，ルールや仮想現実の理解といった，認知的能力の発達である。これに対し，動物の社会的遊びでは，求愛のまねごともあるが，多くは，追いかけっこや，取っ組み合い，脚による接触（pawing），噛みつきなどの，プレイ・ファイティング（Play Fighting）である。プレイ・ファイティングは主に動物学で用いられているより一般的な用語だが，内容的には Rough and Tumble Play とほぼ重なる。なお，じゃれ遊びには，プレイ・ファイティングだけではなく，攻撃的な要素がほとんどない社会的遊びも含める。

「遊戯中ほとんど絶え間なく笑っている子ども」というダーウィン（1872/1931）の記述を受けて，イギリスの心理学者サリー（1902）は，笑いに関する総説で，笑いの起源がプレイ・ファイティングにあると指摘している。コジンツェフ（2010）はサリー（1902）説を支持する立場から，笑いを生じるくすぐり（ガルガレイシス）の起源は親和的なグルーミングではなく，より攻撃的な側面ももったプレイ・ファイティングにおける脚による接触であるなどと指摘している。サリー（1902）は，笑いとプレイ・ファイティングの関連を指摘した程度だが，その後のプレイ・ファイティング研究の蓄積を踏まえると，遊戯中の子どもの笑いの起源として，動物におけるプレイ・ファイティングが第一候補にあがるのは確かである。

プレイ・ファイティングは，あくまで遊びなので，活動自体が楽しく，シリアスでない必要がある。一方の参加者にとって楽しくシリアスでないとしても，もう一方の参加者にとってつらくシリアスな危険なら，遊びは一方だけのもの

図3.2　ネズミにおけるピンニング
(出所)　トレザ，バーレンズ & ヴァンダーシュレン (2010)

で，相互的な遊びにはならない。たとえば，ネコがネズミを捕まえて，また，離してを繰り返したりするとき，ネコは明らかに遊んでいるが，ネズミにとっては苦痛でシリアスな危険である。同じことは人間のいじめについても言える。いじめは，加害者側にとっては遊びだが，被害者側にとっては苦痛でしかない。ネコの場合もいじめの場合も，相互性を欠く遊びは，力の非対称性のもとで，攻撃的行動が変化しながら繰り返される点に特徴がある。けんかや闘いの場合は，相互的でシリアスな行動なので，力の非対称性のもとで繰り返されることはない。

（5）プレイ・ファイティングがいじめや闘いにならないためのしくみ

　プレイ・ファイティングは，相互性を欠くいじめやシリアスな闘いになってしまう危険がある。このためプレイ・ファイティングを行う動物には，これを防ぐしくみがそなわっている。役割の反転とセルフ・ハンディキャッピング，プレイ・シグナルである（ブルグハルト，2005）。

　役割の反転とセルフ・ハンディキャッピングは，プレイ・ファイティングが，相互性を欠いた一方的な攻撃にならないためのものである。役割の反転では，攻撃側と防御側がいれかわる。たとえば，ネズミには一方がもう一方を組み敷くピンニング（pinning）という攻撃動作（図3.2）があるが，パンクセップによればプレイ・ファイティングの場合，強い方も1/3の時間は下になる。これ

図3.3 犬のプレイ・バウ
(出所) ダン (2008)

は，強い側がセルフ・ハンディキャッピングをして負けてやることによって可能になる。強いネズミでも，2/3をこえて，相手を組み敷くと，やりすぎということになり，相手は遊びから離脱してしまう。人間の子どもの場合も，強い側が本気で勝ってばかりだと，「遊びなんだから，すこしは加減したら」などと，仲間からセルフ・ハンディキャッピングをするように言われたりする。

(6) プレイ・シグナル

　動物が，社会的な遊びを開始し，維持するためのシグナルがプレイ・シグナルである。言葉にすれば「さあ，遊ぼう」，「これは遊びだからね」，「もっと遊ぼう」などとなるが，動物では，姿勢や表情，音声，場合によっては分泌物のニオイなども用いられる。たとえば，犬の場合はプレイ・バウ（遊びの挨拶：頭を下げ，おしりを上げる姿勢で尻尾を振ることもある。図3.3参照）が遊びの合図となる。プレイ・バウが生ずる状況を詳細に観察すると，行動がシリアスな戦いや交尾などと紛らわしい場合に，「これは遊びだよ」というシグナルとして使われているのが分かる。たとえば，犬の遊びでは，左右に頭を振って噛みつくなどの攻撃的動作が生ずるが，プレイ・バウはその直前や直後に，あたかも「これは遊びだからね」と言っているようにして生ずる（ベコフ＆グドール，2007）。プレイ・シグナルは動物によって様々で，ブタなどの場合，はずむよ

うに走ったり，頭をひねるなどの動作がプレイ・シグナルとして用いられる。

　プレイ・シグナルを利用して，相手が無防備になったのを見計らって，攻撃することも考えられるが，多くの動物において，プレイ・シグナルが欺瞞的に使われることは，ほとんどない。これは，こうした欺瞞への制裁があるためらしい。ベコフ＆グドール（2007）の観察によると，プレイ・バウをした後に攻撃に転じたコヨーテは，遊びのパートナーとして選ばれなくなり，群れを離れる可能性を増す。その結果として繁殖成功率が下がるので，プレイ・シグナルの欺瞞的使用は少ないらしい。ホイジンガ（1955/1973）は，『ホモ・ルーデンス』で人間の文化において遊びが聖なるものであると言ったが，動物にとっても遊びの掟は特別なものなのかもしれない。

（7）プレイ・シグナルの4分類

　プレイ・シグナルは，社会的相互作用の場における遊び意図の表示だが，意図的な伝達だけでなく，感情状態の表出も遊び意図を表示する機能を果たす。パラジら（2016）は，プレイ・ファイティングにおいて用いられる多種多様なプレイ・シグナルを，意図的な伝達か感情状態の表出か，遊び特有の行動か一般的な行動の遊びへの転用かの2つの基準によって4分類している。

　①意図的な伝達×遊び特有の行動：犬のプレイ・バウ，多くのほ乳類におけるプレイ・ギャロップ（ぴょんぴょんはねる遊びの走り），霊長類における相手への意図的な刺激としてのくすぐり，ヒト以外の霊長類におけるプレイ・フェイス（2章3節参照）などが例としてあげられる。人間における笑い声は基本的には非随意的な行動で感情の表出だが，意識的に笑い声をあげるなどの意図的な伝達の場合もある。これらは，意図的に相手を遊びに誘う特有のプレイ・シグナルである。

　②意図的な伝達×一般的な行動の遊びへの転用：ヒト以外の霊長類における無言歯だし表示（2章3節参照）と人間におけるノン・デュシェンヌ・スマイル（2章2節参照）がこれに分類される。霊長類における無言歯だし表示は，恐怖や服従を示すので，遊び以外のシリアスな状況で使用されるが，敵意がな

いことを示すシグナルとして，遊びにも転用される。人間におけるノン・デュシェンヌ・スマイルもシリアスな状況における従属や宥和の意図を伝えるだけでなく，プレイ・シグナルとして用いられる。社会的相互作用の場では，表情以外にも，軽くたたいたり，けったりなど，抑制された様々な攻撃行動がプレイ・シグナルとして転用されうる。

③感情状態の表出×遊び特有の行動：人間におけるデュシェンヌ・スマイル（2章2節参照）と笑い声（2章4節参照）がこれに分類される。デュシェンヌ・スマイルと笑い声は，意図的に相手を遊びに誘うシグナルではないが，遊びの愉快な感情状態に特有の表出行動として，相互作用する相手に感染し，結果としてプレイ・シグナルとして機能する。たとえば，デュシェンヌ・スマイルの場合，相手側に1秒以内の素早い表情の模倣が生ずる[2]。また次節でのべるように，笑い声も感染しやすいことが知られている。

④感情状態の表出×一般的な行動の遊びへの転用：例は少ないが，犬が遊びながら，転がったり，体をくねらしたりする場合があげられている。

(8) 乳幼児の遊びにおける危機の遊戯的経験

人間の乳幼児が笑いころげる遊びの定番は，イナイイナイバー，鬼ごっこ，くすぐりなどである。シュルツ（1976）によれば，これらの笑いのテーマに共通しているのは，イナイイナイバーにおける養育者からの遺棄，鬼ごっこにおける捕食動物からの追跡，くすぐりにおける敏感で弱い部分の無防備な露出など，動物にとっての重大危機を遊戯的に経験し，危機が深刻でなかったことを確認する点にある。イナイイナイバーはプレイ・ファイティングとはみなしがたいが，危機の遊戯的経験という意味では共通している。シュルツ（1976）は，これらのケースにおける笑いを，模擬的な危機による覚醒度の上昇と遊びと安心の確認による覚醒度の低減という笑いの覚醒水準説で説明できるとしている。笑いの覚醒水準説の妥当性は4章4節で検討するとして，シュルツ（1976）の

---

[2] ノン・デュシェンヌ・スマイルでも模倣は生ずるが，約5秒程度かかり，感染というより，より意図的な反応となる（ウィルトほか，2003）。

説明はより一般的に，イナイイナイバー，鬼ごっこ，くすぐりなどにおける笑いが，危険や侵犯などの覚醒要因だけでも，遊びや安心といった緩和要因だけでも生じず，これらの2つの要因を必要とすると解釈することができる。

人間の大人は，乳幼児のように，直接プレイ・ファイティングをすることはほとんどない。しかし，大人においてもからかいやふざけなどの侵犯的な行動や言葉を使った様々な社会的遊びが見られ，これらの基盤にはプレイ・ファイティングがあると見ることができる。ここでは，プレイ・ファイティングにおける遊戯的な攻撃や侵犯の要素を含んだ，乳幼児から大人までの様々な社会的遊びをじゃれ遊びと総称することにする。

3　日常生活の笑いと笑いの感染

（1）日常生活における笑いとプレイ・シグナル

笑いというと気の利いたジョークを想定しがちだが，日常生活における笑いでジョークによって生ずるケースは少ない。マーチン＆カイパー（1999）による日誌法を用いた調査によると，毎日の笑いのうち11％だけが会話中のジョークを聴いての反応で，17％はメディアの試聴，残りの72％は日常の平凡な会話での笑いである。平凡な会話はテキスト化すると，「そこにいたらよかったのに」など面白くもなんともない内容である。同様に，プロヴァイン（2001）は，アメリカ人の大学生を主な対象に1,200の笑いを収集したが，ジョークへの反応と見なせるのは，そのうちの10％から20％に過ぎなかった。そのジョークも記録を見る限りさほど笑えるような内容ではなかった。また，笑うのは主に話し手の方だった。

以上のような調査結果は，笑いをじゃれ遊びにおけるプレイ・シグナルとして位置づけると理解しやすくなる。じゃれ遊びは，一方が送り手，もう一方が受け手といった関係ではなく，相互的な遊びの関係である。パラジら（2016）が主張するように，プレイ・シグナルには，意図的な伝達だけでなく，感情表出も含まれる。ノン・デュシェンヌ・スマイルや笑い声の一部は意図的な伝達

であり，デュシェンヌ・スマイルや笑い声の多くは感情の表出である。デュシェンヌ・スマイルや笑い声は，模倣や感染により，相手の反応を誘導する。プレイ・シグナルは，相互的な行動を調整するシグナルなので，反応としての感情表出の場合も，相手に対する働きかけの機能を持つ。

　従来のユーモア研究ではジョーク刺激を提示し，可笑しみの評定をしたり，笑顔を記録するというように，可笑しみや笑いをもっぱらユーモア刺激に対する反応として位置づけてきた。しかし，笑いをプレイ・シグナルとして位置づけると，笑いには働きかけの側面が重要であることが分かる。感情表出としてのデュシェンヌ・スマイルや笑い声の場合も，社会的な相互作用の場においては，プレイ・シグナルとして，働きかけの機能を持つ。

　以上のように考えると，日常会話において話し手の方が聞き手よりもより多く笑っているという事実は意外ではない。また日常会話では，「ほんと」といった簡単な受け答えでも，そのときのからかうような口調や笑顔がプレイ・シグナルとなることがある。日常会話における遊戯性は，発話内容だけではなく，同時に生じている非言語情報も含めて表示される。笑いが生じたときの会話内容が，テキスト化すると平凡で面白くないことが多いのは，このためだろう。

（2）笑いの感染

　笑いをプレイ・シグナルとして位置づけると，笑いの社会性や感染も簡単に説明できる。プロヴァイン & フィッシャー（1989）の調査によると，笑い声は社会的状況の方が，一人でいるときに比べて30倍も生じやすい。また，一人のときの笑い声も，メディアへの反応など擬似的な社会状況で生じたものだった。こうした笑い声の社会性は，笑い声がじゃれ遊びにおけるプレイ・シグナルなら当然の結果である。

　ラフトラック（録音された笑い声）の普及に示されるように，笑い声は非常に感染しやすい（プロヴァイン，2012）。タンザニアでは，女子高校生から始まった笑い発作の感染が広まり，14校もの学校が休校する事態にまでなった。[3]笑いヨガ（章末のコラム参照）などでは，集団で笑いのエクササイズを行うが，

ポイントは笑いが笑いを生む笑いの感染にある。

ラマチャンドラン（1998）は，笑いの感染を主な論拠に，笑い声が，捕食者襲来のアラームが誤りだったことを伝える信号として進化したという笑い声のフォールス・アラーム説を提案している。捕食者の危険を伝えるアラームを発することは，仲間には有益だが，自らは捕食される危険を増す行為である。一方，捕食者の危険を伝えるアラームは誤りだった，安全だという発信なら，仲間には有益で自らの危険もない。笑い声が伝える安心と感染しやすさ，集団のまとまり維持の機能に着目して立てられた説である。たとえば，プレーリードッグは，捕食者のコヨーテが去ると，穴から出てぴょんぴょん跳ねて，互いに声を出し合い，声がどんどん広がっていく。この場合などは，フォールス・アラームというより，アラーム解除の安堵の声の感染だが，集団のまとまりには貢献しているようだ。

ジェルベー & ウィルソン（2005）は，ラマチャンドラン（1998）のフォールス・アラーム説が認知的で狭すぎると批判し，デュシェンヌ・スマイルと笑い声の感染のしやすさに着目し，両者をまとめてデュシェンヌ笑いと呼び，内集団のまとまりの維持を目的として，デュシェンヌ笑いが人類の段階で進化したと主張している。パラジら（2016）による分類では，感情表出としてのデュシェンヌ・スマイルと笑い声の感染もプレイ・シグナルの機能とされているので，ジェルベー & ウィルソン（2005）が主張するような笑いの感染を，プレイ・シグナルの機能として位置づけることができる。

（3） 笑い発作の感染が起きた1962年当時のタンザニアは，独立1年にも満たないストレスと興奮の状態にあった。また，笑い発作の中心となった女子高校生は厳しい寄宿生活でのストレス下にあったことも確認されている。タンザニアの笑い発作は，単純な笑いの感染というより，他の運動発作も含んだ，心因性の集団疾病として位置づけられている（ヘンペルマン，2007）。

4 乳幼児の笑い

（1）乳幼児の笑いの認知説と遊戯説

　生後4ヶ月になれば乳幼児は出来事のズレや奇妙さに気づくようになる。たとえば，落ちてきたボールが空中で止まったり，対象がスクリーンの背景に隠れそのまま出てこなかったなど，通常とは異なる出来事に乳幼児は驚きをしめす。しかし，出来事のズレや奇妙さに対する驚きは，それ自体では通常可笑しさとしては経験されない。マギー（1979/1999）は，出来事のズレや奇妙さが可笑しさとして経験されるためには，見せかけやふりに対する理解が必要で，これは生後18ヶ月頃にならないと可能にならないとしている。

　マギー（1979/1999）の説は，ユーモアへの認知的アプローチの立場からのものである。ユーモアへの認知的アプローチでは，くすぐりによる笑いなどとは異なるユーモア理解について，見せかけの理解などの認知的能力を重視する。また，ユーモアとしては動作には着目せず，言語的なユーモアを重視する。言語的ユーモアとして最初に現れるのは，言葉の誤用だが，これは生後18ヶ月ほどにならないと現れない。

　レディ（2008/2015）は，ユーモアへの認知的アプローチを批判し，言語ではなく，社会的相互性のなかにある動作に着目すべきことを主張している。また，出来事のズレや奇妙さを可笑しさとして経験するために必要なのは，見せかけやふりの理解といった認知能力ではなく，シリアスと対比される遊戯性の理解であり，遊戯性の理解は，生後4ヶ月になれば可能だと指摘している。

（2）遊戯的な社会的相互作用の場で立ち上がる乳幼児の笑い

　レディ（2008/2015）によると母親は，8ヶ月児の何種類かの笑いを識別できる。誘うような笑いや宥和の笑い，くすぐられたときなどの興奮した叫ぶような笑いや何かを見て面白がった感じの笑いなどである。プレイ・シグナルとしては，誘うような笑いや宥和の笑いが意図的な働きかけ，興奮して叫ぶよう

な笑いや面白がった感じの笑いが感情の表出である。

　スロウフェ＆ヴンシュ（1972）では，母親にスラップ・スティックとなる行動をしてもらい，それに対する乳幼児の笑いを生後4ヶ月から1歳まで追跡している。母親がする行動は，視覚，聴覚，触覚，社会の4ジャンルにおけるスラップ・スティックである。視覚は顔を覆う，モノを隠す，床をはってみせる，髪を振るなどである。聴覚は，唇でぷっと言う，アーと言う，ブーン・ブーン・ブーンと言う，ささやく，キーキー声を出すなどである。触覚は，髪を吹く，お腹にキスをする，膝の上ではずませる，頭の上で揺らすなどである。社会は，綱引き，イナイイナイバー，追いかけっこ，つかまえるよと言う，乳児の顔を覆うなどである。結果として乳幼児が生後4ヶ月段階から，母親によるスラップ・スティックに笑うことが示された。頻度とその成長による変化は，ジャンルごとに異なる。まず，視覚的スラップ・スティックや社会的スラップ・スティックに対する笑いは生後4ヶ月から相対的に多く，その後も1歳まで増えていく傾向にある。聴覚的スラップ・スティックに対する笑いは，最初は少ないが，1歳に近づくと増える。触覚的スラップ・スティックは，生後7ヶ月まで増えて，その後減る傾向にある。

　レディ（2008/2015）は，ここでのスラップ・スティックはたんなる刺激提示ではなく，母親と乳幼児の相互作用のなかに埋め込まれていることに注意をうながしている。レディ（2008/2015）によれば，くすぐりのような単純な物理的刺激と見えるものも，これを遊びの社会的包みでパッケージするための，母親による仕込みが必要で，これなしには，乳幼児にとってはくすぐりは笑えるものとはならない。ある8ヶ月児の母親は，「くすぐるときに，"コチョ，コチョ，コチョ"などといいながらお腹をくすぐります。子どもを笑わせるのは，くすぐりだけではなく，そのときの声ではないかと思います。」などと言っている。じゃれ遊びにおける，プレイ・シグナルとしての笑いを乳幼児から引き出すのは，物理的な刺激の特性ではなく，母子の相互関係のなかにおける身体への刺激である。遊びの相互関係なしには，物理的刺激は驚きや覚醒をもたらしても，笑いにはならない。

第 3 章　可笑しさの系譜を探る

表 3.1　大人の道化と乳幼児の道化

ジャンル A	大人の道化の例	ジャンル B	乳幼児の道化の例
変な動作	ころぶ, すべる, こっけいな歩き, 変なダンス	変な動作	首をすくめる, 頭を振る, 頭を揺らす, こっけいな歩き, 自分を投げ出す
変な顔	変な目・笑顔を描く, ほほに点を打つ	変な顔	顔をくしゃくしゃにする, 下唇を突き出す, 目をキョロキョロさせる
変な音, 大きな音	パンと音をたてる, 金切り声をあげる, ドラ声をあげる	変な音, 大きな音	キーキー言う, わめき声を出す, 金切り声を上げる, ウソの咳をする, ウソ笑いをする, 「バー, バー」などと言う
		過激な行為	上着に噛みついて自分の体を揺さぶる, ものを引き裂いて音を出す, ベッドの頭の方にある板を揺らす, 強く打つ, ピシャッとぶつ
馬鹿げたふるまい	自分をぶつ, パイを人の顔に投げる, ホースで人に水をかける	馬鹿げたふるまい	母の頭をたたく, 母の脇のしたから外をのぞく, 人の足を噛む, おしゃぶりを母の口に入れる, 母の太ももや皮膚をつねる, 臭い足を, 兄弟の膝にキスする, 親指を自分の口に入れる, 自分のつま先に触る, 変な顔をしておもちゃを口に入れる, 人に水をかける
下品で挑発的に振る舞う	タブーを侵犯したり, 粗野なふるまいをする	身体のかくすべき場所をさらす	服をたくし上げて腹を見せへそを指さす
		暗黙の合意をやぶる	わざと暗黙の合意をやぶって相手をからかう, ものを相手に差し出してから引っ込める
		人の組み立ての邪魔をする	おもちゃをぶちまける, 人の積み木を崩す, 人が順をおって遂行している行動の邪魔をしてからかう
厳粛さを茶化す	政治家や宗教上の人物などを風刺の対象とする		
人をあざける	(例示省略)	人の変な行為をまねる	曾祖母のいびきの様子のまねをする, 祖母の変な顔のまねをする, 母のたてる音のまねをする
グロテスクな装い	性器をかたどったものをまとう (ホピ族), 偽の乳房と女装 (イギリス)	変な装い	花嫁の飾りをかぶる, コップを頭にのせる
幼児的, 退行的にふるまう	尿を頭からかけたり飲んだりする (ズニ族)	幼児的, 退行的にふるまう	口に食べ物や飲み物を入れたままブーとやる, 食べ物を吐き出す, 水を口に含んでジュルジュルいわせる

(出所)　レディ (2008) の表を筆者が翻訳。

（3）乳幼児の道化

　乳幼児は大人との身体的な交流の場を基盤に，ポジティブな経験である笑いを生んだ自分の偶然の行為を繰り返したり，大人の行為をまねするようになる。表3.1に，レディ（2008）による，大人の道化と乳幼児の道化の分類と例を示す。乳幼児は，最初は奇妙な動作そのものに注目し，それをまねしたり，偶然の動作を繰り返したりする。そして，それを大人が笑ったりすると，自分もつられて笑い，奇妙な動作を遊びの面白さと結びつけて理解する。その結果，生後半年をすぎると，自分自身が小さな道化師としてふるまうようになる。最初は，表の前半の例のように，行動そのものの奇妙さに焦点がおかれた道化をするが，生後1年を過ぎると社会的規範の侵犯などにもとづく奇妙さも扱われるようになる。このように，乳幼児の道化では，標準からのズレや日常的規則の侵犯などが，様々な形で遊戯的に行われている。大人の場合には，これはいわゆる悪ふざけ（Practical Joke）に相当する。これらがプロの芸として展開されたのが，ドタバタ喜劇やスラップ・スティックである。

（4）言葉遊びの誕生

　乳幼児の道化の説明で見たように，乳幼児による最初のユーモア産出は，乳幼児と大人の身体的な遊びの相互作用の場において立ち上がるが，乳幼児は，言葉の習得と併行して言葉遊びも発見していく。ジョンソン＆メルヴィス（1997）は生後15ヶ月から生後30ヶ月までの幼児の観察を通じて，言語ラベルの不一致，言語属性の不一致，単語遊びの3種類の言葉遊びを確認している。

　言語ラベルの不一致は，芝刈り機を見て，飛行機や車などと間違った言語ラベルを貼って面白がる例である。言語属性の不一致は，絵本の羊の絵を見て，「ひひーん」（馬の鳴き声）などと言って面白がる例である。ジョンソン＆メルヴィス（1997）による観察では，乳幼児による言語属性の不一致の遊びでは，動物に関するものが半分近くをしめる。単語遊びは，奇妙な単語を用いて面白がる遊びである。たとえば，「おじいさんのジョークをきいてごらん」に対して，「おじいさんのジョークは googledygook（わけの分からない言葉の意味。七

面鳥の鳴き声から作られたとされる。）だ」と言うなどである。

　最も早いのが，言語ラベルの不一致で1歳半ぐらいで多く見られる。言語属性の不一致は，2歳前になって増えてくる。単語遊びは，2歳になってやや増えてくるが，例は少ない。ダジャレも，2歳になってようやく見られる。乳幼児の言葉遊びは，対象に貼る言語ラベルの不一致というモノの世界に近いところから始まって，対象の言語属性の不一致という意味的な遊びに進み，奇妙な単語による単語遊びやダジャレといった言葉特有の属性についての遊びへと進んでいくらしい。

5　笑いとユーモアの2条件

（1）「新奇性」と「誇張や変化をともなう繰り返し」

　2節でのべたように遊びは，「余裕のあるときに生ずる」，「それ自体を目的とする快」の，「シリアスでない行動」という3つの機能的な特徴を持っており，行動パターンとしては「新奇性」と「誇張や変化をともなう繰り返し」の2点を特徴とする。乳幼児の道化と言葉遊びを具体的に検討すると，新奇性と誇張や変化を伴う繰り返しが展開されていることを確認できる。

　表3.1の乳幼児の道化では，日常生活では見られない新奇な行動が様々に展開されている。変な顔や動作，音，程度を越えた大きな音などは見慣れた日常の行動習慣からの意図的なズレである。これに対し，下品さや馬鹿げた振る舞いなどは，社会マナーの侵犯による日常からのズレである。マネによる嘲りなども，社会マナーの侵犯である。このように乳幼児の道化では，行動習慣や社会マナーの埒外の日常的でない新奇な行動が様々に見られる。これらの新奇な行動では，日常的な予期からのズレが生じていると見ることができる。

　大人の道化においては，スラップ・スティックとして，より組織的に新奇な日常からズレた新奇な行動が展開されている。ベルクソンの『笑い』（1900/1976）は，独自の生命哲学にもとづく笑い研究の古典である。笑いに関する多くの哲学者の分析が，言語的ジョークの分析に焦点を置いているのに

対し，ベルクソンの分析は，スラップ・スティックを主な対象としている点に特色がある。ベルクソンはスラップ・スティックを分析して，そこに動作の繰り返し，逆転，2つの系列の対応，誇張などの特徴が見られることを指摘し，これらが機械的動作の特性と関連しており，しなやかな生命の動きにカサブタのように張り付いた動作の機械性のコワバリが，可笑しみの根源だと指摘している。しかし，遊びという観点から見ると，ベルクソンが指摘した繰り返し，逆転，2つの系列の対応，誇張などは，機械的動作の特性というより，遊びにおける変化をともなう繰り返しの一例として位置づけることも可能である。ベルクソンの笑い論については，4章3節で詳しく検討する。

　アーロンズ（2012）によれば，言葉によるジョークは，言葉の普通でない遊戯的な使用によるものである。アーロンズ（2012）では，音韻論にもとづく語呂合わせから始めて，語彙論，統語論，意味論，語用論にいたるまで言語のすべてのレベルにおける言葉の普通でない遊戯的な使用によるジョークの例が分析されている。言葉遊びの世界では，日常生活とは異なる新奇な言葉が，遊びとして様々に試みられている。言葉遊びにおいては，スラップ・スティックの場合よりもさらに組織的に，様々な組み合わせが変化や誇張をともないながら繰り返され，新奇性の追求がなされている（鈴木，1981；クリスタル，1998）。こうした追求は，口頭の話芸，テキスト化された言葉遊びやジョークとして豊富な文化的な可笑しみ刺激の蓄積を形成していき，日常会話でも参照されるようになる（チェイフ，2007）。

　文化のなかで選ばれ蓄積されたスラップ・スティックや言葉遊びなどの可笑しみ刺激は，甘みの快に対するお菓子類のような，ある種の超正常刺激と見ることができる（ハーレー，デネット＆アダムス，2011/2015）。これらは，われわれの進化のなかで生じた快としての可笑しみを，効率的に刺激するように作られ蓄積されてきた。今日のわれわれは，話芸や文章，映像など，多種多様に選りすぐられた可笑しみ刺激に囲まれており，可笑しみ刺激の提供は，お菓子などにもおとらないほどの規模の産業となっている。しかし，心理学的に見れば，様々に工夫されたお菓子類の基盤が甘さに快を感ずる味覚と報酬系のしく

みにあるように，多種多様に発展した笑いに関する言葉や映像の世界も，その基盤は，人間における可笑しみ刺激の快としての受容のしくみにあり，その始まりはじゃれ遊びの快にまで系譜をたどることができる。

（2）笑いとユーモアの2条件

　本章のはじめでのべたダーウィンが指摘する奇妙な類似性に戻ろう。ダーウィン（1872/1931）はくすぐりによる笑いと滑稽による笑いについて，意外性と安心・非重大性という点が似ていると指摘した（1節参照）。レディ（2008/2015）は，乳幼児が不一致にたんに驚くのではなく，面白いと笑うためには，認知的アプローチで主張されているような見せかけやふりの理解ではなく，社会的関係を通じて共有される遊戯性との結びつきがポイントになると指摘した。そして，身体レベルにおける予期との不一致と言えるスラップ・スティックに対する笑いによる反応が，遊戯性を共有する社会関係のなかで，見せかけやふりの理解が可能になる前の年齢から見られることを示した（4節参照）。遊戯性を共有する社会関係のなかで，乳幼児は模倣から始めて，幼い道化をも行うようになる。ダーウィン（1872/1931）とレディ（2008/2015）が示した笑いとユーモアの2条件は，一方が意外性・不一致であり，もう一方が安心・非重大性・遊戯性である。

　2章5節で見てきたように，笑いは基本的に快で弛緩，興奮（高覚醒）の現象である。遊戯性は快の状態で，デュシェンヌ・スマイルや笑い声は快の表出である。また遊戯は安全の認識とシリアスでないことを前提としているので，身体的には，緊張に対比される弛緩状態と関連している。したがって，遊戯性は笑いを特徴づける身体・気分状態としての快・弛緩の条件となっていると見ることができる。また，笑いは高覚醒の興奮状態である。これは，笑いを生起させる意外性や不一致などのズレ把握によると考えられる。したがって，ズレ把握を笑いを特徴づける身体気分状態としての興奮の条件と見ることができる。社会的な関係も含めた状況や刺激としては，遊戯性とズレ把握の2条件があり，この2条件が同時に満たされると，笑いを特徴づける快・弛緩・興奮の気分・

身体状態が生ずることになる。

（3）笑いとユーモアを解明していくためにはどうすればよいのか

　柳田国男（1979）は『笑いの本願』で，悲劇の長さに比し，喜劇の短さを指摘している。長編の悲劇は，展開していく1つの物語だが，長編の喜劇は小さなエピソードの繰り返しにすぎない。ケルトナー（2009）も笑いを瞬間バケーションと言っている。可笑しみは悲しみなどとは異なり，持続時間の短い感情である（ヴァーダインほか，2015）。これに対して遊戯は一定の時間続く。笑いは，こうした過飽和の溶液のような遊戯性のなかで，機会機会に析出するようにして，相互に感染しながら生ずる。ここで笑いの析出のきっかけになるのが，ズレ把握による興奮である。笑いや可笑しみの持続時間が短いのは，おそらく，笑いや可笑しみの条件として，ズレ把握による興奮があり，この持続時間が短いためだろう（ヴァーダインほか，2015）。

　くすぐりでは，他者による予測できない触覚刺激のズレ把握だけでは興奮しか生じず，同時に遊戯性の共有があってはじめて快・弛緩が生じ，両者がそろうと笑いの気分・身体状態になる。スラップ・スティックで変な顔をしたとする。ここでは，ズレ把握は普通の顔への予期との対比を通じて生ずる。遊戯性は母親などとの社会関係だけではなく，日常から逸脱した刺激自体によっても伝えられうる。

　以上のように刺激の種類や状況によって，ズレ把握と遊戯性が具体的にどう評価されて生ずるのかは異なる。したがって，遊戯性とズレ把握の2条件→笑いの気分・身体状態としての快・弛緩・興奮の流れは，ダーウィンやレディの先行研究にそって，くすぐりからジョークによる笑いまで連続的にとらえようとする試みではあるが，具体的な刺激評価や気分と表出の関係などの詳細を特定しない，大枠の定式化にすぎない。具体的な刺激評価や気分と表出の関係などの詳細については，刺激ごとに検討し，5章でのべる感情心理学の枠組みのなかに位置づける必要がある。

　実際の会話では，口調や表情，身振り，間などで伝わる発話の遊戯性が，テ

キスト化されると抜け落ちる。このためテキスト化されたジョークでは，メッセージのみによって，遊戯性とズレ把握の両条件を読み手に誘導する必要がある。これまでの研究では，ズレ把握は，不一致や逸脱など様々な概念を用い分析されてきたが，遊戯性を適切に扱っていない場合が多かった。4章の終わりで紹介するアプター（1982）による反転理論では，パラテリック（Paratelic）状態（遊戯性を含んだ概念である）と認知シナジーという独自の概念を導入し，遊戯性を含めた笑いの2条件を明示的に扱い，ジョークによる笑いに関して最も総合的な理論を提供している。

これまでのユーモア理論は，テキスト化されたジョークを主要なサンプルに議論が行われてきた。しかし，レディ（2008/2015）が強調するように，テキスト化されたジョークは，笑いやユーモアが生ずる遊戯的な身体的社会的相互作用の基盤から発展した産物を抽象したものにすぎない。テキスト化されたジョークを用いた研究成果を適切に位置づけるためには，笑いやユーモアの基盤が遊戯的な身体的社会的相互作用にあることに留意し，本章で試みたように，動物や幼児のじゃれ遊びなどに関する知見を参照していかなければならない。

6 ユーモア技法の分類

以上，くすぐりから幼児の言葉遊びまで，可笑しさの系譜を簡単にたどり，2章でのべた笑いの身体的気分状態との関連で，笑いの生起条件の概要を，遊戯性（快・弛緩）とズレ把握（興奮）に集約できることをのべた。

われわれの文化は言葉遊びから口承文芸，文学，笑芸の数々，コメディ映画にいたるまで，可笑しみを効率的に引き起こす刺激を豊富に蓄積しており，簡単には全体が見渡せないほどである。バーガー（1993）は，種々のメディアにおけるユーモア技法を内容分析し，45種類に分類している。内訳は，行動（Action：身体的・非言語的ユーモア）3種類，性質（Identity：存在論的ユーモア）14種類，論理（Logic：観念的ユーモア）13種類，言語（Language：言葉のユーモア）15種類である。バーガーの分類は，行動が少なく，分類は統一した

理論や方法によるものではなく，著者独自の学識と直感によるものだが，技法に着目したため十分な幅広さと網羅性を持っており，ブーイジェン＆ファルケンブルグ（2004）がCMの分析に使うことができるほどには明確である。ここでは，文化的に蓄積されてきた可笑しみ刺激の全体像を把握するためにバーガーによるユーモア技法の45種類を，簡単な説明と例を用いて紹介する。バーガー（1993）では，記述はアルファベット順だが，ここでは内容が近いものをまとめて紹介する。また例の多くはバーガーのあげているものを日本語に意訳して用いているが，必要に応じて，別の例を用いている。

バーガーがとりあげる多種多様なユーモアの技法には，優越と価値下落，ズレ，害にいたらない侵犯など，いくつか共通の原則が働いているのを見ることができる。従来のユーモア理論では，これらの原則を組織的に展開し，ユーモア全体についての理論を提供しようとしたが，多種多様なユーモアをすべてカバーすることは難しく，どれかのタイプのユーモアに偏るのが通例だった。種々のユーモア理論については，4章で検討することとし，ここでは可笑しさの系譜のしめくくりとして，多種多様なユーモア技法の概観を行う。

（1）行　動

①<u>追いかけ</u>：バスター・キートンが警察に追われる場面や，チャップリンが大男から逃げる場面など，スラップ・スティック・コメディーにつきもののシーンである。

②<u>スピード</u>：チャップリンが追いかけられるシーンで加速してスピードがましていくと妙な快感を覚える。これは，物理的抵抗に逆らうスピード自体に動物的な快（移動遊びの感覚）があるためかもしれない。またコマーシャルなどで，早口でしゃべると妙に可笑しい。

③<u>スラップ・スティック</u>：身体的ユーモアで，しばしば行為の幼稚化をともなう。たとえばパイ投げは，相互になげあう侮辱の言葉をケーキに置き換えたと見ることができる。滑ってこけたり，われわれを面白がらせる様々なへまがスラップ・スティックとしてとりあげられる。スラップ・スティックは，大人

としての飾りをはぎ取って，われわれすべてを幼児の状態に民主的に格下げするとバーガーは評価している。

（2）性　質

①**前後**：前と後の比較は，聴き手に前の状態を基準に，後を予期させ，両者のズレを分かりやすく提示できるので，笑芸などでよく使われる。落語の「子褒め」，「鮑のし」，「青菜」などは，賢い人が見せる手本とその後にマネをする人の失敗の対比が中心の噺である。次にロシアン・ジョークの例を示す。

「ペレストロイカ前はみんなが犬だった。口輪をして２メートルの鎖につながれ食べ物には届かない。ペレストロイカの後は鎖は長くなったが食べ物はさらに遠くになった，しかし好きなだけ吠えることはできる。」

②**サイズ**：われわれはそれぞれの事物について標準サイズの期待を持っているので，むやみに大きかったり，小さかったりすると期待とのズレが生じ，可笑しみにつながりうる。物事のサイズの極端な変化と対応して，自分自身も巨人になったり小さな子どもになったような感覚も生まれる。コメディでは，一般に小さくなった人物側に共感がもたれることが多い。

③**模倣**：自分のアイデンティティは保ちながら，有名な人物の特徴をまねして，その人物らしく見せかけること。特徴を誇張するとカリカチュアになる。

④**模倣とふり**：ふりでは，病気のふり，死んだふりなど，実際にはない状態を模倣する。犬など他の動物の特徴を模倣することもある。模倣される状態や対象と現在の状態のコントラストが可笑しみの原因となりうる。

⑤**扮装**：たんなる模倣やふりを越えて，元の自分のアイデンティティーを離れ，別のアイデンティティーを装うこと。ゴーゴリの喜劇「検察官」などのような，個人と状況のズレにもとづく可笑しみの原因となりうる。

⑥**カリカチュア**：平均を基準として，人の特徴を誇張して表現すること。

進化心理学における美の平均仮説（平均的な顔は，発達障害の可能性の低さ，見慣れているという理由からより好まれ，美しいとされやすいとの説）からすれば，平均からの差を誇張すると，より醜い表現となる。このため，カリカチュ

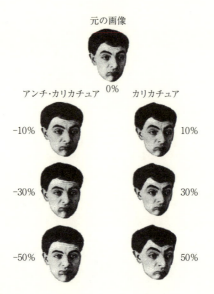

図3.4 ミスター・ビーンのカリカチュアとアンチ・カリカチュア
（出所）ローデス（1997）

アには価値を下げる効果がある（ローデス，1997）。人間の顔のカリカチュアは，平均からのズレの強調が基本だが，サルのような顔だとか羊のようだなどと，動物との共通性の強調もなされる。一般に動物は人間より価値が低いと評価されるので，この場合も，価値の下落につながる。カリカチュアでは元の顔からのズレと価値の下落が可笑しみの原因となる。

図3.4はミスター・ビーンのカリカチュアとアンチ・カリカチュアである。カリカチュアはミスター・ビーンと平均顔の差を強調し，アンチ・カリカチュアは平均に近づけている。カリカチュアでは，ミスター・ビーンのぎょろりとした目や太い眉が強調され，個性的ではあるが，より醜い顔になっている。これに対し，アンチ・カリカチュアは，個性的ではないが，より難のない顔になっている。

⑦パロディー：ある作品やジャンルの特徴を模倣した作品をつくること。元の作品の特徴を，よりくだけた文脈で再現することが，意外性と価値の下落を

生じ，可笑しみの原因となる。

⑧ステレオタイプと定型人物：ジョークには人種や性などの集団に関するステレオタイプがつきものである。たとえば，有名な沈没船ジョーク。

救命ボートが足りないとき，船長はなんと言うか……
イギリス人には「紳士はこういうときに飛び込むものです。」
ドイツ人には「規則では海に飛び込むことになっています。」
アメリカ人には「海に飛び込んだらヒーローになれますよ。」

定型人物は，トリックスター，詐欺師，愚か者など，古代からの笑い話の登場人物となる定番の人物である。

⑨露出：自分の内密な部分をうっかり漏らしてしまうのは，間抜けな行為として可笑しみを生む。下の例では，本文のロマンティックな内容と追伸とのコントラストも可笑しみを生じる要因になっている。

「いとしいジョンへ　婚約破棄したことを，どれだけ私が後悔しているのか言葉ではあらわせません。私のもとにもどってきてください。あなたのいない空虚は誰にもうめられないのです。どうか許してください。やり直しましょう。あなたなしでは生きていけません。愛してます。愛してます。愛してます。　　　　　　　　　　　　　　　　　　　エミリーより
　　　　　　　　追伸：宝くじ特等当選おめでとうございます」

尻だしやへそだしなどは身体的露出である。フロイトが指摘したように，露出は性的な快とも関連している。

⑩性格の暴露：露出とは異なり，本人ではなく，他の人の行為によって，それまで隠されていた性格が暴露される。暴露された性格とそれまでの期待のズレが，可笑しみの原因となりうる。

⑪当惑：当惑は当人にとっては恥ずかしく不面目だが，端から見れば，可笑しな出来事である。「ジョーンズ夫人は，朝，戸口の音で目覚め，牛乳の空瓶を出しておくのを忘れたことに気がついた。ネグリジェのまま，あわてて玄関に出ると，牛乳屋ではなく水道屋がいた。「あら，どうしましょう。牛乳屋さんとばかり思っていたわ。」」

⑫奇行：エキセントリックな言動をすること。バーガーは，イヨネスコの「禿げの女歌手」における珍妙な会話の例をあげているが，タイトルだけで十分だろう。

⑬グロテスク：奇形やグロテスクなものは，嫌悪感を感じさせる場合もあるが，心理的な距離が遠いと可笑しみの対象となる。

⑭バーレスク：下ネタのコントや女性のお色気を強調したショー。志村けんのバカ殿シリーズにおける腰元お色気ショーなどがその例である。

（3）論　理

①繰り返し：文芸批評家のノースロップ・フライ（1952/1980）は『批評の解剖』で，ユーモア作品の特徴として，悲劇のようには発展しない出来事の繰り返しとその叙述を指摘している。喜劇には，ドンキホーテをはじめとして固定観念にとりつかれた人物が登場するが，彼らは固定観念のとりこであるために状況が変わってもその行動を変えることがない。ベルクソンが指摘した，性格喜劇としての行動の機械的繰り返しが生ずる。

②列挙：列挙では，繰り返される叙述の内容が雑多きわまりなく，奇妙なコントラストを生む点に特徴がある。この点がよく示されているのが，下の文である。

「寝転がっては見たもののちっとも眠くならないうえ，おまけにむらむらと怒りがこみ上げてくる。というのも，自分は，ぶらぶらするばかりでなく，寝床でぐずぐずするのも好む性分なので，枕元周辺にはいつも，生活用具一般，すなわち，ラジカセ，スタンドライト，湯呑，箸，茶碗，灰皿，猿股，食い終わったカップラーメンのカップ，新聞，シガレット，エロ本，一升瓶，レインコートなどが散乱しており，それらに混じって，いったい，なぜ枕元周辺にそれがあるかよく分からないもの，すなわち，ねじ回し，彩色してないこけし，島根県全図，うんすんかるた，電池なども散乱しているのであるが，そのよく分からないものの中に，五寸ばかりの金属製の大黒様があって，先前からむかついているのは，この大黒様，いや，こん

なやつに，様，などつける必要はない，大黒で十分である，大黒のせいなのである。」(町田康（1997）『くっすん大黒』)

③テーマと変奏：繰り返しや列挙，前後と関連した手法である。音楽ではおなじみの「主題と変奏」である。沈没船ジョークの拡大バージョンを示す。

　　ある巨大豪華客船が氷山に接触，沈没しかけている。脱出ボートの数よりも乗客の数が圧倒的に多い。女性，子ども，老人客を優先させると残りの男どもには厳寒の海に飛び込んでもらうしかない。
　　船長は，スムーズに海に飛び込んでもらうため男たちに次のように言った。
　　イギリス人には「紳士はこういうときにこそ飛び込むものです。」
　　ドイツ人には「規則では海に飛び込むことになっています。」
　　イタリア人には「さっき美女が飛び込みました。」
　　アメリカ人には「海に飛び込んだらヒーローになれますよ。」
　　ロシア人には「ウオッカのビンが流されてしまいました。今追えば間に合います。」
　　フランス人には「海に飛び込まないでください。」
　　日本人には「みなさんはもう飛び込みましたよ。」

④ハプニング：誤りのような思い違いではなく，行為遂行時のミスである。ミスの結果が深刻でなければ，失策を面白がることができる。下は，他のストッキングは必要ないという意図の文だが，ストッキング以外には何も着ないという意味にもとれる文になってしまった例である。

　　広告：薄いストッキング─とてもしっかりしているので，正装用ですが，
　　多くのご婦人方は，このストッキング以外は何もおめしになりません。

⑤偶然の一致：思い違いも，ミスもないが，偶然の結果，当惑するような状況になってしまう場合である。下の例のように，当惑からの脱出が図られることもある。偶然の一致自体が興味をそそり，偶然の一致に翻弄されて困惑し，困惑からの脱出を図る様子が傍目には滑稽に見える。

　　「ある若者が徴兵検査を受けた。医者の診断を受けているとき若者は何も

見えないふりをした。医者は「図を読んで下さい。」と言った。若者は「図がどこにあるのです？」と答えた。「壁の上のあれです。」と医者は言った。「壁がどこにあるのです？」と若者は答えた。医者は若者を兵役不適格と判断した。その晩，若者はお祝いに映画を観に出かけた。映画が終わったとき，診断をした医者が隣の席に座っているのを見いだして，若者は驚愕した。とっさに若者は「この列は，九段行きのバスですか？」と医師に尋ねた。」

⑥比較：比較ではどちらかの欠点が明らかになることが多い。ここでは，対という整った形式で，一方の価値を遊戯的に下げることが可能になる。

　　共産党幹部「同志よ。資本主義とは何かね。」
　　共産党員「人による人の搾取であります。」
　　共産党幹部「では共産主義とは何かね？」
　　共産党員「その逆であります。」

⑦アナロジー・比喩：比喩では喩えるもの（喩辞）と喩えられるもの（被喩辞）の比較がなされる。たとえば，「社会の歯車」では，機械のなかの歯車が喩辞，社会のなかの人が被喩辞である。機械のなかの歯車の持つ，没個性的な部品といった属性が，社会のなかの人に転移される。ここで，被喩辞と喩辞は概念的には距離があり，感性的意味は，喩辞にひきつけられるので，喩辞をより価値の低いものにおけば，ズレと被喩辞の価値の下落が生じ，可笑しみの原因となる。教養人であるバーガーは，ジョン・ダンの微妙な詩を例にあげている。ここで，喩辞は「コンパスの2本の脚」，被喩辞は「僕たちの2つの魂」である。

　　「別れ（嘆くのを禁じて）」
　　もしも，僕たちの魂が2つであるなら，
　　コンパスの2本の脚のように2つだ。
　　君の魂は固定された脚，もう一方が
　　動かなければ不動，動けばともに動く。

⑧反転と矛盾：ある論理や行動を推し進めると，反対の矛盾した結果を生じ

てしまう場合である。人間が固定観念としている論理を相対化し，可笑しみと同時に，より深い認識をもたらす場合がある。「バスに中年の男性が乗って新聞を読んでいると隣に女性が座った。しばらくすると，女性は，男性を肘でつつき，「あなたユダヤ人なの？」と尋ねた。男性は「いいえ。」と答えた。10分ほどすると，また女性は男性を肘でつつきこう尋ねた。「恥じる必要はないわ。あなたユダヤ人でしょ。」「すみませんが，ちがいます。」と男性は答えた。また10分すると女性は男性を肘でつつき，「あなた，本当にユダヤ人ではないの？」と言った。男性は女性になんども質問されるのにうんざりして「はい。私はユダヤ人です。」と言った。女性は「変ね，あなたユダヤ人じゃないみたい」と答えた。」

⑨無知：無知な人，愚かな人は，笑い話の定番の登場人物である。「お母さんがクリームを顔に塗っているのを見て，小さな息子が，「何してるのママ？」。「顔をきれいにしているのよ。」と母は答えた。しばらくすると母はクリームを拭き取り始めた。息子は「ママ，失敗したの？」と言った。」

⑩失敗：失敗で転んだり，当惑したり，無知をさらけだしたり，あざけりの対象になったりすると，可笑しみの原因となる。

⑪杓子定規：杓子定規に決まった行動をする人は，機械的で柔軟性に欠けるため滑稽な印象を与える。

⑫期待のはぐらかし：問い自体をはぐらかした，期待にそぐわない回答。ナンセンスに近い。

　「なぜニワトリは道路を横切ったのでしょう？」
　「分からない。……なぜ？」
　「向こう側へいくため。」

⑬不条理・混乱・ナンセンス：愚かさというより，論理の逸脱の遊びである。象ジョークから一例を。

　「象はなぜ爪を赤く塗るの？」
　「サクランボの林に隠れるためさ。」
　「象がサクランボの林にいるの見たことあるの？」

「いいや。」

「だったら，うまくいってるんだ。」

（4）言　語

①<u>語呂合わせと言葉遊び</u>：「中田「ぼくはとっても君がウイスキーだよ。」平川「そんなこというたら，私，ジーンときちゃうわ。」」語呂合わせは最低のウィットといわれるが，すぐれた語呂合わせは発音だけでなく意味の遊びも兼ね備えている。語呂合わせから，新語，回文，なぞなぞなど様々な言葉遊びが展開する。

②<u>冗談</u>：冗談は，言葉を真剣な意味ではなく，まったくの遊びに使うことである。下の例では，「大きなことの決定」が意味を持たない遊びの言葉として使われている。「ある男が，30年の結婚生活を妻と口論せずにすごせた秘訣を尋ねられた。男はこう答えた。「簡単なことだよ。結婚したとき，私が大きなことの決定をして，妻は小さなことの決定をするというように，責任の領域を分けたんだ。開戦とか，増税，海外援助などの大きなことは私が，その他のすべては妻が決定するというわけさ。」」

③<u>幼児性</u>：幼児のように言葉の音で遊ぶ。「かっぱ　かっぱらった　かっぱらっぱ　かっぱらった　とって　ちってた　かっぱ　なっぱ　かった　かっぱ　なっぱ　いっぱ　かった　かって　きって　くった」(谷川俊太郎（1973）「かっぱ」(『ことばあそびうた』))

④<u>大げさな表現</u>：大げさな表現で滑稽さを出す。「支配人は総金歯をにゅっとむいて笑ったので，あたりが黄金色に目映く輝いた。」(井上ひさし（1974）『モッキンポット師の後始末』)

⑤<u>誇張・ほら</u>：大げさな表現とは異なり，アラスカには人間と同じくらいの大きさの蚊がいるなど，描写される出来事そのものが誇張されたほら話。

⑥<u>逐語主義</u>：言葉をすべて逐語的な意味にとる。「「互いに腹を割って話そう。」「そんな。血まみれはいやだよ。」」

⑦<u>定義</u>：生真面目な定義の形式で，一面の真理を遊びとして表現する。

「笑い：体内で起こる痙攣で，顔の造作を歪めるとともに不明瞭な騒音を伴う。伝染しやすく，断続的に起こるが，治療の方法がない。」(ビアス (1911/1985)『悪魔の辞典』)

⑧誤解：言葉の意味の誤解にもとづくすれ違いがズレと価値の下落を生む。次の例では，SEX の意味の誤解から入国審査というシリアスな場が，愚かさと下ネタの場所に下落している。「はじめての海外旅行でアメリカにやってきた男が，入国審査で，書類を記入し始めたが，見るからにうろたえていた。入国審査の職員が男の肩越しに見ると，その旅行者は「週に 2 回」と，「SEX（＝性別）」の小さなスペースに書こうとしているところだった。職員は「違います違います。そんな意味の質問じゃないんです。そこは"男性"か"女性"かを書くとこなんですよ。」旅行者は驚いて「えっ，そんな趣味まで調べるのですか。」と言った。」

⑨当意即妙：相手の発言にウィットをもって切り返す話法である。次の例で，ショーは相手の言葉をそのまま使い，意味を反転させ，切り返している。「ダンサーのイザドラ・ダンカンは，劇作家のバーナード・ショーにこう言った。「私達が結婚して，私の身体とあなたの頭脳を持った子どもが生まれたらどんなに素敵かしら。」ショーは，「私の身体とあなたの頭脳を持った子どもが生まれたらどうするんですか。」と答えた。」

⑩ほのめかし：卑猥なあるいは攻撃的な内容を直接的には言及せずに，間接的に伝える手法である。次の例では，"それ"が最初は全般的な状況を指していたが，返信では性行為をほのめかす言葉として使われている。「副官が 2 週間のハネムーン休暇に出かけた。休暇の終わりになって上官に電報を打った。「当地はそれは最高です。1 週間の休暇延長を願います。」返信にはこうあった。「どこででもそれは最高だろうよ。すぐに戻ってこい。」」

⑪嫌み：嫌みは相手を攻撃し貶める発話である。表現の意外性と価値の下落が可笑しみを生むこともあるが，嫌悪感をもって受け止められることも多い。次は女性の運転に関する嫌みである。「女性の運転する車が交差点で止まり，信号は赤，黄色，緑と何回も変わったが，車は止まったままだった。ついに警

察官が来てこう言った。「お嬢さんどうしました。どの色もお気に召さなかったのでしょうか。」」

⑫風刺：権力者や権威などへのジョークによる間接的な批判である。たとえば，下は，権力者の箇所にヒトラー，スターリンなどが入る定型的な風刺である。"独裁者の死を国民は願っている"と言うのが直接の批判だが，ここでは，ジョークを用い，間接的な形式の快をともなって批判を表現している。

　　独裁者「私が死ぬ日を教えてくれ。」
　　占い師「国民の祝日です。」
　　独裁者が部下に「よし，万全の対策をとれ。」
　　占い師「閣下。無駄です。どの日でも国民の祝日になりますから。」

⑬侮辱：ユーモアでは批判や敵意は間接的に表現され表面からは露わでないことが多いが，侮辱では直接の攻撃が誇張して行われる。

　「肥満した老人に化けておまえにつきまとっているあの悪魔のせいだ。あの酒樽の化け物のようなおまえの友だ。なぜあんな気まぐれの容器を友だちにするのだ，あんなやくざな粉篩い箱を，あんな水ぶくれのお化けを，あんな大きな酒嚢を，あんな臓腑詰めこみの大革鞄を，あんな牛の孕ませ丸焼きって奴を，あんな翁びた道化を，あんな白髪頭の半道を，あんなじじいの横道者を，あんな老け込みの虚栄餓鬼を，どうしておまえは友だちにするんだ？」（シェイクスピア（1598/1999）『ヘンリー四世　第1部』）

⑭嘲笑：嘲笑は人に対する直接の言語的攻撃である。嘲笑には，軽蔑する口調で人を攻撃する冷笑，人の振る舞いや様子を模倣するからかい，人が思い出したくないいやなことを指摘する愚弄などがある。

⑮アイロニー：アイロニーは意図とは裏腹の発言をすることである。アイロニーの可笑しみは，攻撃的な意図が巧妙に擬装されていることから生ずる。隠された攻撃的な意図は，相手を侮辱し価値を下げる内容である。「女性A「私が結婚したら少なくとも10人の男が不幸になるわ。」女性B「あなた，どうやって少なくとも10人の男と結婚するの。」」上の会話では女性Bの直接の発話も，女性Aの主張を10人の男と結婚するととり，その馬鹿げた主張を否定するとい

う失礼なものだが，女性Aの主張をそのように曲解する理由は，女性Aと結婚すると不幸になるという主張（これは，女性Aの暗黙の主張「女性Aと結婚できない男は不幸になる」の裏返しである）を，こっそりと不当に前提としておいたためである。ここでは，「君，牛乳の盗み飲み，何年前にやめたん？」と同様の不当前提の虚偽の論法が用いられている。この例で，女性Bは，攻撃的な意図（女性Aと結婚する男は不幸になる）をふざけた表面的発言（10人とは結婚できない）に擬装して，反論しにくい形で表現している。このように女性Bの発言は悪辣なものだが，女性Aの発言も脳天気なうぬぼれなので，ジョークとしては，バランスがとれているのかもしれない。

コラム　ユーモアを育む

　5章5節で詳しくのべるが，笑いやユーモアの基盤となる可笑しみの感情は，3つの要素から構成されている。出来事の認知的評価，可笑しみのフィーリング，身体的表出（笑顔・笑い声・動作など）である。3つの要素は，認知的評価によってフィーリングが生じ，身体的表出のフィードバックを受けてフィーリングが変化して，というように互いに関連している。フィーリングが感情の中核にあるが，内的な状態なので直接には介入しにくい。介入のポイントは，認知的評価と身体的表出になる。

　笑いヨガ（Laughter Yoga）は，インド人医師のカタリアが1995年に考案した心身の健康法である（大平，2013b）。笑いヨガでは，意図的な笑い動作にヨガの呼吸法を加えた身体的表出からのトレーニングをグループで行う。基本となる笑い動作には，「ホッホッハハハ」と笑いの掛け声をかけながら手拍子を打つ「手拍子」，ゆっくり息を吸いその後に「ハハハハ」と笑いながら息を吐いていく「深呼吸」，様々な姿勢やヨーガの姿勢をとりながら笑う「笑い体操」などがある。普通，大人は集団であっても意味もなく笑うことを恥ずかしく思うので，子どもがじゃれ遊びするような気持ちになって，掛け声をかけあったり，幼児のような意味のない言葉を発することも行う。笑いヨガでは，こうした動作を集団で繰り返し，最後はヨガの呼吸法を用いたリラクゼーションでセッションを終える。1セッションに要する時間は，30分から1時間程度である。集団ではなく，自宅で1人で行うこともあり，この場合は15分程度で終えることも可能である。笑いヨガは，冗談やジョークなどの認知的評価は一切無視しているが，集団における笑いの感染と笑いの表出からフィーリングへのフィードバックをうまく利用している。笑いヨガは，現在最もポピュラーな笑い健康法として世界70ヶ国以上に広がり，日本にも日本笑いヨガ協会がある。

　認知的評価を中心としたユーモア・トレーニングとしては，マギー（2010b）が開発した7つのユーモア習慣プログラムがある。7つのユーモア習慣は以下のとおりである。①自分のまわりをユーモアで満たそう，②遊戯的な態度を培おう，③より多くより健康に笑おう，④言葉のユーモアを作ってみよう，⑤毎日の生活でユーモアを見いだそう，⑥自分のことにくよくよせずに自分を笑おう，⑦ストレスのなかでユーモアを見いだそう。マギー（2010b）のタイトル，『ストレスだらけの世界におけるユーモアによるサバイバル・トレーニング』にあるように，自分を笑う，

ストレスを笑うというストレス対処としてのユーモアスキル獲得に向けて組織的な訓練を行う内容になっている。

　筆者は，マギー先生の許可のもとに，安部剛，阿部晋吾，広崎真弓の各先生と一緒にマギー（2010b）のユーモア・トレーニングの日本語版を作成しようと試みたことがある。きわめて組織的にストレス対処にむけたトレーニングが定式化されていることに感銘を受けたが，トレーニング内容の日本語化が難しかったため，日本語版の作成は頓挫してしまった。

　マギー（2010b）のユーモア・トレーニングの各章は，各ユーモア習慣の意義に関する解説，ユーモアログ（日誌），グループセッション，ホームプレイ（宿題だが，home work ではなく home play である）からなる。たとえば，「②遊戯的な態度を培おう」を見てみると，ユーモアログには，遊びと遊び心，仕事と遊び，現在の遊戯的態度，子ども時代とその影響についてそれぞれ5～10の課題があげられている。グループセッションは，グループが遊戯的な気分になれるようなゲームや愉快な活動，①の習慣のホームプレイ結果についての議論，②の習慣の議論である。ホームプレイでは，ユーモアログの実施，「馬鹿な様子の自分自身の写真を撮る。それをいつも持っているか毎日見るところに置き，遊戯的な態度を忘れないためのリマインダーとする。」など10の宿題がある。

　7つのユーモア習慣プログラムを用いた研究については，ルフ＆マギー（2014）で紹介されているが，まだ研究は始まったばかりである。笑いヨガもふくめた効用の評価については6章でのべることにする。

第4章

ユーモア理論を概観する

1 ユーモア理論の3つの流れ

(1) ユーモアという巨象に取り組む理論家たち

 プラトン，アリストテレス以来，多くの哲学者や思想家が人はなぜ笑うのか，可笑しいと感じるのか，様々な説明を試みてきた。たとえば，グレイグ（1923）は88の理論を紹介している。しかし，大きく分けると，これらは優越理論，不一致理論，エネルギー理論の3つの流れのどれかに位置づけられる（ラスキン，2008）。

 優越理論は，最も古くからの理論で，笑いを対人的な優越の快としてとらえる。不一致理論は，ズレの把握に焦点を置く理論で，アリストテレスも簡単に言及しているが，本格的な展開はイギリス経験論哲学以降で，現在主流になっている理論である。エネルギー理論は，放出理論ともよばれるが，可笑しみと笑いにおける快を，内的なエネルギーや覚醒水準と関連づけて説明しようとする理論である。これはエネルギーの概念が登場してからの考え方で，近代になってからの理論である。優越理論の流れにはプラトン，ホッブス，不一致理論の流れにはアリストテレス，ロック，カント，ショーペンハウアー，ベルクソン，ケストラー，エネルギー理論の流れにはスペンサー，フロイトと西欧の知の歴史における錚々たる面々が，理論の提唱者としてその名をつらねている。

 ユーモア理論には，巨象を撫ぜる盲人のようなところがある。ある人は脚に触り象を柱のようなものだと言い，ある人は鼻に触り長い管のようなものだと言い，また，ある人は耳に触り平たい板のようなものだと言う。それぞれの観

察は，ユーモアの一定の側面やあるタイプのユーモアに関しては的確である。しかし，その観察では適切にカバーできない，あるいは特定できないユーモアの側面やタイプが常に存在する。3章で見たように，ユーモア刺激はくすぐりから，イナイイナイバー，変な顔，スラップ・スティック，言葉遊び，ジョークまで多種多様であり，2章の笑う身体と心の観察でその一端を見，5章における感情の相互作用モデルで解説するように，ユーモアは，刺激の評価，可笑しみのフィーリング，表情や声への表出，身体状態の変化，他者との関係，などからなる，多面的な現象だからである。

　ユーモアに関する自説を展開する哲学者や思想家たちは，それぞれの理論的立場から，ユーモアのある側面やタイプを解き明かし，その説明を全てのユーモアにまで押し広げようと試みる。その手際は，見事だが，相手は多種多様で複数の側面を持つユーモアなので，どうしても取りこぼすところや見当違いが出てきて，それぞれの説は一面のあるいは一端の真理をとらえたものにとどまる。程度の差はあれ，いずれの理論も，今後の解明のための重要な足がかりとはなるものの，どの理論も十全な説明にはいたっていないというのが現状である。

　本章では，2章で確認した笑う身体・気分の状態としての高覚醒・快・弛緩の3特性，それに3章で検討したくすぐりなどに見られる笑いの身体性と，感染や遊戯性に見られる笑いの社会性の2特徴をどのように説明できるかを評価基準としながら，ユーモアに関してこれまで提唱されてきた様々な理論を概観する。

（2）ユーモア理論の3つの流れ

　表4.1にユーモア理論の3つの流れとそれぞれが中心的に扱う問題を示した。優越理論は，対人的な優越を扱う。対人的な優越は，身体・気分状態としては，快と直接に結びつく。不一致理論では，ユーモア刺激に関する予期との不一致に着目する。予期との不一致が，直接結びつくのは高覚醒状態である。冷蔵庫を開けたら，切り刻んだ死体がビニール詰めされて入っていたとなると，予期とは不一致で，高覚醒にはなるが，可笑しみではなく，恐怖を生ずるだろう。

表4.1 ユーモア理論の3つの流れと主要な論点

	高覚醒	快	弛緩
優越理論		対人的優越	
不一致理論	不一致		
エネルギー理論		余剰エネルギー	

こう聞いてから,切り刻まれビニール詰めされた死体が,実はニワトリの肉だったなどと言うと,今度は,可笑しみが生ずるかもしれない。このように不一致だけでは高覚醒しか直接には導かないが,補足の条件を加えると,快を導くようになる場合がある。表4.1の空白は,論者によって,扱いが異なる箇所である。追加のしかたは,主となる前提からの派生としてスマートに行う場合もあれば,補足として扱う場合もあり,論者により様々である。アプターのように最初から複数の条件を導入して,総合理論を定式化する場合もある。エネルギー理論では,スペンサーやフロイトは,神経情報処理におけるエネルギーを想定し,余剰のエネルギーが快となると考えた。これに対し,バーラインやアプターは,覚醒水準に着目する。余剰エネルギーと覚醒水準とは異なるが,どちらも神経系の賦活水準と関連した概念なので,ここでは,まとめてエネルギー理論として扱う。表には余剰エネルギーとのみ書いたが,バーラインやアプターの場合,余剰エネルギーではなく,覚醒水準と関連する最適刺激水準や遊戯状態での高覚醒が入る。

2 優越理論

(1) 優越理論の背景

映画「タイタニック」で船が沈没する場面は感動と涙のシーンだが,海外のある上映会場では船がついに沈没して,船につかまっていた人たちが海に投げ出されるシーンで一斉に爆笑が起こったという話がある。モリオール(1983/1995)は,哲学者ホワイトヘッドの著書から次のような逸話を引用している。「戦時中アフリカに行っていた友人の幾人かは,…(中略)…黒人たちが何か

を取りに川へ下りて行き，大笑いしながら帰ってきたあり様を話してくれた。何がおかしかったのか。なんと，ワニが突然水中から姿をあらわし，彼らの仲間のひとりをさらっていってしまったというのであった。」(p. 18) ターンブル (1972/1974) の『ブリンジ・ヌガグ—食うものをくれ』は，アフリカのイク族の報告だが，食糧を子どもたちからも分けてもらえず体力の落ちた老人が，あやまって崖から落ち，けがをして苦しんでいるのを村人たちが大笑いする場面が出てくる。イク族の例は，社会組織が壊れたまま世代を更新し，社会が生き延びるための万人による万人の戦いと化したとき，何が生じうるかを示している。廉恥心や同情心などの以前の社会の美徳を持っている人間は，生存のチャンスを減らし，生き残った人間は，他者の死に悲しみを感ずるのではなく，他者の不運と生き残った自分の幸運に笑う。

　上述のような例に接すると，われわれはショックを受けるが，過去の人たちにとっては，さほどではないのかもしれない。たとえば，ローマ時代のコロセアムでは剣闘士同志の殺し合いやライオンがキリスト教徒をむさぼる様を立派な市民が笑い，喜んで見学した。モーツァルトの時代においても，公開処刑は市民の楽しみだった。数十年前までは，見世物小屋では，奇形を娯楽とすることもあった。ケストラー (1964/1966) によれば，旧約聖書には笑いに言及している箇所が29箇所あるが，その多くは冷笑，あざけり，からかい，侮りと結びついている。たとえば，こんな感じである。「彼はそこからベテルへ上ったが，上って行く途中，小さい子どもらが町から出てきて彼をあざけり，彼にむかって「はげ頭よ，のぼれ。はげ頭よ，のぼれ」と言ったので，彼はふり返って彼らを見，主の名をもって彼らをのろった。すると林の中から二頭の雌ぐまが出てきて，その子どもらのうち四十二人を裂いた。」(『列王記』下 (2・23, 24))。子どもに嘲笑されて，暴力的で短気で全能の神様に呼びかけたのは預言者エリシャだが，聖書の笑いはこんな感じで，和気あいあいとした笑いなどほとんど出てこない。今日のわれわれは，人道的な感受性がきわめて敏感になり，古い時代の残酷でときに血なまぐさい笑いを理解しにくくなっているのかもしれない。

今日のわれわれは，笑いを親和的で人をはげますポジティブなものとして考え，人の失敗や不幸，奇形や醜さなどを嘲笑するネガティブな笑いを例外的なものとしてとらえている。ビリッグ（2005/2011）は，ユーモアに関する歴史的な論考で，ユーモアの暗い側面を無視，あるいは軽視しようとする姿勢をポジティブ・イデオロギーと名付けて批判している。こうした批判は，1章3節，4節でのべたユーモア心理学の第一世代やポジティブ心理学のある部分には妥当だろう。

歴史を過去にまでさかのぼらずとも，ユーモア心理学の第二世代の研究者であるルフ，ホフマンら（2014）が嘲笑恐怖の研究で示したように，子ども時代における嘲笑の経験はその後の精神衛生に深刻な影響を与えるし，嘲笑恐怖を持っている学生の割合は日本の調査で3割程度とかなり高い（アメミヤ，2009a）。また，子ども時代のあだ名も本人の気持ちを傷つけるようなものが多い。たとえば，クロージャー＆スクリオピド（2002）は子ども時代のあだ名の回顧調査をしているが，調査対象となった220名のうち141名が傷つけられるようなあだ名（ミゼット，ピザ顔，イタチ，尻軽，など）をつけられており，これに対し，言葉によって反撃したり無視したりしている。また，3章2節でのべたが，子どものいじめは，いじめっ子にとっては遊びであり，嘲笑の笑いや気持ちを傷つけるようなあだ名がつきものである。いじめっ子はいじめの対象となる子どもの意志を，様々な遊戯的な方法で砕くことにより，自らの権力の快感を楽しむ。内藤（2001）は，権力の快感を遊びとして楽しむいじめ行為の3類型を示している。①破壊神と崩れ落ちる生贄：イッキに被害者を破壊。②主人と奴婢：誰かを奴隷扱いし，ツカイッパシリなどさせる。③遊びたわむれる神とその玩具：文字通り，オモチャにする。

ピンカー（2011/2015）が主張するように，人間は文明によって，次第に暴力を制御するようになり，人道的な感覚を身につけるようになってきたのであり，古代や子どもの世界では，文明社会に生きるわれわれが眉をひそめるような，むき出しの暴力や嘲笑がしばしば見られる。こうした暴力や嘲笑は，文明社会において人道的な感覚を身につけた大人においても，間接的な擬装された

表4.2　5つの優越理論

	高覚醒	快（対人的優越）	弛緩	身体	社会
プラトン		優越		×	△
ホッブス	突然の	優越		×	△
グルーナー	突然の	優越	遊戯的	△	△
アレグザンダー		集団的排除		×	○
スターン		価値低下・無化		×	○

形で見られ，それはとくにユーモアにおいてであると，ユーモアの優越理論では主張する。この主張は，どこまで妥当なのだろうか？　表4.2に5つの代表的な優越理論を示した。それぞれの主張の要点を順に紹介しよう。

（2）ソクラテスのアイロニー

　前置きとして，プラトンの師匠ソクラテスから始めるとしよう。森下（2002）によると，貧乏で風采があがらず，若者との議論に熱中し，いつも思索にふけり日常生活はうわの空で，妻のクサンチッペには怒鳴られ，しまいには水をかけられ，雷の後には雨が来るものさ，とか，うそぶいていたソクラテスには，偉大なコメディアンの側面があった。

　「無知の知」を説いたソクラテスのアイロニーはこういう方法である。「かれは知らないようなふりをし，話し相手から教えを乞うように見せかけながら，ひっきりなしの質問を浴びせ，思いがけぬ結論を導き出し，話し手を矛盾にまきこむことによって，当人が持っていると思いながら，じっさいはもっていない知識を混乱させる。話し手が答えに困り，知っていると思っていたことをほんとうは知っていないのだと悟ることによって，虚偽の知識は自ら自分を滅ぼしてしまう。知っていると自称していた人は，自分のもっていた諸前提や確信を疑うようになる」（シュヴェーグラー，1848/1939，p. 108）。

　一見愚かに見える質問者が問答を通じて，知ったかぶりの無知を暴露する手法は，森下（2002）も指摘するように，落語や漫才の定型パターンである。たとえば，「堪忍袋」という落語がある。隠居「よいか，クマよ，短気は損気，

堪忍の二字が大切だぞ。」，クマ「かんにんは四字ですぜ。」，隠居「数えてみろ，堪と忍で二字に決まっているではないか。」，クマ「そうですか，かんとにんで四字ですぜ。」，隠居「ええい，この分からず屋，もう辛抱ならん，お前のような愚か者は相手にできん。」，クマ「私はかんにんの四字を知っているから，おこりません。」ここで，隠居は，堪忍の大切さをクマに教えようとするが，文字数にこだわるあまり，肝心の堪忍の意味を忘れてしまい，クマにそれを指摘されるハメになる。ソクラテスの場合も，落語・漫才の場合も，無知の暴露を目撃する聴衆は大喜びだが，暴露される側は，面目まるつぶれである。落語や漫才は作中人物だからよいが，ソクラテスの場合は，無知を暴露されたアテナイ中のお偉方の恨みをかって，アテナイの伝統的な神を汚し，若者を堕落させたとの罪をかぶせられ，衆愚裁判の結果，死刑に処せられることになる。

（3）プラトン：開かれた社会と笑いの敵

　プラトンは，笑いを主題とした作品を残しているわけではないが，晩年の対話篇『ピレボス』で喜劇に関して議論を展開している。ここでプラトンは，対話篇の主人公であるソクラテスに，喜劇における笑いが登場人物の失敗や欠点，とくに登場人物の自分自身に関する無知を対象としており，その登場人物が敵でなく無力な友であるときには，友への嫉妬が笑いには混ざっており，その笑いは笑う人の性格の正義の欠如と劣悪さを示すものだ，などと語らせている。ここには，『雲』などの喜劇でソクラテスを戯画化して笑いの対象としたアリストパネスや当時の聴衆に対するプラトンの怒りと軽蔑が反映しているのかもしれない。そして，好んで欠点や失敗を描き，人々を不純な笑いの快にさそう喜劇を有害であると見なした。最晩年の対話篇『法律』では，欠点や醜さを例示するという教育的役割がある程度には，喜劇や笑いの役割を認めてはいるが。これらの議論でプラトンが想定しているのは，もっぱら人の失敗や欠点に対する嘲笑の笑いのみである。

　以上のようにして，偉大なコメディアン哲学者ソクラテスの弟子プラトンは，笑いの敵となった。そして，師匠ソクラテスを不当に処刑した衆愚政治やソク

ラテスを愚弄したアリストパネスら喜劇作家への恨みからなのか，もともとの性格なのか，開かれた社会と笑いに背を向けて，哲学者によって指導される全体主義国家を夢想した（ポパー，1945/1980）。

しかし考えてみれば，コメディアン哲学者ソクラテスを対話篇で活写したのもプラトンである。レトリックをテーマとした対話篇『ゴルギアス』における，ソクラテスとカリクレスの有名な問答（プラトン，1967，p. 150）などは，ソクラテス「ひとが疥癬にかかって，掻きたくてたまらず，心ゆくまで掻くことができるので，掻きながら一生を送り通すとしたら，それでその人は幸福な生活を送ることができるのだろうか，どうだね」，カリュクレス「なんて突拍子もないことを言い出す人なんだろうね，あなたは，ソクラテス。何のことはないあなたは全くの大道演説家だよ。」などと，まさに漫才さながらである。喜劇を否定し，レトリックをもおべっかつかいのエセ技術と否定しながら，漫才さながらの対話篇を見事なレトリックを駆使して書くなど，存在そのものがアイロニーなのかもしれない。

（4）アリストテレス：万学と笑い学の祖

アリストテレスも笑いに関するまとまった著述は残しておらず（『詩学』第2部の喜劇編は散逸したらしい），基本的には師匠のプラトン同様に笑いを醜さや劣ったものへの嘲笑としてとらえている。しかし，詩学から弁論術，論理学，倫理学，政治学，生物学にまでおよぶ万学の祖は，笑いの多面的な側面を見逃さなかった（森下，2003）。

まず，『ニコマコス倫理学』（アリストテレス，1988）では完璧な中庸の哲学者として，笑いを求めすぎる人は品を欠き，揶揄された人の苦しみを配慮せず倫理的に望ましくないとしながら，もう一方では，人を笑わせるようなことを何も言わない人も田舎者であり堅物だとして，中庸が望ましいとしている。ただ，笑いに関しては節度が難しいので，からかいを禁止することもときには必要だとしている。

『弁論術』（アリストテレス，1992）では，聴き手によい印象を与えるうえで

の冗談や滑稽さの価値を認めている。そして具体的に,「荘重なことについて軽々しくのべたり,とるに足らぬことについて勿体ぶったのべ方をする」ならば,「喜劇さながらの…(中略)…滑稽な表現」になるなどと指摘している。また「斬新な表現」については,「結果が思ってもみなかったようなもので,…(中略)…前からの予想とは一致せず,あたかもおどけた人々に見られるパロディーのようである場合に生ずる。この効果は,文字の置き換えによる冗談によっても上げることができる。なぜなら,それも聴き手に一杯食わせるから。…(中略)…たとえば次の詩は,聴き手が予想したようには結んでいない。『彼は征く。その足に履くは,そは霜焼け』。聴き手は,『サンダル』と言うものとばかり思い込んでいたのである」とのべている(pp. 355-356)。ここでは,「斬新な表現」という限定つきだが,可笑しみの要因として予期とのズレが明確に指摘されている。

『詩学』(アリストテレス,1997)は第1部の悲劇篇しか残されていない。そこでは,「喜劇が現代の人間より劣った人間の再現を狙うとすれば,悲劇はそれよりすぐれた人間の再現を狙うのである。」(p. 25)と師プラトンの説が再説されている。しかし,さらに分析をすすめ喜劇の特徴を次のように規定する。「この人たちが劣っているというのは,あらゆる劣等さにおいてではなく,滑稽なものはみにくいものの一部であるという点においてである。なぜなら,滑稽とは苦痛もあたえず,危害も加えない一種の欠陥であり,みにくさであるから。手近な例をあげると,喜劇の仮面はある種のみにくさとゆがみをもっているが,苦痛をあたえるものではない」(p. 32)。可笑しみが害にならない醜さによるとの指摘は,より一般化すれば無害逸脱理論(3節でのべる)につながる考えである。

エーコ(1980/1990)の『薔薇の名前』は,中世の修道院を舞台にした,修道士連続怪死事件の謎解きを中心に展開する。鍵になるのは,失われたとされるアリストテレス『詩学』第2部喜劇篇である。この幻の著書を教会が偶然手に入れたところから事件は始まる。カトリック教会では,笑いを教会の威厳をそこなう悪徳と見なしてきた。したがって,知的守護聖人とたのむアリストテ

レスが，喜劇を重要視したりしていたら一大事だが，喜劇論はそんな内容だったらしい。そんな危険な本は葬り去りたいが，あまりにも貴重な写本なので，秘密保持のために，部外者が読んだら死んでしまうようなしかけを施そうと，写本の端に毒を塗った。修道士にとって，アリストテレスの幻の著作は，喉から手が出るほどのお宝である。連続怪死事件の真相は，幻の著作に興奮した修道士たちが，手をなめなめページを繰り，手から喉に毒が入ってしまったためであった。

　アリストテレスは，さらに『動物部分論』（アリストテレス，1969）で「動物の中で笑うものはヒトだけである」（p.354）とのべ，『問題集』（アリストテレス，1968）では，自分をくすぐっても可笑しくないことについて「笑いは一種の錯乱であり錯誤である。…（中略）…しかるに，気づかれずにやってくるものは錯誤を生ぜしめ易い。このような訳で，［他人にくすぐられると］笑いが生じるのであるし，また，自分によってであっては，笑いが生じないのである」（p.466）などと，推測している。森下（2003）が評するように，笑い学の祖と言ってよいだろう。

　（5）ホッブス：笑い＝得意×突然
　プラトンやアリストテレスは，欠点や醜さ，失敗に対する嘲笑の笑いを念頭に笑いを道徳的に評価し，アリストテレスはさらに弁論術での効果も含めて，笑いの特性の分析を行った。これに対し，17世紀イギリスの社会思想家のホッブスは，主著『リヴァイアサン』（1651/1971）で，人間特性に関するモデルにもとづいて，社会理論の提出を試み，その人間特性のモデルの一部として笑いに関する簡潔な説明を行っている。

　人間特性に関するモデルといっても，人間特性に関する用語解説を組織的に行っている定義集といった感じである。笑いの解説は，6章の情念の部にあり，「得意」，「自惚れ」，「失意」，「突然の得意：笑い」，「思いがけない失意：泣くこと」，といった，自己の成功や失敗の評価に関する情念の解説のなかにある。ここで，ホッブスは，得意と失意，持続的と突然の2分類の組み合わせで，得

意×突然＝笑い，失意×突然＝泣くことと分類している。

　得意にはこうある。「人が自分自身の力や能力に想いをいたすときに生まれる『喜び』は，《得意》と呼ばれる精神の高揚である」(p. 96)。一方，笑いにはこうある。「「突然の得意」は《笑い》と呼ばれる「顔のゆがみ」をつくる情念である。思いがけずわれながら満足のゆく行為をやった場合とか，他人のなかに何か醜いものを認め，それと比べることにより，突如自分を称賛することによってもたらされる。そしてこれが最も多く見られるのは，自分に能力がきわめてとぼしいことを意識している者のばあいであり，彼らは他人に欠点を認めることでみずからをいとおしく思わないわけにはゆかない。したがって，他人の欠点をよく笑うことは小心のしるしである。なぜなら，偉大な精神にふさわしい行為のひとつは他人を嘲笑から助けだし，みずからはもっとも有能な者とのみ比べることだからである」(p. 96)。笑いについては，《笑い》と呼ばれる「顔のゆがみ（grimaces）」だけが指摘されており，笑い声は記述されていない。マクドゥーガル（1923）は，笑顔の美しさと笑い声の醜さのコントラストに注意を促しているが，ホッブスにとっては笑顔も醜いものとしてうつっていたようだ。笑う人間の道徳的低評価は，プラトンの議論を継承したものだろう。他者の醜さや自己の優越による快は，すでにプラトンやアリストテレスが指摘していた点だが，ホッブスはこれに「突然の」という限定を加えている。

　ホッブスは，泣くことを突然の失意として，突然の得意である笑いと対比させ，こう説明している。「反対に，「思いがけぬ失意」は，《泣くこと》をもたらす情念である。それはある大きな希望とか力の支えとなるものが，突然奪われるようなできごとによってもたらされる。これは女性や子どものように主として外的な助けに依存する者が最も陥りやすい。したがって，ある者は友人を失って泣き，またある者は友人の不親切に，またある者は和解によって復讐心に突然とどめをさされて泣く」(pp. 96-97)。和解の涙を，復讐心を突然失うためとの説明は苦しいが，涙は，失意だけではなく，感動でも生ずるので，そこをカバーするためだろう。

　笑うことと泣くことの説明の後で，両者の共通点を指摘している。「笑うこ

とも泣くことも突然の運動である。習慣は泣くことも笑うことも取り去る。いいふるされた冗談に笑う者はなく，またむかしの災難に泣く人もないからである」(p. 97)。3章5節で述べたように，笑いや可笑しみは持続時間がごく短い感情である。これに対し，泣くことと関連する悲しみは持続時間が比較的長い感情である。ホッブスはこうした違いは無視し，感情一般に言える習慣による反応の減衰を理由に，笑うことと泣くことを結びつけてしまっている。このようにやや強引で恣意的な図式化が目立つが，自ら考案した情念の整理図式に観察を当てはめる手際は巧妙である。いずれにせよ，笑いの生起状況における突然性の指摘はホッブスが笑いの優越理論にあらたに加えた要因である。

　さらに，ホッブス（1658/2012）は，『人間論』で，一見すると自説に都合の悪いケースも自説で説明可能なことを示し，自らの笑い＝突然の得意説の一般性を主張している。たとえば，自分のことを笑うときには，現在の自分が過去の自分の失敗などを優位な立場で笑っているのである。あるいは，一見，嘲笑とは無縁に見えるジョークなども注意してみれば，そのなかには他人の弱点や失敗を笑うという側面がかならず入っているものだ，などと指摘している。

（6）グルーナー：冗談合戦
　現在のユーモア研究の世界において，自他ともに認める，優越理論の代表者は，コミュニケーション学のグルーナーである（マーチン，2007/2011）。ユーモア研究で不一致理論の流れをくむ認知研究が盛んになり，ビリッグ（2005/2011）のいうポジティブ・イデオロギーが浸透するなかで，グルーナー（1997）は，すべてのユーモアは優越理論で説明できることを強力に主張している。マグロウ＆ワーナー（2014/2015）は，その姿を，温暖化で住む場所がしだいに減るなかで，孤独に吠える北極海のシロクマに喩えている。

　グルーナー（1997）は，ホッブスによる笑い＝突然の得意説に，突然の得意は，シリアスではなく遊戯的なものでなければならないという条件を追加した。相手への優位が示される突然の得意と言っても，ボクシングで相手をKOしたが相手が死んでしまったのでは笑いは生じないだろう。また，きれいなKO

では会心の笑みにはなっても，声を出しての笑いにはならないだろう。相手がパンチを繰り出したが，空振りで，自分から倒れてしまったとか，レフェリーに抱きついてしまったなどの，相手への優位が遊戯的に受け取れる状況で笑いが生ずる。突然の優位に遊戯性を加えることにより，表4.2における高覚醒，快，弛緩の3条件がそろい，理論は自由度を増し，遊戯性によって修飾された和らげられた様々なタイプの攻撃性をあつかえるようになる。グルーナーが遊戯性の条件としてとくに重視するのは，重大な被害など深刻な事態が生じていないことである。

グルーナーは自説の例示に，次のような笑い話をあげている（pp. 6-7）。

年老いて病気がちのゼキの長年の楽しみは，宝くじを買うことだった。あるときゼキの家族は，ゼキの買った宝くじが1億円の当たりくじであることを新聞で知った。家族はこの知らせをゼキにどう伝えたらよいものか思案した。ゼキは心臓が悪く，突然のビッグニュースに心臓発作を起こすかもしれないからだ。

家族は誠実な人柄で知られる教会の牧師に相談し，ゼキにこのビッグニュースをおだやかで心配のない方法で知らせるよう頼んだ。牧師はこれを引き受けた。

牧師はゼキにこう言った。
「ゼキさん，宝くじをやっているらしいね。」
「ええ，やってますよ。」とゼキは答えた。
「これまでに当たったことがあるの？」と牧師が尋ねた。
「いいえ，まったく。」とゼキは答えた。
「そうですか。ゼミさん，もし大金が当たったら，そうですね，たとえば1億円が当たったら，何に使おうかとか考えたことがありますか？」と牧師は言った。

ゼキはすぐに答えて，こう言った。
「はい。まず半額は教会に寄付するつもりです。」

それを聞いた牧師は，心臓発作を起こし，ポックリ逝ってしまった。

　この話では，大金に弱いゼキの危険を誠実な聖職者がどう救うのかと緊張が徐々にたかまり，話は大金に弱い聖職者の突然の大失態で終わる。ここで，嘲笑の対象は大金に弱い聖職者だが，話は結末まで，大金に弱いゼキと誠実な聖職者という逆のイメージで進み，その実像は，最後になってようやく露呈される。この突然もたらされた，大金に弱い聖職者の大失態が可笑しみとなる。ここで，話を下のように要点のみにすると，突然のゼキ・牧師の反転がなくなり，可笑しみも消えてしまう。

　　年老いたゼキはある朝，牧師のところへ行き「今朝の新聞で１億円の宝くじに当たったことを知りました。この賞金を得たら半額は教会へ寄付するつもりです。」と言った。それを聞いた牧師は，心臓発作を起こし，ポックリ逝ってしまった。

　あるいは，オチの２行を次のように変えてみると，どうだろうか。

　　「はい。まず半額は教会に寄付するつもりです。」これを聞いて牧師はしばらくおし黙ってから，「すみません，ゼキさん。なんだか体調がおかしいので，帰って休ませてください。」と言った。家で牧師は妻に胸の痛みを訴えた。牧師は単なる胸焼けだと言ったが，妻は心配して救急車を呼んだ。牧師は病院の緊急処置室で心臓発作と診断され，生命維持装置につながれた。町で一番の心臓外科医がよばれ，牧師の心臓の３カ所にバイパス手術が施された。しかし，そのかいもなく，牧師は４日間の昏睡のあと，天に召された。

　牧師の病状と苦しみがえんえんと記述されると，牧師やその妻への感情移入が生じ，話から遊戯性が消え，それとともに可笑しみも消えてしまう。

　グルーナーは，すべてのユーモアを遊戯的な攻撃性における突然の優位の快であると主張した。その内容にどう見ても攻撃性がなく，攻撃性や優位とは関

係なさそうな，ダジャレやジョークなども，例外ではないとした。ダジャレとジョークは，産出と解釈に知力を必要とするので，ダジャレやジョークの使用そのものが，自らの知的な優位性を示そうとする行為であり，聴き手に対する挑戦だとした。そして，ダジャレとジョークにおける知力の戦いは，互いに冗談を競いあう冗談合戦などに典型的に示されていると指摘し，優越理論で説明できないようなジョークを自分は1回も見たことがない，もし反例があったら示して欲しいなどと，読者を挑発している。これに対し，マーチン（2007/2011）は，どんな例を示しても，最終的に判定するのはグルーナー（1997）なので，グルーナーの主張は反証不可能だろうと指摘している。

(7) アレグザンダー：仲間外れの進化論

グルーナーの理論は，ラップ（1951）による笑いの進化論に依拠している。ラップ（1951）は，笑いが激しい闘いの後の「勝利の吠え声」に始まったと推測している。闘いでは，交感神経系が賦活されアドレナリンが放出され，情動的・身体的に多量のエネルギーが配備される。闘いが突如として終わると，余剰のエネルギーが笑いによって放出される。また，敗れた側は，傷を負ったり，顔にアザができたりする。醜さが笑いの対象となったのは，これが原因ではないかとしている。ここでの余剰のエネルギー放出はスペンサー説（4節（2））の闘争版焼き直しだし，適応に関する考えもホッブスによる「万人の万人に対する闘争」の流れの古い生存競争の考えに偏っている。

現代の進化論は，集団遺伝学の発展を受けて，個人的な生存競争の考えを越えて，血縁淘汰や互恵性による利他行動の説明や，性淘汰によるクジャクの羽やヘラジカの角の進化をはじめとする，直接の生存の必要を越えた特性進化のしくみの解明を試みるようになっている（クローニン，1991/1994）。アレグザンダー（1986）は，自らが提唱した間接的互恵性の概念を用い，ユーモアの優越理論のバージョンアップを試みている。

動物の利他行動は血縁淘汰と互恵性の観点から説明されている。働き蜂が巣を守るために自らを犠牲にして天敵を攻撃するような場合，働き蜂にそのよう

な利他的な行動をさせる遺伝子は，働き蜂が犠牲的な行動で守る同胞にも共有されているので，自己犠牲の利他的な行動を誘導しない遺伝子よりも，次の世代に引き継がれる可能性が増える。こうした遺伝子の共有による利他行動の選択を血縁淘汰という。これに対し，血吸いコウモリなどの場合，遺伝子の共有とは関係なく，血をたっぷり吸った個体が空腹の個体に血を分けるといった利他行動が見られる（ドガトキン，1999/2004）。これは，個体識別のできる種では，他の個体からの援助を覚えていて，後に，援助のお返しが期待できるためである。こうした，個体識別と記憶を前提とした利他行動を互恵性という。互恵性は個体を特定した長期的な貸し借りの関係である。しかし，人間の場合，直接貸し借りの可能性がない相手に対しても，利他的に行動することがある。これは，利他的な行動がよい評判となり，その評判を知った人から，より有利な待遇を得，リソースを確保しやすくなるからだと説明される。逆に，直接に相手に害を与えなくとも，悪い評判が生ずると，直接に関係ない相手からも不利な待遇しか得られず，リソースの確保が難しくなる。こうした評判を介した特定の行動に対する集団的な見返りを間接的互恵性と言う。

　アレグザンダー（1986）は，ユーモアが話し手とユーモアの対象との二者関係ではなく，話し手のユーモア行為に対する聴衆の評判をも含んだ現象であることを強調し，ユーモア行為に関する聴衆の評判が，間接的互恵性として，個人の集団における地位に影響すると考えた。たとえば，多くの人も一緒に笑うユーモアを適切なときに言えれば，その人を仲間と考える人は増え，集団内の地位はあがるが，からかいの対象になっても適当に対応できなかったり，自分の仲間と一緒になって笑えなかったりすると集団内の地位は下がるなどである。アレグザンダー（1986）によれば，ユーモアは，標的となったり一緒に笑えない他の個人や集団を仲間はずれ（Ostracism）にし，適切にユーモアを使ったり笑ったりして自らの地位を上げ，ユーモアを共有する内集団の結束を高める，ある種のゲームである。

　仲間外れになる個人や集団がユーモアの標的の場合は，ホッブスやグルーナーが優越理論で扱ったような，他の個人や集団の失敗や欠点を笑いの対象と

する嘲笑の笑いである。さらに，アレグザンダー（1986）は，ユーモアの標的にならずとも，笑いを共有できない個人や集団は，笑いを共有する集団から疎外され，仲間はずれになることを強調した。実際，ユーモア理解は，異文化や異なった言語の理解で最も難しい局面である。留学先でネイティブが大笑いしているのに，自分にはぴんとこず淋しい思いをした経験のある人は多いだろう。ユーモアが，内集団と外集団を区別するうえで一定の役割を担っている可能性はあるかもしれない。

グルーナー（1997）がユーモアにおける個人間の闘いを強調したのに対し，アレグザンダー（1986）は集団的な仲間外れを強調する。無邪気な言葉遊びやジョークについて，グルーナー（1997）は個人間の知力の闘いとして，攻撃の側面を強調したが，アレグザンダー（1986）は言葉遊びやジョークで笑えない人や集団の仲間外れを強調した。どちらも，優劣ばかりにこだわった偏った見方だが，知力の闘いよりも，集団的仲間外れの方が，適用範囲は広い。たとえば，純粋に親和的と見えるジョークがあると，グルーナーはジョークに攻撃的要素を見つけようとするが，アレグザンダーは集団内で親和的なユーモアは，それを共有できない人や集団を仲間外れにするとあっさり主張できる。

アレグザンダー（1986）は，笑いの起源をくすぐりに，さらに，くすぐりの起源をグルーミングに求める。グルーミングにおいても，グルーミング仲間の形成は，それを脇で見ている他の個体に，仲間外れというメッセージを送ると解釈している。笑いの起源であるくすぐりの段階から，集団的仲間外れが働いていると推測している。

ユーモアを集団的仲間外れの機能に着目してとらえようとするアレグザンダー（1986）のユーモア論は，間接的互恵性といった個人間闘争よりは洗練された概念にもとづき展開されており，ユーモアの社会的機能のある側面は上首尾にとらえていると言えるかもしれない。ただ，進化論的といってもダーウィン（1872/1931）のような豊富な比較動物学の知見を参照しての鋭い観察や健全な直感は欠けている。くすぐりをくすぐり仲間からの集団的仲間外れの機能に着目してとらえるなど，本筋を外したと思える考えを提示しているのは，そ

のためかもしれない。

（8）スターン：価値低下と価値無化

　優越理論では，欠点，失敗，醜さ，敗北，仲間外れなど，優越に対比される劣等状態が様々にのべられる。これらの様々な優劣を抽象的な価値として集約し，笑いを価値にかかわる現象として定式化を試みたのが，スターンである。

　スターンの笑い論は，梅原（1972）や木村（1982）で紹介されているが，他ではほとんど言及されていない。また，スターンはオーストリア出身で主にアメリカで教鞭をとった哲学者だが，その主著『笑いと涙の哲学』（1949）は，なぜかフランス語で出版されている。主著を参照できないので，ここでは，英語の論文（スターン，1954）に依拠してスターンの笑い論を簡単に紹介する。

　スターンは，笑うことと泣くことを対比させ，笑うことを価値の下落あるいは無化，泣くことを価値の喪失として定式化している。これは笑うことを突然の得意，泣くことを突然の失意として定式化したホッブスの説の焼き直しである。ホッブスの説は，個人間の優位をめぐる闘いを前提にした，和解の涙を復讐の機会喪失と曲解するような，エゴむき出しの考えだった。これに対し，スターンの説は，価値序列の世界における人間行動として，笑うことと泣くことを位置づけた，より上品な内容になっていて，価値無化といった闘争の彼岸の世界まで射程にいれている。ここは，梅原（1972）や木村（1982）が熱く共感するところである。

　価値下落では，プラスだった価値がより低い値かさらにはマイナスにまで下落する。たとえば，偉そうに歩いていた人がバナナの皮にすべってころぶと，その人が個人的に抱き周囲にも同意を強制してきた社会的な価値が，物理的な力のほしいままになるマヌケな個人として，その価値を下落させる。この例では，価値の下落を笑っているが，嘲笑など笑いによって価値の下落をはかる場合もある。価値の下落をはかるのは，攻撃としての笑いである。

　スターン（1954）によると，われわれの社会は単なる個人的価値を社会的に是認させ，あるいは集団の価値を普遍的なものとして認めさせようとする価値

の昇進と，逆にその価値の資格を剥奪し下落させようとする闘争の場である。この価値の争いの場のなかで，笑いは価値を下落させる働きを持つ。思い上がった，あるいは集団からずれた個人の失敗や欠点を人々が笑うとき，個人が抱く価値を社会が下落させ，個人を社会の価値基準に従わせているのである。逆に，社会の権威に抵抗する個人がジョークなどで笑うとき，社会が個人に押しつける価値を下落させている。このように笑いは，個人と社会のはざまでくりひろげられる普遍的な価値の承認をめぐる争いにおける，価値下落の有力な武器である。

　価値無化では，プラスあるいはマイナスの価値がゼロに近づく。たとえば，人から過分な賞賛を得たとする。そのとき，得意の笑いではなく，気恥ずかしそうな謙遜の笑いをすることがある。ここでは，相手が自分に付与したプラスの価値を打ち消し，ゼロに向かわせる無化が生じている。逆に，何かしくじりをして，きまずい笑いをしたときには，失敗により自己の付与されるマイナスの価値を，キャンセルしゼロに向かわせる無化が生じている。価値無化の笑いは，価値下落の笑いにくらべると，プラスとマイナスといった価値の激変は生じておらず，その表出も笑い声ではなく微笑といったよりおだやかな場合が多い。ただ，もう一方では，プラスとマイナスの価値をゼロに向かわせるという意味では，価値下落の笑いのように個別の事象をターゲットにした笑いではなく，個人や社会のすべてを対象としたより広域的な笑いである。梅原（1972）や木村（1982）が指摘しているように，価値無化の笑いは，社会における価値追求の争いから離脱し，あるがままの現実を受容する，禅仏教に代表されるような解脱の笑いにつながりうる。

（9）優越理論の評価

　以上，優越理論について概観した。優越理論は社会的な他者との比較を基本としているので，笑いにおける社会性の一端はとらえていると言える。スターンは，個人と他者の比較より，価値の闘いに焦点をあてているが，価値の調整は社会の根幹をなすので，他者との比較以上に笑いの社会性をとらえていると

言える。さらにアレグザンダーは，内集団と外集団の敵対と内集団の結束を扱っている。したがって表4.2では，社会性はいずれも△以上の評価とし，スターンとアレグザンダーは〇の評価とした。優越理論の観点からは，笑いの身体性はあまり扱えない。グルーナーはくすぐりを遊戯的な攻撃として位置づけたが，遊戯性は優越理論への追加条件として導入しただけなので，△の評価である。アレグザンダーはグルーミングから内集団，外集団の対立に議論を展開しているが，身体性との関連はとらえられていないので×である。スターンの価値論では，身体は考慮外である。

ユーモア研究における優越理論の代表者グルーナー（1997）が知の巨人と評したケストラー（1964/1966）は，ユーモアの不一致理論を二元結合（3節（3））の概念で集約したが，同時に，優越理論が強調してきた，なんらかの敵意や攻撃性がユーモアには不可欠であることを指摘している。

「だが，混合物がいかなるものであれ，欠くことのできない1つの成分を含んでいなければならない。それは攻撃または不安の衝動である。それは，悪意，あざけり，謙遜のヴェールに包まれた残忍性，または，単にからかいの犠牲者に対する同情の欠如—ベルクソンが指摘したように，「心の瞬間的無感覚症」—をよそおって現れるだろう。私はこの共通成分を攻撃防御的，または自己主張的志向と呼ぶことを提案する。この不体裁な用語を選んだ理由は，後程，判明するだろう。微妙なユーモアには，この志向があまりにも希薄であり，かつ表面に出ないので，上手な料理に入っている塩の存在と同様，注意深い分析によらなければ，その存在をさぐり当てることができない。」（ケストラー，1964/1966, p. 44）

笑いを優越や攻撃としてとらえる考えは古代から存在し，様々な理論化が試みられてきた。各理論では，優越や攻撃は，様々な側面と一般性でとらえられてきたが，スターンが価値論で定式化したようなごく一般的なものであれば，優越や攻撃はケストラーの言うアテナイの塩（オリーブと塩のギリシャ神話にもとづくケストラーの比喩で，二義的だが重要な役割を果たすかくし味の意味）として，笑いに不可欠な成分と言ってもよいだろう。

3　不一致理論

（1）不一致理論の系譜

　可笑しみが予期や基準，標準との何らかのズレと関連していることは広く認められている。2節でのべたように，すでに古代ギリシャの時代に，アリストテレスは『弁論術』で，予期とのズレが滑稽さを生むことを指摘している。また，フォラボスコ（2008）によれば，英語でズレるに相当する"to divert"はラテン語の"diverto"に由来しているが，この言葉には気晴らしや可笑しみの意味もあり，たとえば音楽の"divertimento（ディベルティメント：イタリア語）"は喜遊曲などと訳される。

　不一致理論が本格的に展開したのは，18世紀以降のイギリス（ビリッグ，2005/2011）とドイツ（梅原，1972）においてである。

　ビリッグ（2005/2011）は，ロックに始まり，シャッフベリーにいたる18世紀のイギリスにおけるユーモア論の展開を，17世紀にホッブスが唱えた笑いの優越説における陰鬱な考えに対抗し，嘲りの笑いを無害化し，笑いのポジティブな側面を強調しようとする，18世紀イギリスにおける市民的自由の拡大とともに生じた運動として位置づけている。この運動の先鞭をつけたのが，連合主義哲学の祖ロック（1690/1940）が『人間悟性論』でのべたウィット論である。ロック（1690/1940）によればウィットとは「主に観念を組み合わせることであり，何等かの類似または接近を見いだせるような観念を敏速に多様に結びつけ，これによって空想の中に愉快な像と気持ちのよい幻影を作り上げることである」（p. 148）。ロックによれば，多様な諸観念における類似や一致は実際には存在しないもので，それをすばやく見つけるウィットは真の判断ではない。ロックによるウィットの評価は高いものではないが，ロックは真面目な認知という表側から，その裏側の現象として，異なった観念のすばやい結合が可笑しみを生むことを指摘したことになる。このロックのウィット論が，後の世代であるドイツのヴォルフも含めて，近代の不一致理論の出発点となった。

表4.3　5つの不一致理論

	高覚醒（認知）	快	弛緩	身体	社会
ショーペンハウアー	概念と直観のズレ	直観の勝利	非真面目	×	×
ケストラー	二元結合			△	×
デネット	認知的バグ	バグ取りの報酬	バグ解消	×	×
ベルクソン	こわばりの混入			×	○
無害逸脱理論	逸脱	逸脱・無害	無害	○	△

　ドイツにおける不一致理論の展開について，梅原（1972）は，次のように書いている。「笑いの理論は，大まかに言うと2種類に分類できるように思われる。1つは，ヴォルフに始まり，メンデルスゾーン，レッシング，ジャン・パウル，カント，ショーペンハウエル，ヴント，クレペリン，リップスに至るコントラストあるいは矛盾の理論である。このおもにドイツ系の理論は，実に近代の笑い理論の王道であるといえよう。多くの笑いの哲学，笑いの心理学，笑いの美学が，コントラストあるいは矛盾により，笑いを説明しようとしている。しかし，笑いがコントラストから生ずることにおいて，多くの理論家が一致するにしても，何が何とコントラストをなすかについては，笑いの理論家の数だけ，コントラストの項の数があるかに見える。たとえば，メンデルスゾーンは完全と不完全，レッシングは美と醜，ジャン・パウルは無限の理念と有限な世界，ショーペンハウエルは概念と実際の対象，リップスは大いなる期待と小なる現実との間に笑いのコントラストを置いている」（pp. 92-93）。

　梅原（1972）は笑い理論を，優越理論と不一致理論に大別した。優越理論は，なぜ人は笑うのか，笑いにおける対人的比較や笑いにおける動機の側面に着目する。一方，不一致理論は，人が笑う対象や刺激にはどんな特徴があるのか，笑いの認知的側面に着目する。その結果，心理学では，優越理論は主に社会心理学の領域で，不一致理論は主に認知心理学の領域で研究されることが多い（マーチン，2007/2011）。

　笑いの不一致理論で問題となるのは，梅原（1972）が指摘しているように，不一致と言っても，論者によって様々な特徴付けがされており，可笑しみを生

むのをどの種の不一致と規定するのがより適切なのか，あるいは，可笑しみのタイプによって不一致の種類は異なるのか，不一致だけで十分なのか，不一致の把握はどの種の認知的なしくみによっているのかといった問題である。これはかなり複雑な問題であり，今日にいたるまで様々なアプローチが試みられている。ここでは，不一致理論の歴史的な理論としてショーペンハウアーの観念・実在のズレ論とケストラーの二元結合説，ベルクソンによる生命のしなやかさへの機械的こわばり混入説の3つを紹介する。ベルクソンの理論は笑いによるこわばりの排除を強調しているので，優越理論に分類されることが多いが，機械的こわばりと生命のしなやかさのズレが基本にあるので不一致理論としてあつかった。最近の展開としては，著名な哲学者デネットらによる認知的バグ取りの報酬理論とヴィーチやマグロウによる無害逸脱理論をとりあげる。デネットらによる理論は，ジョークにおける論理の誤りに着目し，ジョーク認知の認知科学を進化心理学と結びつけようとした野心的な試みである。一方，無害逸脱理論は，アリストテレスが『詩学』で指摘した害にならない醜さを一般化して，可笑しみを生むズレを標準からの無害な逸脱，あるいは規範の無害な侵犯として定式化したものである。無害逸脱理論は，簡潔な定式化により広い範囲の可笑しみを首尾よくあつかえることを示しており，ユーモア理論のダークホース的存在である。表4.3に5つの不一致理論の要点を整理して示した。

（2）ショーペンハウアー：抽象概念のズレ露呈の喜び

　自他ともに認めるユーモア先進国イギリス（河盛，1969；富山，2006）においてはユーモアに関する不一致理論は，政治的自由と連動して展開したが，ドイツ語圏ではより学問的専門化のなかで展開したように見える。梅原（1972）が列挙する碩学たちのほとんどは今日ではなじみのない名前になってしまっている。しかし，フロイトなどによるユーモア論はこうした蓄積を踏まえて展開されている。

　ショーペンハウアーはカントの認識論を足場に，ニーチェやフロイトなどにおける人間の非合理性解剖の時代への橋渡しをした二元論哲学の巨匠である

（森下, 2011）。主著『意志と表象としての世界』(1819/1975) の第一巻「表象としての世界の第一考察」では，直観的表象と抽象的表象の対比が展開されている。

直観的表象は抽象的表象と対比される因果関係の行動による把握である。因果関係の行動による把握には，出来事の感情による把握も含まれる。直観的表象は動物にも存在し，実在と直接に接し，リアルタイムで働く。これに対し，抽象的表象は概念にもとづく人間のみの現象である。組織的に展開される抽象的表象はより上位の表象として，より下位の直観的表象と関連づけられて，文明を持った人間特有の組織的な認識が実在に適用される。ただ，抽象的表象は概念間の関係にもとづいて展開されたものなので，リアルタイムで実在と対応している直観的表象とはかならずしもぴったりとは合わない。遠くから見ると合っているように見えても，近寄ると，せいぜいが概念のモザイクが現実の絵に当て嵌まっている程度にすぎない。

ショーペンハウアー (1819/1975) は，すべての笑いの原因は，抽象的表象と直観的表象・実在とのズレにあると主張する。『意志と表象としての世界』の第一巻第13節で，ショーペンハウアーはこう書いている。「笑いが生ずるのはいつでも，ある概念と，なんらかの点でこの概念を通じて考えられていた実在の客観との間に，とつぜん不一致が知覚されるために他ならず，笑いこそがまさにこの不一致の表現なのである」(p. 192)。

ショーペンハウアーによれば，抽象的表象と直観的表象のズレは，機知 (Witz) と愚行 (Narrheit) の2つの方向で露呈する。機知では異なった現実を共通の概念で包摂し，概念に潜むズレを露呈させる。一方，愚行では概念に潜むズレを直観的表象の世界の行動にうつしてしまう。『意志と表象としての世界』の続編（ショーペンハウアー, 1851/1973）には機知の例として次のようなエピソードが紹介されている。「パリのある劇場の観客が，かつてラ・マルセイエーズの演奏を要求したが，それが演奏されなかったので，叫喚と狂乱が生じた。そこでついに制服を着た一警部が舞台にあらわれ，「劇場ではプログラムにあるのとは別のことがなされることは許されない。」と言明した。する

第 4 章　ユーモア理論を概観する

と一声があがった。「でもあなたもまたプログラム中にありますか。」と」(p. 192)。ここでの「でもあなたもまたプログラム中にありますか。」という発言では，舞台での実演と警部の行動という異質の現実を共通の概念にむりやり包摂し，プログラム中にないことは許されないという概念そのものに潜んでいたズレを露呈させている。一方，愚行としては鉄砲の引き金をゆっくり引いて，弾がゆっくり出るようにするなどといった例があげられている。ここでは，原因となる行為をゆっくりすると結果もゆっくりとなるという因果関係に関する現実とはズレた概念が，そのまま行動にうつされている。

　機知と愚行，いずれも直観のお目付役として振る舞う概念がズレやすい道具で，直観される実在を過不足なく指し示すことができないために生ずる。このズレがなぜ愉快な笑いの原因となるのか，ショーペンハウアー（1851/1973）は次のように書いている。

　「直観する認識が思考に対してこのように勝利しているということが我々を喜ばせる。というのは，直観作用は動物の本性から切り離すことのできない根源的な認識方法であり，この方法によって意志に直接満足を与えるものはすべて表示されるためである。つまり直観は現存するもの，享受，喜びを媒介するものであり，さらにこの媒介は緊張とは無関係である。思考作用には逆のことがあてはまる。つまりそれは認識作用の第二の能力であり，この第二の能力を実行することは，絶えずいくらかの，しばしば非常な緊張を要する。そしてこの第二の能力によって得る概念は非常にしばしばわれわれの直接的な願望の満足と対立するものである。過去，未来，まじめさなどを媒介するものとして，この概念はわれわれの恐怖，後悔，あらゆる心配事を運ぶ乗り物だからである。この厳しい，倦むことのない，煩わしい，理性というお目つけ役がいまや不行き届き千万と決めつけられているのを見れば，われわれとしても喜ばざるをえない。だから，笑いの顔つきは喜びの顔つきと非常によく似ている」(p. 170)。

　真面目で小うるさい理性に対する動物的な直観の勝利の喜びの記述は，フロイトの精神分析における超自我や自我とイドとの対比を思わせる。さらに，『意志と表象としての世界』の続編における「滑稽の理論について」の最後の

部分では，第三のタイプの笑いとしてユーモアがとりあげられている。ユーモアは，機知や愚行に比べると，人生に対する真面目さが滑稽の背後に潜む，自己がかかわる主観的な現象なので，すぐれたユーモアは近代の現象であることなどの指摘をしている。「ユーモアという言葉はイギリス人から借りたもので，彼らにおいてまず注目され，まったく独特の，それどころか，先にのべたように，崇高なものに似たたぐいの滑稽をより出し，それを言い表したのである」（p.176）。このようにのべ，ドイツ人にはそれが分かってないなどと，自らがひいきとしユーモア先進国であるイギリスを賞賛している。

　ショーペンハウアーの二元論哲学にもとづく議論は巨匠の力業で，なぜ人間だけが笑うのかは理論から自動的に導かれる。また，宮廷の道化師は機知を愚行と見せかけて行う，概念の整合性を求める生真面目な人の方が概念と実在のズレには敏感で偉大なユーモリストに生真面目な人が見られるのはこのためである，などの面白い指摘も多い（ヴィーナー，1996/1998）。しかし，アリストテレスが問題としたような醜さがなぜ可笑しいのか，概念が駆動する愚行はたしかにあるが，スラップ・スティックや悪ふざけを概念の破綻の現実化だけでカバーするのは難しそうだなど，例外はすぐに思いつく。くすぐりによる笑いには言及すらされていない。また，すべてを二元論の平面に回収してしまうため，話し手，対象，聴き手の三者関係のなかで展開する笑いの適切な位置づけもできていない。

　ショーペンハウアーのユーモア論は，強引な二元論哲学にもとづいたものだが，多くの先駆的な内容が含まれている。フロイトのジョーク論は，狭義のユーモアを付け足し的にイギリスと関連づけて紹介している点もふくめて，ショーペンハウアーの笑い論とほとんど同じ可笑しみの3分類にもとづいている。笑いの快の源を概念に対する直観的表象の勝利に見た点も，抑圧からの解放の快を言ったフロイトの先駆と言える。また笑いの原因として，概念の不完全さの露呈を強調した点は，デネットらの思考のバグ取り報酬説の先駆と見なすことができる。

（3）ケストラー：二元結合とアドレナリン

　ケストラーはハンガリー出身のジャーナリストで，政治論や科学評論を中心にイギリスで活躍した。科学に関する評論は，ケプラーやコペルニクスの評伝から偶然論，進化論まで幅広いが，『機械のなかの幽霊』や『ホロン革命』など，生物学から心理学の基礎にいたる問題が中心である。ケストラーは文化から生物学にわたる該博な知識にもとづき刺激的な議論をしてきた。たとえば，『ホロン革命』（1978/1983）では，人類が正義や革命の名で行ってきた残虐行為の数々の根本原因を，大脳新皮質が生み出した技術によって拡大した実行力の下で，大脳辺縁系が駆動する原始的な感情の正当化のために大脳新皮質の知力を駆使するが，大脳辺縁系による原始的感情そのものの大脳新皮質による知的吟味による是正を図ろうとはしない，大脳辺縁系と大脳新皮質との接合不良に求め，その根本的解決策を，接合改善の薬物の開発に求めている。病に苦しんだ晩年は安楽死の正当性を主張し，自らも妻のシンシアを道連れに安楽死の道を選んでいる。

　ケストラーのユーモア論は，『創造活動の理論』（1964/1966）という，ユーモアと創造活動，芸術を扱った著書の最初の部分で扱われている。ここでもケストラーは問題に生物学的な方向から接近し，まず，笑いが非随意的な反射的行動であることに着目する。ただし，反射行動として，笑いは2つの点で異例である。まず，刺激が知的なジョークも含むなど異常に複雑である。もう1つは，通常の反射は瞬目反射が目への異物混入を避けるなど明白な目的を持っているのに対し，笑いは明白な目的のない行動であることである。

　ケストラーは，ダジャレからジョークまで，笑いの引き金となる刺激の特徴を分析し，2つの異なった文脈の刺激の交錯がその特徴であるとし，これを二元結合（Bisociation）と呼び，ここでの文脈を一般化してマトリックスと呼んだ。これは不一致理論の最も一般的な定式化である。ケストラーは多くのジョークを例にあげているが，そのなかには同じハンガリー出身の友人フォン・ノイマンによるフロイト・ジョークもある。ある父親が，息子がエディプス・コンプレックスではないかと心配して友人に相談する。それに対し，友人はあの

子なら心配ないよ。母親と仲がよいからと答える。ここでは，フロイト的な母子関係の評価（母子密着への懸念）というマトリクス（文脈）での相談に，一般的な親子関係の評価（母子の仲のよさの肯定的評価）のマトリクス（文脈）での回答が，二元結合し衝突していることになる。二元結合やマトリクスなどといった理論科学っぽい用語の選択の背景には，ノイマンなどの科学者との交流があるのかもしれない。

2つの異なった文脈の刺激が交錯しても笑いを生ずるとは限らない。驚きで終わるかもしれないし，悲劇に展開するかもしれないし，発見的な創造を導くかもしれない。不一致理論の理論家は，通常ここで，どの種の不一致が笑いを生ずるのか，概念と直観，大と小などの特定化を試みるが，ケストラーは二元結合に生理的な追加条件を加えた。これが，ユーモアにおけるアテナイの塩（2節（9）参照）としての，自己主張型，攻撃防御型の感動であり，動物が危機に対応するときの交感副腎系活動，一言で言えばアドレナリンの放出である（6章2節参照）。アドレナリンについては，やはり生物学趣味の作家オルダス・ハクスレーが，動物が生存に必要としたアドレナリンが文明生活では不要な攻撃的行動を生じさせ，そうでない場合には攻撃が自己に向かうと発言したことをケストラーは引いて，アドレナリンの使い道としては笑いもあると指摘している。ケストラーによれば，二元結合＋アドレナリンが笑いのレシピである。

さらにケストラーは，スペンサーなどのエネルギー理論も参照して，二元結合＋アドレナリンが笑いという行動をいかに生むかの説明を試みている。二元結合の認知はすばやく進むが，アドレナリンを伴う感情反応は遅いので，認知的な根拠を失った興奮がそのはけ口として，笑いという認知的に意味づけられない活動にはけ口を見いだすと考えるのである。

ユーモアに関する議論のまとめにおけるケストラーの記述を引用する。
「あらゆる種類のユーモアの基礎をなすこの形態は，「二元的な結合をしている」ことである。…（中略）…1つの状況または事象を，2つの通常互いに相容れない脈絡において知覚することである。このために，一連の思考は，1つ

のマトリクスから異なった理論あるいはその理論における「ゲームの法則」によって統御されている他のマトリクスへ急激に移行する。しかし，ある感情は，その感情の一層大きい慣性および持続性の故に，思考の，このように機敏な跳躍にはついて行けない。その感情は，理性に見捨てられ，笑いという抵抗の最も少ない水路を通じて処分される。問題となるこの感情は，自己主張型，攻撃防御型の感動である。それらは，交感副腎系にもとづき，肉体的活動を生む傾向がある。それと対をなすものは，参加または自己超越感情―憐れみ，一体感，恍惚感―で，別の生理過程によって調整されており，笑いではなく涙によって発散する傾向がある。一般にわれわれの感情は両者の混合物だ。しかし，比較的微妙で，情愛のこもったユーモアにおいてさえ，反応を起こす引き金となる攻撃の要素――滴のアドレナリン―の存在は不可欠なのだ。笑いは，理性が感情の衝動からある程度の自律性を獲得した生物においてのみ起こりうる贅沢な反応である。そして，笑いは，その生物に自分の感情を余計ものとして感じ取らせ，自分は馬鹿だったと悟らせる」(pp. 94-95)。

　二元結合は認知的な刺激に関するものだが，ケストラーはくすぐりにも援用を試みている。くすぐりは，無防備な身体部位への擬似的な攻撃だが，くすぐり手が安心できる相手である必要があることを指摘し，くすぐりでも，攻撃と安心という異なった文脈の出来事が交錯する二元結合が生じているとする。元々は認知的な枠組みだった二元結合の社会的文脈への拡張といったところだろうか。

　ケストラーのユーモア論は，興味深く刺激的で，二元結合は不一致理論の最も一般的な定式化である。2章5節でのべたように笑い状態は交感神経系の活性化と結びついているので，二元結合+アドレナリンの定式化には，一定の妥当性はある。また，スペンサー（4節（2））的な放出活動としての笑い論を，感情の惰性に結びつけたのは独創的な提案である。ただ，反射としての笑いの位置づけと感情の惰性の放出がどう関係するのか，具体的にどんなしくみによるのかなどにはまったく言及されていない。ケストラーのユーモア論には，幅広い科学知識を動員した印象スケッチという側面があり，個々の論点の組織的

な展開はされていないが，不一致理論（二元結合）を中心にこれに優越理論（アドレナリン）とエネルギー理論（感情反応の惰性）を結びつけ，笑いをとらえようとする独自の総合の試みであると評価できるだろう。

（4）ハーレー・デネット・アダムズ：バグ取りの報酬

　デネットは，意識論から始まって，志向性，進化論，宗教などのテーマで幅広く著作活動を行っている科学哲学者である。主要な著書はほとんどが日本語訳されている。認知科学の新事情に詳しく広範な話題について啓発的な議論を展開している。ひげ面で巨漢の博学で多作な学者という点では，ヨーロッパにおける中世哲学・文学のエーコのアメリカにおける科学哲学・認知科学版といったところだろうか。

　『ヒトはなぜ笑うのか―ユーモアが存在する理由』（ハーレー，デネット＆アダムズ，2011/2015）は2011年に出版された "Inside jokes: Using humor to reverse-engineer the mind" の日本語訳である。日本語訳にして563ページの大著である。英語の副題には，心をリバース・エンジニアリング（ある機械の働きからその仕組みを工学的に解き明かすこと）するとある。ユーモアをテーマとして心の設計図を解き明かそうとする野心的な内容らしい。しかも，著名な科学哲学者が加わった大著である。

　ということで期待してページをめくると，本書はコンピュータ科学・認知科学者のハーレーの博士論文をもとに，査読者であったデネットと心理学者のアダムズが加わってできたもので，基本的なアイデアはハーレーによるとある。そして，採集された多くの秀逸なジョークの紹介を楽しみながら，デネットの他の本にもあることだが認知科学，進化論心理学に関する饒舌が満載の本を通読してみると，細いエビの身を多量の衣でまぶしたような内容で，基本的なアイデアは存外細身であることが分かる。

　基本的なアイデアは，ショーペンハウアーによる概念の不一致露呈説を認知科学と進化心理学で発展させたものである。ハーレーらは，ショーペンハウアーの説を概念と知覚の矛盾における概念の誤りの露呈とやや不正確に紹介し

第4章　ユーモア理論を概観する

たうえで，概念と知覚の区別は相対的だと指摘し，感覚，知覚，概念いずれの間における信念の矛盾であっても，そのモニターは認知において重要であると主張する。感覚や知覚による信念と概念による信念の間の矛盾が示す誤りのモニターは複雑な課題であるが，すみやかに行う必要がある。ハーレーらは，こうした認知的信念における誤りの検出に対する報酬が可笑しみであるとした。たとえば，メガネをどこかに置き忘れたと考えて，あれこれ探したが，鏡に映る自分の姿を見たらメガネが額の上にあったのを見いだして，ひとりにやっとするなどである。ここでは，鏡を通じた知覚によってメガネをどこかに置き忘れたという概念的な信念の誤りが検出されている。ハーレーらは，認知にかかわる感情の研究は遅れているが，可笑しみなど快のクオリアの種類がそれぞれ異なった認知的状況に対応するのは，認知と感情の効率的な連携において必要だろうとしている。可笑しみの快は認知的信念における誤りの検出，わくわく感の快は新奇な情報の予期，などといったことになる。

　ハーレーらは，認知的信念における誤りの検出が可笑しみという特有のクオリアを持った快を生ずるのは，グルコースなどの糖類が甘さという特有のクオリアを持った快を生ずるのと同じだと主張する。つまり，糖類の高カロリー摂取が生存に有利なように，誤りの検出が認知的にひいては生存に有利なため，これらに対する報酬としての可笑しみの快が進化したのである。また，文明社会は自然界の果実などを越えて，甘さの快を刺激する超正常刺激としてのお菓子類を作り出したが，可笑しみの快においても，日常の出来事における可笑しみを越えて，可笑しみ反応を生じさせるジョークやコメディーが発展した。ジョークやコメディーは可笑しみのお菓子みたいなものである。

　ハーレーらの説の特徴は，認知的信念における誤りの検出が一義的には自己の信念に対して行われると想定する点にある。ハーレーらはこれを一人称のユーモアと名付ける。他者の信念における誤りの検出は，自らの信念に対する誤りの検出を他者に適用したもので，三人称のユーモアである。ハーレーらの説は，ユーモアにおいて愚かさや失敗をテーマにしたものがなぜ多いのかを無理なく説明する。また，ユーモアにおける提示のタイミングの役割も，誤り検

出がすみやかにリアルタイムで行われる必要があるとの想定から説明できる。

認知的信念における誤りの検出説では，くすぐりやじゃれ遊びなど身体レベルの笑いや可笑しみは説明が難しそうである。くすぐりやじゃれ遊びなど身体レベルの笑いや可笑しみはジョークなどの認知レベルの可笑しさとは別であるとするのは，1つの解決策だが，ハーレーらはその道は選択しない。かわりにこう説明する。「くすぐりでは，虫検出の信念が生ずるが，それは友好的なくすぐり手の存在認知によって，誤りが示され，この誤りの検出への報酬として可笑しみが生ずる。くすぐりによる可笑しみが何度も生ずるのは，虫検出が自動的に行われ，繰り返し誤信念が生ずるためである。」この説明は好意的に見てもかなり苦しい。まず，虫検出と関係するとすればニスメイシス（3章1節参照）だが，笑いはガルガレイシスとより関係しており，なぜ，ニスメイシスで笑いがより生じにくいのかが説明できない。また，誤信念の検出のためであれば，くすぐり手は友好的である必要はない。英語では，虫はbugでプログラミングの誤りのバグと同じ言葉である。同じバグなので，つい思いつきの説明をしたのかもしれないが，ハーレーらの説では，くすぐりによる笑いは説明できそうもない。またじゃれ遊びについては，じゃれ遊びの笑いには，いろいろな意外性があるので，これがある種のプロト・ユーモアとして，認知的信念における誤りの検出の先駆になるのではないかなどと，ごく一般的な推測をしているに止まる。

ハーレーらの議論で，ユーモアを信念の誤りの検出として，メンタル・スペース（意味構築のための作業場として用いられる心的な表象）のリアルタイムでの修正処理と関連づけた点は，ユーモア把握における時間的要因の今後の研究に貢献しうると評価できる。また，可笑しみ産業をお菓子産業と同じく，進化的に形成された報酬系につけこんだ超正常刺激生産者として位置づける進化論的見解も，ごく一般的な考えであるが，妥当である。

しかし，進化論と認知科学を結びつけて，ユーモアを説明しようとする試みは失敗しているように思える。その理由は，進化的に形成された報酬という考えを，ダーウィンが試みたように，身体的可笑しみや子どもの発達などの十分

な知見を照合して定式化し，展開することなしに，一人称の誤りの検出説としゃれたジョークといった都会知識人の世界に短絡させ理論を定式化した点にある。

　日本語版の序文で，ハーレーらは自分たちの理論に対して進化心理学的で実証研究がないとする方法論的な批判があったとのべている。実証研究がないとする批判は，本節（6）で紹介する無害逸脱理論で精力的な実証研究を展開しているマグロウなどによるものである。これは，理論の進展と実証研究の種類の相対的問題にすぎない。

　パンクセップ（2006）は，比較動物学や比較行動学など進化に関する幅広い知見を参照することなく，適応の原理を人間成人における行動に安直に結びつけるタイプの進化心理学を批判している。ハーレーらの進化論的ユーモア論の問題点も，ダーウィンが試みたように身体レベルや発達的知見に関する幅広い知見を参照することなく，進化の一般原理と成人における心理を短絡させて説明を試みた点にある。興味深い試みで，参考になるところはあるが，全体としては進化心理学の欠点を示した例である。

（5）ベルクソン：機械的こわばりの集団的矯正

　ベルクソンは，フロイトと同時代に活躍したフランスの哲学者である。ベルクソン（1900/1976）の『笑い』はフロイト（1905/1970）の『機知―その無意識との関係』と並ぶ，ユーモア論の古典の双璧と見なされている（ビリッグ，2005/2011）。フロイトのユーモア論が，精神分析の理論を基盤に展開されているのと同様に，ベルクソンのユーモア論は，ベルクソンの生命哲学論にそって展開されている。

　ベルクソンは，自然科学の影響が生物学や心理学にまでおよぼうとした時代において，科学的な知識を無視することなく，精神と生命を機械論的な自然観ではとらえられない存在として守ろうと苦闘した。その業績は，時間論から進化論，宗教論まで幅広く，1927年にはノーベル文学賞を受賞している。

　時間論では生きられる時間の基本として持続の概念をとなえ，進化論では自

然選択といった単なる機械論的なしくみではない，エランヴィータル（生命の飛躍）を唱え，これが生命と精神の創造性の源であると主張した。ベルクソンの哲学は，機械論的な自然観が生命や精神の領域を浸食しつつあると違和感を覚えるが，伝統的哲学にももどれない20世紀中葉の知識人に大きな影響を与えた。

　たとえば，小林秀雄の「無常といふ事」は，ベルクソンの持続論を下敷きに日本中世の話題と自分の感想を織り交ぜたエッセーである。後に小林秀雄は，自分の思想の拠点であるベルクソンの思想を対象とする論考に挑んだが，得意のエッセースタイルでは扱いかねたのか，要領をえない内容に終わり，梅原（1972）などから「小林氏はベルクソンの笑いの分析の「精妙さ」に驚き入り，その「天才」にもっぱら感心しているらしい。ベルクソンが天才であり，小林秀雄氏が天才でないことは，ベルクソンの笑いに関するはなはだ明晰な分析と，小林氏の『笑い』についてのはなはだ不明晰な感想を比べてみれば，すぐにわかることだが」(p.130) などとの酷評をまねいている。

　『笑い』は，動作の滑稽さから，行為者の状態，性格，状況，喜劇と検討を進めている。これは，他のほとんどのユーモア論がジョークを中心としているなかでは異彩を放っている。ベルクソンは，妻，娘と静かな生活を送っていたが，娘さんは聾唖だったので，娘さんとの遊びのなかで言葉によらない笑いの重要性に気づいたのではないかという指摘もある。『笑い』では，きめ細かい観察が見事な文章で綴られているが，基本的な主張はベルクソンの哲学的立場にそって明快である。笑いは生命のしなやかさに貼り付けられた機械的なこわばりに対する集団的な矯正であるとするものであり，この魅力的な小著をベルクソンの生命哲学の付録とみなすこともできるだろう。

　議論は3つの観察から始められる。第一は，可笑しみの対象が人間あるいは人間とみなしうる存在に限られることである。アリストテレスは人間を唯一笑う動物と定式化したが，ベルクソンは人間を唯一笑われる動物と定式化したことになる。第二は，憐れみや心配といった感情をもって人を見るときには，その人を笑いの対象にはできなくなる事実である。これをベルクソンは一般化し，

笑いは対象に対するある種の心情の麻痺のもとで生ずる純粋な理智の働きだと定式化する。第三は，笑う人は集団的であることである。ベルクソンは，笑い声がくっきりした音ではなく，感染も起きやすいことに着目し，笑い声は雷鳴のように笑われる対象をとりかこむ音であると指摘する。

　3つの指摘は，ベルクソンの創案ではない。たとえば，笑われるのが人間か人間とみなされる存在に限られることは，すでにジャン・パウル（1804/2010）がのべている。また，笑いが同情や敬意と相容れないことは，ビーティ（1779）が指摘している。ベルクソンの創案は，この3つの観察をまとめて，議論をある方向にたくみに誘導している点にある。「可笑しみというものは，おもうにグループとなって集まっている人びとが，彼らの感性を沈黙させ，ただ彼らの理智のみを働かせて全注意を彼らのうちの一人に向けるときにうまれるものであろう。では，彼らの注意が向けられる特殊な点はどんなものか」（ベルクソン，1900/1976, p. 17）。こう問題を設定することで，ともに笑う親和の笑いは除外され，嘲笑としての笑いにのみ焦点があたり，笑いの集団的矯正機能が主張される。ここで，笑いによる集団的矯正の対象となるのが，しなやかな生命に貼り付けられた機械的こわばりである。本の残りの部分では，滑稽な動作や物まね，性格の可笑しさ，喜劇にいたるまで，可笑しみを，しなやかな生命に貼り付けられた機械的こわばりの排除として，多くの事例をあげて分析している。

　考察は，走っていてよろめいて倒れる男から始まる。転ぶことは男の意図ではなく，外的な力の機械的作用によるものである。ここではしなやかな生命の動きに，外的な機械的作用が重なり，転ぶという失敗をもたらしている。放心状態でへまを繰り返す人間の場合は，機械的な自動現象が個人の内部に潜んでいると見ることができる。ドン・キホーテなどの喜劇の登場人物には，場面にそぐわない独自の行動を自動的に生じさせてしまう固定観念あるいは性格の偏りが，放心状態の定常化といえる形で人物に内在している。これらは，外的な要因から一時的な放心，内的な性格まで，生命の持つしなやかで柔軟な働きに，機械的なこわばりと固定性がはりついた例と見ることができる。

ベルクソンは生命の持つしなやかで柔軟な働きへの機械的なこわばりの混入という観点から，多種多様な滑稽さの説明を試みる。表情において機械的なこわばりは，痙攣や歪みとして現れ可笑しみを生む。身振りや運動は単なる機械を思わせる程度に正比例して笑いを誘う。機械の特徴は，正確な複製であり，物まねが可笑しいのは機械的な複製を思わせるからである。また，機械の運動には繰り返しや反転がつきものであり，スラップ・スティック・コメディなどでは，動作の繰り返しや反転が利用され，その機械性が可笑しみを生む。機械的運動の特徴としては，2つの独立した系列の事象の交差をあげることができる。喜劇につきものの人物や物事の取り違えなどに見られるように，2つの系列は別々の解釈が可能なのでその交差におけるコントラストが可笑しみを生む。また地口なども，元々は異なった系列に属する2つの単語がたまたま同じ発音で交差したと見ることができる。
　ベルクソンのユーモア論は独自の生命哲学の観点から巧妙に展開されており，ベルクソン哲学の眼鏡から見ると一見説得的に映るが，外から見ると例外はいくらでも見つかる。たとえば，ケストラー（1964/1966）は，ベルクソン説に従えば，操り人形やびっくり箱だけではなく，エジプトの彫像などの幾何学的人物像や規則的な心拍なども可笑しいはずだと指摘する。逆に，軍隊の行進でしなやかで優美に歩いたら，ベルクソンの生命哲学に反して可笑しく見えるだろう。また，スターンを援用する梅原（1972）は，ベルクソンの主張する生命のしなやかさと機械のこわばりのコントラストは，より価値の高い生命のしなやかさと機械的なこわばりの価値の低さの一例にすぎないと主張する。たとえば，往来で思いがけず転ぶ人は，その人がどの程度偉そうにしているか，ころぶ様がどの程度みっともないかの，価値の落差によって可笑しさの程度は異なり，これはベルクソン流の生命哲学の例証としてではなく，価値のコントラストによってより適切に説明できるだろうと指摘する。たしかに，ユーモア理論としてはベルクソン説よりも価値の下落理論の方が適用範囲はより広い。ベルクソン説について，価値の下落理論の一部を，生命と機械という違った観点から扱っているにすぎないと見ることは可能である。また滑稽な顔も，こわばり

としてではなく，カリカチュアにおける価値の下落として解釈した方が自然である。

　ベルクソンにとって生命のしなやかさは善で，機械的なこわばりは悪である。したがって，機械的なこわばりを集団的に矯正する笑いは，悪を社会的に矯正する役割を持つ。ベルクソンが考える矯正としての笑いそのものは，同情心や共感を欠いた嘲笑であり，善とは言いがたい。ベルクソンの生命哲学にとって，笑い論は，悪を悪で矯めるものという，ややほろ苦い結論で終わっている。ベルクソンが自らの笑い論を生命哲学の本格的な著書として展開させず，付録的な小著にとどめたのはこのためかもしれない。

　ベルクソンのユーモア論は，生命と機械の不一致理論を集団的矯正という優越論に結びつけたユニークな内容として評価できる。しかし，善としての生命の力を謳歌する内容にはならなかった。この理由は，親和の笑いだけでなく，社会的権力に抵抗する笑いも無視して，考察の対象をもっぱら集団的矯正としての笑いに限定したことと，遊戯性の位置づけを間違えた点にある。ベルクソンは，本の後半では遊戯性について論じているが，反復，反転，交差は機械性の明白な現れであり，放心や固定観念，喜劇的不条理などの観念遊戯も機械性の現れとして見ることができるなど，機械性の拡大解釈を行い，遊戯性を機械性の系列に位置づけている。そして，観念遊戯は夢と同じく弛緩した状態なので，弛緩は機械的こわばりの一種であるといった奇妙な特徴付けをするまでにいたる。ここで，ベルクソンは遊戯性の位置づけを基本的に間違えているように思える。この間違いは，機械性の現れとしての反復，反転，交差の例示が説得的なので，これと整合的な論という方向に引きずられたためかもしれない。しかし，前に遊びの解説の部分（3章2節）でのべたが，反復，反転，交差などは，機械性の現れではなく，遊びにおける典型的行動パターンの特徴と見ることができる。そして，遊戯性を生命のしなやかさを象徴する存在として，笑いの愉悦の源とみなすことも可能である。

（6）無害逸脱理論：可笑しみの必要十分条件

　ベルクソンは，可笑しみを生命のしなやかさへ混入した機械的こわばりのコントラストによって生ずると定式化した。しかし，幾何学的人物像や硬直しつつある死体のようにこの条件を満たしながら可笑しみが生じない場合があり，この定式化では可笑しみの十分条件が特定できていないことになる。逆に，軍隊行進でのしなやかで優美な身振りやたいていのジョークなどのように，明らかに条件を満たさなくても可笑しさが生ずる例があり，この定式化では可笑しみの必要条件が特定できていないことになる。ケストラーの二元結合は，非常に一般的な定式化で，たいていの可笑しみでは，何らかの2つの文脈の出来事の共起を見いだすことができるので，可笑しみの必要条件は特定できたと言ってよいだろう。しかし，2つの文脈の出来事の共起があっても，驚きや発見など，可笑しみが生じない例はいくらでもあるので，十分条件ではない。そこで，ケストラーは，二元結合に，自己主張型，攻撃防御型の感動＝アドレナリンを条件として追加した。これで，適用範囲はだいぶ絞られたが，この定式化でも発見の興奮などは除外できないので，可笑しみの必要十分条件にはならない。

　可笑しみの必要十分条件を特定するのは，なかなか難しいことが分かる。デネットらは，最初から，可笑しみの必要十分条件の特定は目指さず，可笑しみの基本の進化論的認知科学的解明を中心に理解を深めていくアプローチをとると主張している。

　簡潔な定式化で，可笑しみの必要十分条件の定式化を試みた最近の理論にヴィーチとマグロウによる無害逸脱理論（Benign Violation Theory）がある。

　無害逸脱理論については，まだほとんど日本では議論されていないが，1章のコラムで紹介したように，マグロウ＆ワナー（2014/2015）の"The homor code: A global search for what makes things funny"が『世界"笑いのツボ"探し』という邦題で翻訳されている。英語版にはhumor codeというタイトルがついていて，ユーモアの秘密の鍵を無害逸脱理論がついに解き明かしたというふれこみで，無害逸脱理論研究者のマグロウを軸に話は展開するが，理論については要点の説明だけにとどめられている。

第4章　ユーモア理論を概観する

　無害逸脱理論は，マグロウによる精力的な実証研究で広く知られるようになったが，最初に理論を定式化したのはヴィーチ（1998）である。ヴィーチは言語学からビジネスの経営，配管工と異色の経歴をもった在野の研究者である。スタンフォード大学で音声言語学の研究をしていたときに，ユーモアの必要十分条件の定式化を試み，それを論文として発表した。きっかけは，「なぜサルは木から落ちた？　なぜって，死んでたから。」というジョークを聴いて，1時間ほど笑い転げた経験だった。多数のユーモアの文献を参照したが満足する回答が得られなかったので，ヴィーチは死んだサルのジョークを説明できる理論を数年間考え続け，正常逸脱理論（Normal Violation Theory）の定式化にいたった。無害逸脱理論という名称は，マグロウがヴィーチの理論を使う際に，正常（Normal）を無害（Benign）に変えて用いたことによる。マグロウは無害の度合いを様々に設定した条件で実験・調査をしているので，正常か異常かといった二値的なニュアンスの強い正常という用語より，無害という二値的ではなく程度の評定とよりなじみやすい言葉を選んだものと思われる。理論の骨子自体は，無害逸脱理論は正常逸脱理論を完全に踏襲しており，名称の変更にすぎない。

　ヴィーチ（1998）は，可笑しみの必要十分条件を，以下の3条件すべてが満たされることだとした。①ある出来事がこうあるべきだとの基準から逸脱していると評価される。②同じ出来事が正常であると評価される。③①と②の評価が同時に生ずる。この3条件がすべて満たされれば，必ず可笑しみが生ずるし（十分条件），1つでも満たされないと可笑しみは生じない（必要条件）。

　死んだサルのジョークを例にとってみる。①サルが木から落ちる（逸脱），②死ぬと木から落ちる（正常），③ジョークは短いので①と②の評価は同時に生ずる。ヴィーチ（1998）は，様々なジョークや可笑しみのケースを検討したが，すべてこの3条件で説明できることを見いだし，これを正常逸脱理論と名付けた。

　正常逸脱理論は，必要十分条件の特定をねらっているので，可笑しみが生じなかった場合の説明も行える。①が満たされないと，逸脱が生じておらず，普

通の出来事としてしか評価されない。サルが木に登っていたなどの場合である。②が満たされないと，可笑しみではなく，逸脱に対する同情や嫌悪などが生ずる。死んだサルの場合も，サルに冷淡なら死んだから落ちるのは正常だと可笑しく思えるだろうが，サルがかわいそうだなどと共感を持っていると正常とは思えず，可笑しみではなく同情や悲しみなどが生ずるだろう。①②が満たされても，圧縮したジョークの形ではなく，「サルが木から落ちました。なぜでしょう。サルは木登りが上手ですよね。どんな理由なんでしょう。木登りが下手なサルでしょうか。いえ，サルは死んでいたんです。」などと，長々と説明すると，可笑しみは生じにくくなる。フロイトは，ジャン・パウルの言葉を引いて，短さは機知の命とのべて機知における圧縮の技法の分析を行っている。ジョークの短さやタイミングの重要性は広く認識されており，③の条件は，これと対応可能な定式化である。

　正常逸脱理論は，くすぐりなどの身体的に生ずる可笑しみにも適応可能である。くすぐりは，他者からの侵犯という逸脱であると同時に，安心できる人からの接触という正常な行為としての評価も生ずるからである。じゃれ遊びなどにおける，模擬的な攻撃なども，同様に解釈可能である。（笑いの感染についての説明は難しいが，ヴィーチは感染は感情一般に見られる現象なので，とくに説明の必要はないとしている。）ダジャレなどの言葉遊びも，一方の意味では意味が通らない逸脱だが，もう一方の意味では正常といった評価が同時に生じていると見ることができる。このように正常逸脱理論では，不一致理論で前提とする2つの文脈の一方が逸脱，もう一方が正常で，両解釈が同時に生ずることを可笑しみの必要十分条件とし，くすぐりからジョークまでこの定式化で説明できることを主張している。

　ヴィーチ（1998）は多くの事例をあげて理論の妥当性を主張したが，マグロウは理論を無害逸脱理論と衣替えをし，精力的に実験・調査を行い，理論の妥当性の検証を行っている。たとえば，父親の遺灰を鼻で吸う，教会の宣伝でレジャー車を景品につけるなどの道徳的逸脱行為に関し，無害な逸脱と感じられれば可笑しみを生ずるが，無害とは感じない場合には嫌悪感も感じ，一方逸脱

と感じない人はそもそも可笑しみも感じないなど，無害逸脱理論を裏付ける結果を発表している。とくに，興味深いのが，心理的距離理論（出来事や対象との心理的な距離が評価や判断に与える影響を研究する心理学の理論）にもとづき，逸脱度と無害度の評定への心理的距離の影響に着目したことである。小さな災難なら最近の出来事の方が可笑しく感じられるが，大きな災難になるとかなり時間がたたないと可笑しく感じられないといった日常的な経験を，心理的距離が逸脱度と無害度の評定に与える影響によって，明快に説明している。マグロウの研究は，ユーモア理論を例示と解釈を越えて心理学的な実証研究のレールに上手にのせ，展開を図ったものとして評価できる。

　無害逸脱理論の発想は，可笑しみの原因として，害にならない醜さを指摘したアリストテレスにまでさかのぼることができる。また，身体的な可笑しみにも適用しやすいのは，笑いの模擬的攻撃説を唱えたサリー（1902）を継承した側面もあるからである。無害逸脱理論は，不一致理論の一種として位置づけられるが，逸脱という予期とのズレに無害あるいは正常という第三の変数を上手に導入したことで，理論の精度を格段に上げている。

　第三変数の名称としては無害の方がよりこなれた形容語になっており，マグロウの一連の実証研究にも適合する。しかし，正常逸脱というヴィーチの定式化にあった撞着語法的意味合いが消えて，単なる逸脱の段階という一次元的な意味に縮減されてしまう懸念がある。逸脱の程度だけなら，駐車違反は弱すぎて普通だが，ひき逃げは強すぎて嫌悪感になる，信号無視くらいがちょうど可笑しいなどということになってしまう。単なる逸脱はその程度がどうであれ，遊戯的な態度なしには，可笑しみにはならない。可笑しみの核心は，逸脱と正常という矛盾する評価の共存にあり，この矛盾の共存を可能にするのは，アプター（1982）などが指摘している，遊びの状態である。3章で見たように，動物行動の進化という観点からすると，遊び状態を人間の可笑しみの把握の前提となる基本的な心的状態として見なすことができる。遊びを前提とすれば，笑いの感染も自然に説明できる。正常逸脱理論では，［正常 & 逸脱の矛盾の共存］＝遊戯的という形で，遊戯性を暗黙のうちに導入していると考えられる。ここ

で問題となるのは，笑いとユーモアをとらえるうえで，遊戯性をどう位置づけるのが適切かである。可笑しみにおける遊戯性の位置づけについては，4節（6）の反転理論で具体的に検討する。

4 エネルギー理論

（1）エネルギー理論の概観

梅原（1972）が言うように，古典的なユーモア理論は優越理論と不一致理論に大別される。優越理論は社会関係，不一致理論は認知をそれぞれ中心におき，ユーモアという多面的な現象の解明を試みている。19世紀後半になると，新しいタイプの理論的試みが生まれた。ユーモアにおける快をエネルギーの放出や覚醒度といった内的な過程を通じて解明しようとする試みである。こうした新しい試みの端緒は，「笑いは緊張した期待が突然無に転化することから生じる情緒である。」とのべたカントに見られる。しかし，本格的な展開はスペンサー（1860）以降である。

社会ダーウィニズムで有名な哲学者スペンサー（1860/1982）は，笑いを余剰エネルギーの放出過程として位置づけ，そのしくみの定式化を試みた。スペンサーによる余剰エネルギー放出説を継承して，心的エネルギーの節約という観点から独自のユーモア論を展開したのが精神分析の創始者フロイト（1905/1970）である。

スペンサー，フロイトを源流としたユーモア論は，放出理論ともよばれるが，理論的には神経エネルギーあるいは，心的なエネルギーを想定した点に特色があるので，ここでは，エネルギー論と総称する。フロイトの精神分析を生んだ19世紀は，エネルギー概念発見の世紀であり，動物生気などあやしげなものもふくめて，種々のエネルギー概念が精神医学や心理学に影響した時代だった（エレンベルガー，1970/1980）。スペンサー，フロイトのエネルギー理論も，内燃機関が発明され，エネルギー概念が定式化され，電気現象の解明も始まり，それが神経系におよんできた時代の産物として位置づけられるだろう。

第 4 章　ユーモア理論を概観する

　精神分析では心的なエネルギーはリビドーとよばれ，その基礎概念となっている。フロイト（1905/1970）が自ら認めているように，心的エネルギーは構成概念であり，心的エネルギーが実体として存在する訳ではない。心的エネルギーは，木村（1982）が示唆するように，神経インパルスの頻度や神経伝達物質の量の関数かもしれない。バウマイスター ＆ ティアニー（2011/2013）は自己制御に関して，意志の力とも呼ぶべき要因がたしかに存在し，それは血中グルコース濃度を１つの制約条件とすることを示している。心的エネルギーと関連づけて解釈される諸現象の因果関係において実際に作動しているのは，複数のレベルにまたがる雑多な過程らしい。

　構成概念として心的エネルギーを用いる場合には，種々の心的対象や作業に振り分けられうるが，その総量は保存される何らかの量を想定している。たとえば，苛立ちという心的興奮が手の震えといった運動に転化されるなど，この想定が有効な範囲では，観察の整理と発見の道具として心的エネルギー概念は有効である。しかし，手を震わすことでますますいらだちが増したというような場合には，有効ではない。いずれにせよ，心的エネルギーは道具としての構成概念で，実際に作動している因果関係は，神経インパルスの頻度や神経伝達物質の量と神経回路，グルコース濃度など雑多である。神経回路にはポジティブフィードバックも存在するので，そうした場合には，手を震わすことでますますいらだちが増すというように，保存される心的エネルギーの想定は有効な道具とはならないだろう。問題は，ユーモア現象をとらえるうえで，エネルギー概念がどこまで有効に使えるかである。この点で，スペンサー（1860/1982）やフロイト（1905/1970）は，エネルギー概念の有効性に関する最強の論者である。

　20世紀後半になると，快との関係で，余剰エネルギーにかわって覚醒度が注目を集めるようになる。これは，脳幹に覚醒度の中枢が発見され，ヘッブ（1949）による最適覚醒水準説が提唱されたことなどによる。最適覚醒水準説は，覚醒度が低すぎると退屈，高すぎると不安などの不快の状態になり，その中間に快となる最適覚醒水準があるとの考えである。バーライン（1972）は，

表4.4　5つのエネルギー理論

	高覚醒	快(情動機構)	弛緩	身体	社会
スペンサー	下降性不一致	余剰エネルギー	筋運動放出	△	×
フロイト		余剰エネルギー	欲求の充足	×	△
バーライン	照合変数	最適覚醒水準刺激		×	×
木　村	図式のズレ・発振	余剰エネルギー	負荷離脱	○	△
反転理論	認知シナジー	遊戯状態での高覚醒	遊戯状態	△	○

　最適覚醒水準説をそのまま採用したわけではなかったが，ジョークでは刺激レベルを適切な水準に上げたり，あるいは逆にオチで刺激レベルを適切な水準に下げたりして，可笑しみの快を誘導しているとの説明を試みた。これに対し，アプター (1982) は，覚醒水準と快不快の関係は，生真面目な状態か遊びの状態かなどの動機付け状態によって異なるとして，動機付け状態に関する反転理論を提唱した。反転理論においては，遊び状態では覚醒度が高いほど快になり，可笑しみは遊び状態における高覚醒の快として位置づけられる。

　可笑しみを余剰エネルギーとの関連でとらえるにせよ，覚醒水準との関連でとらえるにせよ，ユーモアのエネルギー理論では，優越理論や不一致理論とはことなり，可笑しみのしくみにまで踏み込んでの理論化が試みられている。可笑しみを生ずる脳における情報処理と感情生起のしくみの解明は，まだ大ざっぱな部位と関連の特定程度の段階である（アーリーワイン，2010）。各エネルギー理論が定式された時代の知識はさらに乏しかったので，推測による部分がより大きくならざるをえなかった。こうした制約のなかで，各エネルギー理論では，しくみの推測までふくんで，優越理論や不一致理論に比べると，より総合的な理論化が試みられている。

　ここでは，まず，余剰エネルギー説の創始者スペンサーのユーモア論とこれを継承し精神分析との関連で展開させたフロイトのユーモア論を紹介する。また，覚醒水準を最初に可笑しみの分析に適用したバーラインのユーモア論も紹介する。エネルギー理論における最近の総合化の試みとしては，木村 (1982) とアプター (1982) のユーモア論がある。木村 (1982) が余剰エネルギー説，

アプター (1982) が最適覚醒水準説を発展させた反転理論という違いはあるが,どちらも,サイバネティクス的なしくみの定式化に現象学をむすびつけた総合化の試みである。木村 (1982) はフロイトの後に,アプター (1982) の反転理論はバーラインの後に,それぞれ紹介する。表4.4に5つのエネルギー理論の要点を整理して示した。

(2) スペンサー：余剰エネルギーとその放出経路

スペンサーは,鉄道技師出身のイギリスの哲学者で社会ダーウィニズムの提唱者として知られている。19世紀の唯物論を代表する思想家で,笑いに関しては『笑いの生理学』(1860/1982) で,蒸気機関のしくみを説明するようにして,その理論を提示している。同時代のダーウィン (1872/1931) は,進化論の社会への適用には慎重だったが,スペンサーの笑いの表出説を重要な法則の指摘として賞賛している。

スペンサーの説明は,笑いの表出の分析から始まる。スペンサーによれば,神経中枢の興奮に示される神経エネルギーは,他の神経中枢の興奮か筋活動か内臓活動かのいずれかの経路に伝達される。笑いの特徴は,大きな神経エネルギーが無目的な筋活動を通じて放出される点にある。無目的な筋活動への神経エネルギーの発散においては,それぞれの目的に応じた特定の筋が選択されるのではなく,神経エネルギーの大きさに依存して,より慣れた筋活動の経路からより慣れていない筋活動の経路という順で活動する筋が選択される。ここで,選択される経路は,表情筋,発声器官,呼吸筋,上肢の順序となる。スペンサーによれば,笑いで示された慣れの順序による表出経路の選択は,最小抵抗の法則という進化のより一般的な法則の一例であり,同じ法則は惑星の運動にも適用される。こんな理由から,スペンサーの進化論的な総合哲学では惑星運動の説明のとなりに,笑いの説明がきたりすることになる。

無目的な筋活動を通じて放出される大きな余剰の神経エネルギーはどこから生ずるのか？ ここでスペンサーは,同時代の心理学者で笑いの面目つぶし理論を唱えていたベインによる不一致理論批判を引用し,不一致理論の修正を試

みている。やや長くなるが以下に示す。

「さらに決定的な根拠がここにある。笑いを生んだ不一致を、生まなかった不一致と比べてみると、こっけいでない不一致の場合、新たに生じた予期せぬ感情は、種類こそ違え、量も強さも少なくなっていないことから判明する。笑い以外の反応を呼び起こし得る不一致としてベイン氏は次のような例をあげている。

『重い荷物を背負ったよぼよぼの老人、飢えたる群衆に与えられた5つのパンと2匹の魚、そして似つかわしくないものとはなはだしく不釣り合いなものすべて、調子外れの楽器、軟膏のなかのはえ、5月の雪、攻囲のなかで幾何学の研究をしているアルキメデス、そして不調和なものすべて。羊の皮を着た狼、契約の不履行、そして虚偽のもの一般。法をうんぬんする群衆、そして無秩序な性格をもったものすべて。祝宴のなかの死体、残酷な親、恩知らずな子、そして不自然なものすべて。ソロモンによるありとあらゆる虚栄、こうしたものはすべて不一致ではあるが、大笑いよりもむしろ苦痛や怒りや悲しみや厭悪の情を呼び起こす。』

これらの例では、突然生じたまったく異なる意識状態が先行する意識状態に量の面で劣っておらず、したがって笑いのための条件が満たされていないのである。以上から明らかなように、笑い（laughter）は本来、意識が大きなものから小さなものへ不意に移されるとき―下降性の不一致（descending incongruity）とでも呼べるべきものがあるとき―にのみ生じるのである。

そして最後に、演繹的に推論できると同時に経験によって例証されてもいる1つの事実を吟味しよう。それは上昇性の不一致（ascending incongruity）は笑いを呼び起こせないばかりか、その反対の効果を筋組織に及ぼすという事実である。非常に些細なできごとの後につづいて不意に大変大きなできごとが出現すると、われわれが驚き（wonder）と呼ぶ情動が生ずる。そしてこの情動は、筋収縮ではなく筋弛緩を伴うのである。子どもや田舎者が強烈で予期しない変化に接したとき見せるぽかんと口を開けた表情は、この効果の例証である」（スペンサー，1860/1982, p. 134）。

ここで，スペンサーは笑いの原因となる不一致を下降性の不一致に限定している。下降性の不一致なら，より大きなものに対して生じたエネルギーが，より小さなものに対しては余剰化すると想定できるので，これが無目的な神経エネルギーとして，笑いの表出を生むことが説明可能になる。また，下降性の不一致に関して笑いと対比される感情として，wonder が示されている。wonder は大きくすばらしい対象に対する感情であり，たんなる意外性ではない。したがって，驚きというより，驚嘆，畏敬などに近い。笑いと畏敬の対比については，5章5節でより詳細に検討するが，スペンサーは，ジャン・パウルなどと並んで，最も早い段階で笑いと畏敬の対比を指摘した理論家である[(1)]。

　スペンサーのユーモア論は，刺激の評価から笑いの表出まで，様々な観察を，ごく簡単なモデルによって説明している。たとえば，笑顔から笑い声，あえぎ，上肢の運動といった笑いの強度による表出の変化の観察を，笑いの筋活動の無目的性と表出経路の慣れの程度から巧妙に説明している（慣れをどう測定するのかが示されておらず，慣れの順序の提示にあたって，笑いの強度による表出の変化の観察を密輸したのではないかという疑惑も生ずるが）。また，下降性の不一致により，不一致の種類の特定だけではなく，エネルギーの余剰化も同時に説明している。笑いのしくみの骨格スケッチとしては，見事である。

　ただ，明白な欠落や問題点もある。たとえば，木村（1982）が指摘しているように，下降性の不一致と余剰エネルギーの放出だけでは，なぜ人間だけが笑うのか説明できない。下降性の不一致から，対象の価値の下落，優越理論との関係という検討も可能だったろうが，スペンサーの理論では，笑いの感染もふくめて，笑いの社会性はまったく無視されている。また，スペンサーは神経中

---

(1)　2章5節で説明したように，笑い状態では，中枢からの α ニューロンによる筋活動は増すが，筋紡錘からのフィードバックによる γ ニューロンによる筋緊張は低下し筋弛緩が生じ，活発な筋運動と筋弛緩が共存している。スペンサーの記述は，筋紡錘からのフィードバックを無視した不正確な内容であるが，筋紡錘における感覚神経の発見は1894年なのでやむをえないかもしれない。しかし，笑いにおいて比較的明白な筋弛緩を観察しそこなったのは，スペンサーの観察が純粋な現象観察というより，理論に誘導されたものであることを示唆している。

枢,筋運動,内臓活動と3つの経路を並列してあげており,神経中枢における感情を筋運動や内臓活動の影響を受けない現象として扱っているが,末梢フィードバックやソマティック・マーカー(Somatic Marker)仮説に示されるように,中枢神経系における感情経験は筋運動や内臓活動からのフィードバックを受けている(ダマシオ,1994)。スペンサーは,一定量の神経エネルギーが放出経路を選択するという説の証拠として,感情は表出を抑制すると強まるという観察を指摘している。しかし,怒りの感情などの場合,表出によって逆に感情が強まることも知られている(ケネディームーア&ワトソン,1999)。要するに,感情と神経中枢,筋運動,内臓活動の関係はスペンサーが想定したような一方向の単純な過程ではなく,フィードバック経路も含んだより複雑な過程なのである。

　しかし,時代の制約を考慮にいれると,スペンサーの笑い理論の先駆性と貢献は明白である。エネルギー論の観点から,笑いのしくみの骨格を明確に提示したスペンサーの理論は,後の世代に大きな影響を与えた。フロイトや木村のユーモア論は,スペンサー理論の影響の下に展開されている。また,ダーウィン(1872/1931)は,動物の感情表出を説明する原理として,連合的習慣,反対,神経系の直接作用の3つをあげたが,神経系の直接作用の原理ではスペンサーの笑い理論が参照されている。

(3) フロイト:節約による余剰エネルギーの快
　フロイトのユーモア論は,精神分析の原理を一般的心理に応用した3部作の最後の著作として『夢解釈』(1900),『日常生活の精神病理学』(1901)に続いて発表された『機知—その無意識との関係』(1905/1970)にまとめられている。幼児性欲説とエディプス・コンプレックスを定式化した『性欲論三編』(1905)も同時に書き進められていた。1928年には,「ユーモア」(1928/1969)と題したごく短い論文を発表し,『機知』(1905/1970)の最後に簡単にふれられていた狭義のユーモアについて,その後に確立された自我モデルのなかでの位置づけがされている。

第4章　ユーモア理論を概観する

　フロイトのウィーンは，20世紀の前半を飾る最先端の科学から思想，芸術が花開いた都だった。ウィーンを愛した世俗的ユダヤ人のフロイトは，ユダヤジョークの愛好家で自らもかなり辛辣なジョークを言っている。たとえば，研究の一部でフロイトの見解を越えたと思った弟子のシュテーケルが，「巨人の肩に乗ると小人でもより遠くが見えるといいますが。」などと言ったのに対し，「髪の毛のなかのシラミには見えないだろうがね。」などというきついジョークで返している。攻撃性は知的なジョークの形で発散していたようだ。一方，性欲に関しては理論的には近親相姦から幼児性欲説まで過激だったが，生活ではきわめて保守的だった。『機知』（1905/1970）では沢山のジョークが分析の対象になっているが，セックス・ジョークは，「雨傘は紳士には必要なものだが。そのうち乗合も必要になる。」という雨傘を妻，乗合を娼家にみたてたものが1つあげられているだけである。

　精神分析の出発点は，ヒステリー研究である。フロイトは当時のブルジョア階級の女性における性欲の抑圧が種々の症状として発現することを見いだした。そして抑圧された欲求を押さえつけるのではなく，その存在を認識し，より合理的に対処することができるように助けることによって，症状の改善が可能になると考えた。ここから，精神分析療法が発展していく。また，フロイトは，ヒステリーにおける，抑圧された欲求の身体的症状への転化を実際に見て，心的エネルギーの存在に強い印象を得たと考えられる。

　フロイトは，抑圧からの解放の福音は説かなかった。抑圧された攻撃性や性欲などをそのまま解放すれば，文明社会はなりたたないからである。『自我論・不安本能論』（1923/1970）における「自我とイド」では，自我モデルを提唱し，人間の心を無意識の攻撃性や性欲などの源であるイド（エス），これを禁止する親（とくに父親）や社会の規範を内面化した超自我，そしてこの両者の間にあって両者を仲介し現実への適応を図る自我（エゴ）の三者の相互作用として定式化している。自我モデルの言葉をつかうと，治療の目的はイドを解放することではなく，だだっ子のようなイドと暴君のような超自我の狭間で翻弄されている自我を強化し，分別のある大人としての合理的な行動ができるよ

うにすることである。才能と勤勉で自らもブルジョアの一員となったフロイトが重視したのは，欲求と社会的規範の間で，大人としてのバランスをとることだった。

エネルギー節約と可笑しみの3分類

　フロイトのユーモア論は，余剰エネルギーの快というスペンサーの理論を踏襲している。ただ，スペンサーが笑いの表出活動に着目し，可笑しみのタイプはまったく問題にしていなかったのに対し，フロイトはドイツ語圏でジャン・パウルやショーペンハウアー以来議論されてきた可笑しみの3分類を前提に議論を進めている。さらに，フロイトは余剰エネルギーが，3種類の可笑しみでそれぞれ異なったしくみのエネルギーの節約によって生ずると想定している。フロイトのユーモア論は，周到かつ慎重に展開されているが，3種類の可笑しみに対し存在する，それぞれ異なったしくみのエネルギーの節約という最終結論に向けて，強力というか強引に論が組み立てられている。（節約して後の楽しみという可笑しみの快の位置づけは，フロイトの治療方針とも，ブルジョアとしての生活スタイルとも合致するので，大好きなユーモアをそういう位置づけにしたかったというような気もするが。）

　3タイプの可笑しみだが，最も基本となるのは滑稽（ドイツ語ではコミッシュ，英語ではコミック）である。滑稽に関しては，フロイトは可笑しみの原型となるものとして重視しているが，過去の大家の見解が様々であることを紹介し，自分にこの難問の解決ができるとは思えないなどと書いている。滑稽に関しては，幼児の素朴で未熟な運動や行動の可笑しさやこれと関連した模倣や誇張などの簡単な分析を試みている程度である。フロイトの分析の中心は，2番目のタイプの機知である。機知はドイツ語ではヴィッツで，英語でも最初はウィットと訳されたが，現在はジョークと訳されることが多い。機知に関しては，フロイト自らが収集した多くのジョークにおける言葉の圧縮やナンセンスの詳細な分析がなされ，快の源泉，機知の人称構造，注意の役割など，組織的で本格的な議論が展開されている。3番目のタイプであるユーモア（ドイツ語ではフモール）は可笑しみ全体をカバーする広い意味ではなく，逆境に対する対処

などで用いられる適応的な方略としての狭い意味のユーモアである。ユーモアに関しては，その価値は高く評価されているが，滑稽と機知の補足としてのべられているにすぎない。

　フロイトは3タイプの可笑しみを，可笑しみが生起する場の人称構造の違いとして位置づけている。滑稽は，子どもの幼稚な行動を大人が笑うなど，滑稽とみなされる人間と滑稽さを感ずる人間の二者関係の場で生ずる。ジョーク（機知）はジョークを話す人と，ジョークの対象となる人，それにジョークの聴き手の三者関係の場で生ずる。先に示したフロイトの攻撃的ジョークの例で言えば，ジョークを話すのはフロイト，対象はシュテーケル，聴き手は他の弟子たちである。ジョークによっては，ジョークの対象は特定の人物ではなく，集団だったり，より一般的な対象だったりすることもある。狭義のユーモアの例としては，月曜日の朝，処刑される囚人が，「ふん，今週も幸先がよいらしいぞ」といった絞首刑台のユーモアが紹介されている。これは，話し手が自分，聴き手が自分の一人称のユーモアである。聴衆が存在することもあるが，一人称の語りを脇から聞くという程度の位置づけになる。

滑稽

　フロイトは，滑稽の快が対象の幼児的な運動や行動と大人としての運動や行動との比較によって生ずると考える。一番単純なのが，だぶだぶの服を着た人を笑うなど，他者に幼児的な運動や形態の滑稽，精神的な未熟さや失敗などを見いだす場合である。もうすこし複雑なのが，誇張や状況の反復，真似，暴露などの場合で，これをフロイトは，他者間の比較によって滑稽さを見いだす場合としている。フロイトによれば，いずれの場合も滑稽においては対象に対して幼児性への格下げが行われている。幼児性への格下げでは，自らの大人の基準からすると対象に対してはより少ないエネルギーしか消費されないので，余剰のエネルギーが生ずる。滑稽では大人の行動との対比における幼児的運動や行動の表象において，節約された余剰のエネルギーが可笑しみとして経験されるとフロイトは考えた。

機知と抑圧

　フロイトのユーモア論の中心は機知である。『機知』(1905/1970) では，親戚の富豪から Famillionar (= Familiar + Millionaire) に扱ってもらったというハイネのジョーク（ハイネの妻の実家は実際に百万長者で，ハイネは貧乏な詩人の娘婿としての疎外感を味わっていたらしい）など多くのジョークが詳細に分析されている。主要な結論は，ジョークにおける表現の圧縮である。フロイトはここでも，機知の表現の快を圧縮表現によるエネルギー節約による余剰エネルギーの快として位置づけている。ただ表現の圧縮によって節約されるエネルギーは大きなものではない。より大きな機知の快はその内容からくる。フロイトはこれを傾向的機知と呼び，その主要テーマは性欲と攻撃性であるとした。傾向的機知では，抑圧されていた性欲や攻撃性が，巧妙な機知表現の快に擬装され，聴き手における検閲をかいくぐり不快感なしに表現される。ここでは，性欲や攻撃性の抑圧に要していた膨大な心的エネルギーが節約され，大きな余剰エネルギーが生ずる。機知表現の快は，いわば呼び水のようなもので，聴き手は快が表現の節約からくるのか抑圧の節約からくるのか区別できず，表現の巧みさに大笑いしているなどと錯覚してしまう。フロイトは，ここから機知の短さを，注意を表現特徴にひきつけて，呼び水の快と抑圧解除の大波の快とを混同させる役割を持っていると推測している。

　傾向的機知における抑圧節約の快は，マーチン (2007/2011) で詳しく紹介されているように，多くの調査や実験による検証の対象となった。攻撃的，性的なテーマのジョークの可笑しみ評定に，事前の攻撃性の喚起や評定者のパーソナリティーがどう影響しているかなどの研究である。事前の攻撃性の喚起は，攻撃的ユーモアをより可笑しく感じさせるなどの結果も出ているが，肝心の抑圧節約の快に関しては結果は否定的である。攻撃的なジョークでも性的なジョークでも，攻撃性や性的な話題を好み，行動も積極的な抑圧とは無縁な評定者の方が，攻撃的なジョークや性的なジョークを好むのである。精神分析における抑圧仮説は，心的外傷経験後の記憶の抑圧などに関しても批判されているが（ロフタス & ケッチャム，1994/2000；ボナーノ，2009/2013），機知における

抑圧節約説も旗色が悪い。また，フロイトは傾向的でない機知の例をあげている。このお菓子（ルラード）は自家製ですかと問われ，「ええホーム・ルラードですから」と答えたケースである（フロイト，1905/1970）。優越説の主張者は，これにも政治的な状況をふまえた（ホーム・ルールという自治の主張のほのめかし）攻撃的な意図があるなどと指摘し，結局，フロイトは傾向的でないジョークの例は提示できなかったと結論づけている（ビリッグ，2005/2011）。

　フロイトの機知論は，中心となる抑圧節約説については否定的な評価が多いが，機知に関して，今日でも参照する価値のある多くの興味深い議論をしている。たとえば，フロイトが提案した巧妙な表現の快の注意を引きつける効果は，ジョークの気晴らし機能（ストリックほか，2010）において現在も研究が続けられている。単純接触効果に関する処理の流暢性仮説では，接触頻度が増すと肯定的評価が増す理由を，処理がよりスムーズに進むようになるからと説明している（カーネマン，2011/2012）が，フロイトの節約説を流暢性仮説などとの関連で再解釈することも可能かもしれない。また，ジョークを話し手，対象，聴き手の三者関係でとらえる視点の重要性は，アプターやマーチンがあらためて指摘している。

狭義のユーモア

　フロイトは狭義のユーモアを自我防衛機制の1つとして位置づけている。自我防衛機制は，自我を不安や脅威から守る方略で，否認（受け入れがたい現実を知覚しないよう拒絶すること）や投射（被害妄想のように，受け入れがたい自分の衝動や情動を，他人のなかに認めること）のように原始的で不適応的なものもあれば，昇華（性的欲求や攻撃欲求など社会的に許容されない本能的な欲求を容認可能な行動に変容して充足させること）のように，より成熟して適応的なものもある。自我防衛機制は，後にストレス対処や感情調節として発展した心理学の分野の源流となっており（グロス，1998），実証的な研究の裏付けも得られている部分が多い（マッカダムス，2008）。フロイトの機知論に厳しいマーチン（2007/2011）も，狭義のユーモアに関するフロイトの説を，ユーモアによるストレスコーピング研究（シーワード，2013）の原点として高く評価してい

る。フロイトは，狭義のユーモアで節約されるのは，不安など自我への脅威によって生ずるネガティブな情動のエネルギーだとしている。ネガティブな情動の緩和の結果が可笑しみというより，可笑しみや関連した認知によってネガティブな情動の緩和がもたらされると考える方が自然ではないかと言う気がするが，節約にかけるフロイトのコミットメントは一貫していることが分かる。フロイトは「ユーモア」(1928/1969)のまとめ部分で次のように書いている。超自我における，叱責する親ではなく，養育する親の側面は，後に，交流分析における批判的な親に対する，養育的な親として導入されることになる（バーン，1982)。

「いってみれば，ユーモアとは，ねえ，ちょっと見てごらん，これが世の中だ，随分危なっかしく見えるだろう，ところが，これを冗談で笑い飛ばすことは朝飯前の仕事なのだ，とでもいうものなのである。おびえて尻込みしている自我に，ユーモアによって優しい言葉をかけるものが超自我であることは事実だとしても，われわれとしては，超自我の本質について学ぶべきことがまだまだたくさんあることを忘れないでおこう。ついでながらいうと，人間誰しもがユーモア的な精神態度をとれるわけではない。それは，まれにしか見いだされない貴重な天分であって，多くの人々はよそから与えられたユーモア的快感を味わう能力をすら欠いているのである」(p. 411)。

フロイトのユーモア論の貢献

フロイトのユーモア論は，3種類の可笑しみを心的エネルギーの消費の節約という観点から一貫して解釈しようと試みている。消費の節約による可笑しみの快の説明は裏付けがとれなかったり，別の解釈の方が適切と思われる部分もあるが，幼児的な滑稽の快を基盤においたフロイトの理論は，独自の発達的な視点から展開されている。以下は，『機知』の結びの文章である。

「機知の快感は節約された抑制の消費から生まれ，滑稽の快感は節約された表象（給付）の消費から生まれ，ユーモアの快感は節約した感情の消費から生まれてくるように思われる。われわれの精神器官の三様の働き方において，快感は節約に由来している。この3つはみな，精神的活動から，本来その活動の

展開によってはじめて失われるにいたったところの快感を再獲得する方法を示しているという点で一致する。というのは，われわれがこのように到達しようと努めている上機嫌は，そもそもわれわれが心的作業をごく僅かな消費でまかなうのをつねとした時代の気分にほかならず，われわれが滑稽なものを知らず，機知もできず，ユーモアも用いることなくして生活に幸福を感じえた子どもの時代の気分にほかならないのである」(pp. 420-421)。

(4) バーライン：最適刺激の快

心理学の歴史においては，覚醒度あるいは刺激強度と快の関連については，たびたび理論化が試みられてきた。最も早いのが，ヴント (1893) による研究である。ヴントは主に苦みと甘みについて刺激強度と快不快の関係を組織的に実験した（ツッカーマン，2007)。その結果が図4.1でヴント曲線と呼ばれる。ここでの縦軸は主観的に評定された快・不快で，横軸は刺激強度である。

適度な苦みがなぜ快か，疑問も生ずるが，ヴントの研究はビール会社の助成のもとでドイツで行われた研究なので当然かもしれない。いずれにせよ，刺激は適度な強さのときが快で，強くなりすぎると不快になる。刺激強度は刺激によって生ずる覚醒度と関連するので，横軸は覚醒ポテンシャルと言われることもある。やや後に，ヤーキース & ドットソン (1908) は，ネズミの実験で覚醒度と作業効率がヴント曲線と同様の逆U字関係になることを示した。これは後に人間も用いた多くの実験で確認され，ヤーキース・ドットソンの法則と呼ばれる。

精神分析のフロイトは，欲求が満足されない緊張状態を基本に，欲求満足の快を，欲求未充足緊張状態からの解放にもとめた。新行動主義のハルは，一次動因として有機体の生存に直接に結びついた食物や水などのホメオスタシス性の動因を想定した。一次動因が高まった状態は不快であり，動因低減が快をもたらすことになる。精神分析と行動主義は，学派としては対極的な位置にあるが，どちらも不快については欲求未充足の高覚醒状態を，快については欲求充足による低覚醒状態を想定していた。

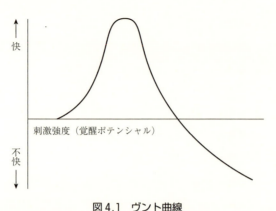

図4.1 ヴント曲線
(出所) シルビア (2006) にもとづき筆者作成。

　1950年代以降になると，脳幹における毛様体賦活系について，大脳皮質との相互作用における適度な水準での覚醒度維持の役割に注目が集まるようになった。こうした理論的な進歩を背景に，ヴント曲線やヤーキース・ドットソンの法則における，逆U字曲線などの経験的知識が参照され，作業能率や快不快に関して，最適覚醒水準説が唱えられるにいたる（ヘッブ，1949）。

　バーラインは，フロイトを愛読し，ハルの影響のもとに多くの実験的研究を行った心理学者である。行動主義から認知心理学への移行期において，刺激特性と動因について独自の理論化を試み，探索動機としての好奇心の研究では内発的動機付け研究の先駆けとなった。また，美的評価に関して複雑な刺激と覚醒度などの内的状態をモデル化した実験的アプローチを実施し，フェヒナーの精神物理学に続く，実験美学の基礎を築いた。バーラインの多くの著作には，ハルの新行動主義から抜け出し，独自の理論を模索する過程の記録といった側面がある。ここでは，バーラインの理論的試みにおける紆余曲折（シルビア，2006）は省略し，アプター (1982) やマーチン (2007/2011) にならって，バーラインを最適覚醒水準説の理論家として紹介することにする。

　バーライン (1972) は従来のユーモア研究について，特定の刺激に偏っており，ユーモアの快が説明できていないと指摘する。刺激に関しては，ユーモア

刺激の特徴は特定の内容というより構造的な側面にあるとし，刺激の構造的な側面は照合変数（collative variables）によってとらえられるのではないかと示唆する。照合変数は，探索行動や実験美学においてバーラインが組織的に研究を行った刺激特性で，新奇性，意外性，複雑性，変化，多義性，不調和などの特性の総称である。たしかに，照合変数は幅広いので，可笑しみ刺激の構造の鍵はこのなかに含まれているといってよさそうである。バーラインは関連する実験的知見として，言語的ジョークについても，疑似言語（文字を組み合わせて文章のように見せた，意味のない文字列）についても，可笑しみと複雑さ評定や理解可能性評定との関連は逆U字であることを指摘する。中程度の複雑さや難しさの刺激が最も可笑しいことは，刺激に含まれる照合変数が最適水準の覚醒度を誘導したことを示唆するとバーラインは考えた。

　中程度の複雑さや難しさの刺激がなぜ可笑しみを生ずるのか。ここでバーラインは，中程度の強度の刺激が最も快であるとのヴント曲線を援用する。最適覚醒水準説では，適度の覚醒度が最も快ということになる。ユーモアでは，適度の覚醒度をもたらすためには，覚醒度を上げるか下げるかして，適正な水準の覚醒度にする方法が考えられる。低すぎる覚醒度を上げるのは，覚醒上昇（arousal boost）である。たとえば，お笑い芸人がだれた感じのお客さんに挑発的なことを言ったり意外なことを言ったりするなどがこれにあたる。あらかじめ覚醒度が高すぎる場合には，覚醒降下（arousal jag）で覚醒度を適正な水準に下げる。緊張したお客さんをなごませるなどがこれにあたる。覚醒上昇降下（arousal boost jag）は，いったん意外性のあるズレた話で覚醒度を不快な水準にまで上げて，オチで納得させ覚醒度を適正な水準に下げるなどである。バーラインは，可笑しみの特徴として，時間的短さと，遊びとして受け取られ，真面目には受け取られないことを強調している。時間的短さは刺激による覚醒度の変化と対応していると見ることができるが，遊びとしての特徴づけはバーラインの理論には反映されていない。

　可笑しみや笑いの快を最適水準の覚醒と結びつける考えは，多くの実験的研究によって否定されている。2章5節で確認したように，可笑しみや笑いは交

感神経系が活性化した状態であり，主観的にも覚醒水準が高いほど可笑しみが大きいことが示されている（マーチン，2007/2011）。可笑しみの快を最適覚醒水準と結びつける試みは誤りである。また，照合変数のなかにユーモア刺激の特徴が見つかることは確かだろうが，照合変数は範囲が広すぎるので，「なくした財布は家のどこかにある」程度の役にしかたたない。

　バーラインの貢献は，問題を解いたことではなく，問題を設定した点にある。バーラインはハル流の行動主義の厳格で乾いた土地から出発し，内発的な動機付けとしての好奇心についての理論や，ユーモア，美的評価を複雑な刺激と覚醒水準という内的な状態との関連で位置づける枠組みを提案した。覚醒水準と快との関係や，遊びとしての特徴の関与についてはアプター（1982）が，バーラインの研究を踏まえて，統合的な理論を提出している。照合変数については，今日でも実験美学や好奇心研究の参照枠となっている（シルビア，2006）。

（5）木村：負荷脱離の現象学

　1982年，日本とイギリスでユーモアの統合理論が提案された。木村（1982）による『笑いのメカニズム』とアプター（1982）による『反転理論』である。木村（1982）が余剰エネルギー説にもとづき，アプター（1982）が覚醒水準と快の関連にもとづくという点は異なるが，どちらもエネルギー理論の流れの統合化の試みで，サイバネティクスにおける情報処理モデルと現象学的観察を結びつけようとする点が共通している。アプターの試みの背景については，章末のコラムのインタビューでのべられている。木村の場合は，サイバネティクスの人間社会科学への適用に関しては吉田民人の影響があり，現象観察とモデル化の接合に関しては安永（1992）によるファントム理論などの分裂病研究を背景にしている。

笑いの負荷―出力モデル

　木村（1982, 1983）による『笑いのメカニズム』の中核は，フロイトの余剰エネルギーの快の説を受け継ぎながら，これにスターン（1954）による価値無化の説を融合させ，節約の快ではなく，負荷脱離の快の笑いを唱えた点にある。

笑いにおいて負荷脱離がなぜ生じるかについては，ピアジェが導入した図式概念を使ったサイバネティクス的な処理モデルを用いて説明を試みている。

　備給（カセクシス）とは，精神分析の用語で，表象対象に心的エネルギーを付与することである。フロイトは，滑稽の快について，幼児的な行動の表象に対する心的エネルギーの備給は，大人の社会ルールの制約のもとにある行動に対するよりも心的エネルギーの備給が少なくてすみ，この節約による余剰エネルギーが滑稽の快をうむと主張した。木村（1983）は，さらに一歩すすめ，スターン（1954）の価値無化の笑いを援用し，各表象への適正水準の心的エネルギーの備給量の落差が可笑しみを生むだけではなく，笑いにおいては価値の無化が生じ，表象への心的エネルギーの備給がゼロになり（これを負荷脱離という），大きな余剰エネルギーが生ずると考えた。これはスペンサーによる下降性の不一致ともフロイトの節約とも異なるしくみによる余剰エネルギーの産出である。

　図4.2にはスペンサー理論における下降性の不一致による笑いと上昇性不一致による驚嘆のしくみが図解されている。縦軸は各表象が要求し，またそれに対して出力される心的エネルギーの水準である。たとえば，芝居のクライマックスで悲劇の主人公が出てくると期待していたら（C_1），子犬が紛れ込んだとする（C_2）。悲劇の主人公の予期が原図式で，子犬が異化図式である。適正出力は子犬の方が小さいのでこの差（LP）が余剰エネルギーとなる。また，紛れ込んできたのが大スターなどであったら（C_3），備給すべきエネルギーの不

---

(2) 木村は，対象に付与される心的エネルギーを一般化して負荷（weight）とよんだ。木村によれば，対象のリアリティーは表象×負荷によって生まれる（木村，1995）。負荷脱離では，価値の無化によって負荷が突然ゼロになり，大きなエネルギーの余剰が生ずる。負荷脱離による笑い理論の大枠は，フロイトによる幼児的な行動表象に対する心的エネルギーの備給の少なさによる余剰エネルギー説と近いが，幼児的な行動表象ではなくよりラディカルに価値無化を想定した点と負荷というより一般的な概念を用いた点が異なる（雨宮，2001）。
(3) 図式とは環境との相互作用における知識や活動の基本的枠組みをいう。この例では対象を悲劇の主人公の枠組みでとらえようとしたのが原図式，実は犬だったという認識をもたらすのが異化図式である。

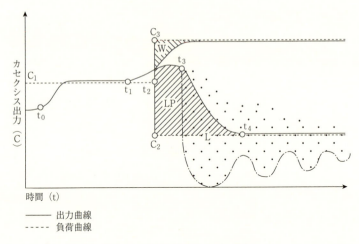

図 4.2 笑いの負荷―出力モデル

(注) C_1は原図式の適正入力,C_2,C_3は異化図式への適正入力,t_0は1次刺激受容時点,t_1は2次刺激受容時点,t_2は異化図式発見時点,t_1〜t_2の部分は覚醒上昇(arousal-boost),t_3は干渉による負荷離脱時点,t_4は平常時の出力調整終了時点,LPは余剰エネルギーで,「笑い」の起動ポテンシャル,Wは不足エネルギーで,「驚き」量に相当,Lは笑いによって放出されるエネルギー。

(出所) 木村(1983)

足(W)が生じ,笑いではなく,驚嘆が生ずるだろう。以上がスペンサーによる下降性不一致による笑いと上昇性不一致による驚嘆である。

図式の干渉による負荷脱離の笑い

　木村(1983)が考えた負荷脱離による笑いは,悲劇の主人公と子犬が要する適正な心的エネルギーの落差ではなく,同化の共振によって生ずる(同化はピアジェによる概念で,図式を対象や出来事の解釈に適用することを言う。これに対して,調節は対象や出来事に合わせて図式を修正することである)。悲劇の主人公と子犬は,あまりにも異質でおかしなとりあわせで,この両義性の統一的解釈は不可能である。木村(1983)は,こうした場合には,LPが呼び水となり,原図式,異化図式双方に対する心的エネルギーの備給がキャンセルされる負荷脱離が生ずると想定する。これが図4.2のLに相当する。負荷脱離によって,いったん備給はゼロになるが,可笑しみと笑いがおさまるにつれ,備給は変動

しながら異化図式のレベルまで回復すると想定する。図の波線はそれをあらわしている。以上のように，「悲劇の主人公と思ったら，子犬，なんじゃこれは，ご破算にしよう」という負荷脱離では，悲劇の主人公と思ったけど，実は子犬だったいう下降性の不一致の際よりも，より多くのエネルギーが余剰化して，より大きな可笑しみと笑いを生じさせうることになる。

　われわれは，原図式で同化不能な事態に出会うと，原図式の調節を試みて，それでも同化できないと「おかしい」と首をかしげるが，木村（1983）は，これが「可笑しい」に通じていることを指摘している。同化不能性が，なぜ図式適用における発振を生ずるのか，木村（1983）は，これには2つの場合があるとして，次のように説明している。

　「ひとつは刺激集合に両義的なパターンが含まれている場合で，その刺激の同化をめぐって，それぞれ首尾一貫した意味をもつ2つの図式，「原図式」と「異化図式」が競合し，干渉することになる。多くのジョークやウイット，地口などはこの両義性の発振パターンを踏襲していると言えよう。

　もうひとつは，刺激集合がある図式に同化可能なパターンを示しながら，その図式への同化を妨げるような，それ自身としては意味のないパターン（「異化パターン」）を含んでいる場合で，いわゆるナンセンスなジョークや「福笑い」などのおかしみは，この種の非一義的な発振によると考えることができる。」(pp. 18-19)

　では，なぜ図式適用つまり同化における発振が，負荷脱離をもたらすのか？木村（1983）は次のように推測している。

　「相違性と類似性をめぐって情報を自在に結合あるいは解離しながら分類・同定を進めていくヒトに特有のシンボル性パターン認知は，その特性上，似ていて同時に食い違い，したがって分類も同定もできにくい矛盾した状態に頻繁に逢着するはずであって，ヒトの脳は，その瞬間〈笑い〉によって〈負荷〉をはずし，同化機能をキャンセルすることによって，一時に一個の図式しか作動できないわれわれの精神が混乱に陥るのを未然に防止していると考えられるのである。

しかも，この〈笑い〉による〈負荷脱離〉メカニズムは単なる保護回路としての機能をもつだけではない。というのは，もしそのような両義的事態が生じた場合即座にパターン認識と図式作動の連結が解除されるとすれば，〈干渉〉の恐れがなくなるため，パターン認識の精度と異元結合の能力つまりシンボル能力を飛躍的に高めることができると同時に，図式の選択的作動能力の向上によって図式のストック量も一挙に増大することが可能となるからである。」
（pp. 29-30）
　以上が，図式の干渉による負荷脱離の笑いの説明である。

勝利の笑いと絶望の笑い

　木村（1983）は，余剰エネルギーの観点から，干渉によらない勝利の笑いや絶望の笑いも説明している。以下，木村（1983）の記述を引用する。
　「最後に，本章で提示した笑いの生理—力学モデルは，十分に急激で落差のある負荷の変動は，ほとんど〈干渉〉らしい干渉なしでも，カセクシス回路を切り離してしまう可能性を暗示する。いわゆる「勝利」もしくは「成功」の笑い〈とくに他者との比較を合意しないような〉はおそらくこのメカニズムによるものであって，それまで強いエネルギーの供給をうけていた〈負荷〉つまり「目標」が突然実現してしまうために，一瞬無負荷状態となって〈笑い〉が生まれると考えることができよう。
　これに対し，目標を喪失しても，一種の無負荷状態が生じうる。一瞬のうちにすべてを失ったときなどに見られるあのヒステリックな「絶望の笑い」は，おそらくこの〈負荷喪失〉によるものである。」（p. 48）
　絶望の笑いについては，阪神大震災の際，自宅は無事かと帰ってみたら，あたり一面が崩れ落ちていて，なぜか笑ってしまったなどというエピソードが知られている。

笑いによる解脱

　さらに木村（1983）は，負荷脱離（脱備給）の現象学的観察を通じて，愉快な空無という，笑いによるある種の解脱について論じている。
　「この負荷脱離が瞬間的に生じると，ここに一瞬奇怪な事態が成立する。つ

まり，知覚野に表象図式は現前（もしくは残存）しているが，この表象をリアルに体験させるはずのエネルギー（賦活信号）がそれまでのように供給されてこないのである。ここで，ある表象図式について体験されるリアリティは，その図式に供給されるカセクシス・エネルギーの増大関数である，というわれわれの仮定を想起していただきたい。この仮定に従えば，理論的には〈笑い〉のこの局面において，その表象はそれまで持っていた〈リアリティ〉を一挙に脱失し，というよりも〈愉快な空無〉として体験されるのでなくてはならない。」
（pp. 49-50）

「実際の〈笑い〉においては，この〈愉快な空無〉のうち〈愉快感〉が前面に出る場合と，対象の〈空無〉の知覚が前景に出る場合がある。これは笑う主体の注意というよりも意図の方向にもよるが，理論的には，常日頃強力なカセクシスを受けている，つまり非常にリアルな対象図式が〈ズレ〉た場合には，その対象の〈空無〉が目立ち，全般的に出力の高まったとき（「遊」んでいる場合）などに，些細な図式が〈ズレ〉た場合には（これも出力次第で大きな笑いになりうる）ほとんど愉快感だけが体験されるものと思われる。」(p. 50)

木村の笑い理論の貢献

　木村（1982，1983）による笑い理論は，ピアジェの図式概念，余剰エネルギー説，精神分析的備給（カセクシス）理論，スターンの価値無化説を統合した，独創的な試みであると評価できる。図式概念を用いているので，くすぐりなども感覚運動図式におけるズレとして扱えている。説明理論としては，余剰エネルギーを説明の中心としているので，スペンサーやフロイトの場合と同じ難点を持っているが，エネルギー概念に図式概念を組み合わせて豊富な事例を整理し，的確な現象観察との対応もあるので，笑いをとらえる足場として，フロイトとはまた別の切り口を提示している。中核となる干渉による負荷脱離説は，まだあまり進んでいない認知と感情との関連の研究において，デネットらのバグ検出の報酬説と同じく，興味深い仮説であり，今後の検討課題として位置づけられるだろう。干渉による負荷脱離より，絶望の笑いにおける負荷喪失の方が，実証的研究の糸口としては，より扱いやすいかもしれない。スターン

の価値無化説と精神分析における心的エネルギー論を結びつけた愉快な空無論は，東洋哲学における解放としての無などの思想にも結びつく独自の貢献である（アメミヤ，2008）。

（6）反転理論：認知シナジーとパラテリック状態

　覚醒水準と快との関連について言えば，フロイトやハルは欲求に突き動かされる高覚醒の状態を基本的に不快，欲求が低減した低覚醒の状態を快ととらえた。ヘッブやバーラインは，低覚醒状態は退屈で不快，高覚醒の状態は不安で不快，その中間の最適覚醒水準が快であると想定した。これらに対して，チクセントミハイやアプターは高覚醒の快の存在を主張した。20世紀前半の代表的理論家による低覚醒の快を基本とする学説，20世紀半ばにおける最適覚醒の快の理論化，20世紀終わりにおける高覚醒の快の重要性の指摘と，社会が豊かになるにつれ，高覚醒の快も重視され研究の焦点があたるようになったのかもしれない。

　チクセントミハイ（1990/1996）は，仕事や遊びの場面における熱中状態の頻度を経験サンプリング法（1日何回かそのときの経験を調査し，これを何日分か集計する手法）で調査し，この熱中状態をフローと名付け，フロー経験をスキルと課題の難しさとの関連で位置づけた。フロー経験の頻度が高い人は「自己目的的パーソナリティ」あるいは「オートテリック・パーソナリティ」（Autotelic Personality）と呼ばれ，一般に心理的ウェルビーイングが高いことが示されている。

　アプター（1982）は，最適覚醒水準説の想定とは異なって，高覚醒がかならずしも不快ではなく，快になる場合もあることを指摘した。たとえば，ジェットコースターでの興奮の快やホラー映画を楽しむ場合などである。また，笑いについても，バーラインの想定とは異なって，覚醒度が高いほど快であることが示された。アプターは，こうした事実を説明するために反転理論（Reversal Theory）を考案した。

　チクセントミハイのフロー理論は，心理学の外まで広く知られているが，反

第4章 ユーモア理論を概観する

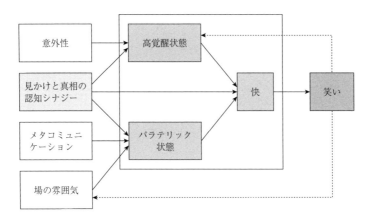

図4.3 反転理論による可笑しみの快と笑いの説明
(出所) アプター (1982) にもとづき筆者作成。

転理論はあまり知られていない。認知心理学者のスタンバーグは，アプター (2001) の書評で，反転理論を心理学における隠された秘密の知識だと評している。反転理論の概要については雨宮・生田 (2008) に，反転理論におけるユーモア論については雨宮 (2010a, 2014) で解説されている。また，反転理論の基本的な考え方については，章末のコラム「アプターが語る反転理論とユーモア」にのべられている。ここでは，これまで紹介してきた他の説とも比較しながら，反転理論におけるユーモアの説明について簡単に紹介する。

アプター (1982) のユーモア理論は，ユーモア刺激の評価に関して見かけと真相の認知シナジーを，可笑しみの快についてはパラテリック (Paratelic) 状態における高覚醒によって生ずると想定し，図4.3に示すような，ユーモア過程のモデルを提案した。

パラテリックとは，テリックと対になる，メタ動機付け状態で，活動志向の遊び状態である。テリックは逆に目的志向の真面目状態である。テリックはギリシャ語の目的 (テロス) からきており，パラは"超えて"とか"副次的"という意味である。メタ動機付けは，攻撃や回避，達成など種々の活動の具体的な動機付けそのものではなく，動機付けを位置づけるある種の認知的な構えを意味

163

する。たとえば，同じ攻撃でも，パラテリックな遊びとしての攻撃か，テリックな真剣な攻撃かの別は，メタ動機付け状態の違いによることになる。

図4.3のモデルには，刺激の意外性の高覚醒への影響，声の調子などのプレイ・シグナル（3章2節参照）によるメタコミュニケーションや笑い声などによる場の雰囲気によるパラテリック状態の誘導など，可笑しみの快の発生から笑いにいたる因果関係が総合的にとらえられている。以下，見かけと真相の認知シナジー，特性としてのパラテリック優位，パラテリック状態と高覚醒状態，理論の評価の順で解説する。

見かけと真相の認知シナジー

認知シナジーは，対象に対する相互に矛盾する2つの認知の共存をさす言葉である。たとえば，人が歩いていてバナナの皮を上手によけたと思ったら，マンホールに落ちてしまったとする。ここでは，対象となる人についてすばしこいという認知とまぬけなという認知が共存している。すばしこいという認知が見かけでまぬけなという認知が真相である。そして，対象の価値は真相のまぬけさの方が見かけのすばしこさより小さい。アプター（1982）は，可笑しみが生ずるための認知評価の条件を，スペンサーの下降性比較と同様に，見かけより真相の価値の方が小さいことだとしている。ただ，ここでの小ささは，いろいろなケースを含んでいて単純ではない。まず，小さいというのは，かならずしもネガティブという意味ではない。たとえば，オズの魔法使いで，怖そうなライオン（見かけ）が，実際は温和だった（真相）というような場合，可笑しみは生ずるが，温和な真相は小さくてもプラスの価値で，大きくてマイナスの価値の怖そうな見かけより必ずしも価値は低くはないが，価値の大きさの減少は生じている。反転理論での価値縮小は，スターンのような，価値低下と価値無化の比較のうえで定式化されていないので，やや曖昧だが，単純な価値低下ではなく，価値無化に近いところがある。要するに，反転理論において，可笑しみを生じさせる認知シナジーは，真相は見かけよりささいなものだ，脅威とはならないものだという認識であって，ネガティブな唾棄すべき，恐ろしいものであるという認識ではない。

第4章　ユーモア理論を概観する

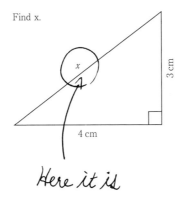

図4.4　子どもの数学
（注）「xを見いだせ（Find x）」→「ここにあります（Here it is）」
（出所）http://oculartrauma.wadeclarke.com/ の画像を参照した。

　認知シナジーの基本は，ケストラーの二元結合（本章3節参照）に近いが，見かけから真相への価値の縮小を追加することによって，スターンの優越理論が扱った要因をもとりいれ，多くの可笑しみが無理なく説明できるようになっている。たとえば，「反転理論は apt（利発なという意味）にいろいろな理論を利用して，さすがにアプターだけあるね。」などというジョークは，見かけは真面目な理論評価に，真相としての地口の不謹慎さを共存させ，可笑しみを生じさせている。明らかに怖がった声で，「怖がるな」などといった場合は，真相が声の調子，見かけがメッセージの内容である。スラップ・スティックなどは，見かけは意志をもって行動する人間が，真相としてはモノのようにあつかわれてしまう可笑しさである。アプター（1982）によるとベルクソンが可笑しみの原因として指摘する機械的こわばりは，価値の大きい見かけとしての人間と価値が小さい真相としての機械という認知シナジーの一例にすぎない。図4.4の例では，見かけは立派そうなピタゴラスの定理の数学だが，真相は子どもっぽい文字遊びである。

　反転理論の認知シナジー説では，サルス（1972）による不調和解決モデルなどとは異なり，ジョークの可笑しみが生ずるためには，必ずしもオチは必要は

ないと想定している。アッタルド（1994）の一般言語ユーモア理論では，不調和の認識までの段階で可笑しみは生じ，不調和の解決はかならずしも必要ないとしている。これらの研究に対し，ワイアー＆コリンズ（1992）は，反転理論の認知シナジー説は，テキスト化されたジョークだけではなく，日常生活における地口なども含めて広い範囲の可笑しみについて，必要十分条件に近いところまで定式化できたと評価している。

　くすぐりなどの身体的な可笑しみについても，見かけは侵犯だが，真相は親和的などとすると，価値はマイナスからプラスになっているが，重大性は縮小しており真相とみかけの認知シナジー説と符合するという解釈は可能かもしれない。変な顔やしぐさなどの滑稽は，フロイトが滑稽論で試みたように，大人の標準を見かけとすれば，説明可能かもしれない。いずれにせよ，反転理論は，不一致を見かけと真相の認知シナジーと設定し，優越論と関連した価値の縮小という条件を導入することにより，広い範囲の可笑しみの説明ができることを示している。

テリック状態からパラテリック状態への切り替わり

　図4.3で示されたユーモア評価のモデルにおいて，認知シナジーは3つの役割を持っている。1つは覚醒度の上昇である。これはバーラインが照合変数による最適覚醒水準の誘導で述べた点と対応しており，認知シナジーでは矛盾する刺激が含まれるので，妥当な予測であり，実験的な裏付けもされている（アプター，2001，2006）。2つ目は，可笑しみへの直接効果である。パラテリック（Paratelic）状態のもとでの，矛盾した刺激は興味や可笑しみを生ずるが，テリック（Telic）状態では，矛盾した刺激は不安や戸惑いを生むとアプター（1982）は主張している。3つ目は，認知シナジーによるパラテリック状態の誘導である。一般にユーモア刺激の評定実験は，まじめなテリック状態で沢山のジョーク文などを評定する形で行われることが多い。そうするとテリック状態のもとで行われる評定実験では，実際の可笑しみではなく，「可笑しいだろう」という程度の評定をひろってしまうことになる。本当の可笑しさは，テリック状態がパラテリック状態へ切り替わることによって生ずる。ワイアー＆

コリンズ（1992）は，こうしたパラテリック状態への切り替わりが，ネルハルト（1970）による有名な重り比較実験で生じたと考えている。重り比較実験は単純である。被験者に重さ評定の実験だと言って，目隠しをし一連の似通った重さの重りを与え，前の重りよりも重くなったか否かを問う。実験が進んだところで，突然に非常に重いか，非常に軽い重りを与える。多くの被験者は，これに可笑しみを感じて笑ったことが報告されている。ワイアー＆コリンズ（1992）は，ここでの可笑しみは，社会的状況の認知によるもので，真面目な実験だと思っていたものが，目隠しをしての遊びとして認識されたためだと解釈した。反転理論の用語で言えば，テリック状態からパラテリック状態へのシフトが生じたことになる。

特性としてのテリック優位とパラテリック優位

　テリックとパラテリックの対比が反転理論の要である。章末のコラムのインタビューに示されているように，理論のきっかけは，アプターの父である児童精神科医のスミスが，相談に来る子どもに，いたずら好きで刺激がないと退屈してしまう子どもと，生真面目で刺激が強いと不安になる子どもとの異なったタイプがあることに気づいたことだった。スミスは，前者をパラテリックな子ども，後者をテリックな子どもと名付けた。後に，スミスとアプターは，これを個人のタイプではなく，動機付け状態のちがいであり，同じ個人でも，活動志向のパラテリックな状態になったり，目標志向のテリックな状態になったりするとした。テリックな状態が多い人はテリック優位，パラテリックな状態が多い人はパラテリック優位である。感情心理学の用語で言うと，優位性は特性で，状態と特性の区別に相当する。反転理論では，特性としてのテリック優位とパラテリック優位を測定する尺度（マーガトロイドほか，1978）と状態としてのテリック状態とパラテリック状態を測定する尺度（スベバク＆マーガトロイド，1985）が開発されている。これらは，生真面目─遊戯的，計画性─自発性，低覚醒志向─高覚醒志向の3つの側面から，状態と特性を測定するものである。生真面目で計画的，低覚醒志向なのがテリック，遊戯的で自発的，高覚醒志向なのがパラテリックになる。

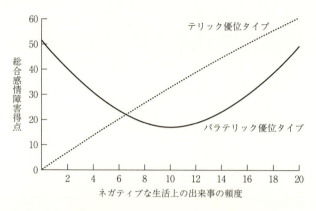

図4.5 動機付けスタイルによるストレスの影響の違い
(出所) マーチンほか (1987)

　図4.5はマーチンら (1987) が，テリック―パラテリック優位性尺度を用いて，大学生の生活上のストレスと精神的健康の関係を調べた結果である。精神的健康の指標は，POMS (Profile Of Mood States: 気分状態により精神的健康を査定する尺度) を用いて，「緊張」「抑うつ」「怒り」「疲労」「混乱」の5つのネガティブ気分得点から「活気」のポジティブ気分得点を引いた総合感情障害得点を用いている。総合感情障害得点が低いほど精神的に健康であることを意味する。生真面目で計画的，低覚醒志向なテリック優位タイプの学生と，遊戯的で自発的，高覚醒志向のパラテリック優位タイプの学生で，ストレスと感情障害得点の関係に明白な差が見いだされた。テリック優位の学生は，生活上のストレスになる出来事が少ないほど，感情障害得点は低くなる。これに対し，パラテリック優位の学生は，ストレスとなる出来事と感情障害得点はU字関係を示す。図4.5に示されているようにストレスとなる出来事が多い場合に感情障害得点が高いのは両群に共通だが，ストレスになる出来事が少ない場合，テリック優位な学生は安心するのか，最も低い感情障害得点を示すのに対し，パラテリック優位の学生は退屈するのか，感情障害得点がかえって増してしまう。

動機付け状態により異なる覚醒水準と快不快の関係

　アプターはヘッブやバーラインが唱えた最適覚醒水準説を否定し，テリック

第4章 ユーモア理論を概観する

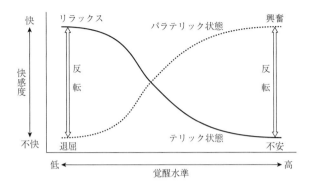

図4.6 動機付け状態による覚醒水準と快・不快の対応の反転

かパラテリックかの動機付け状態により，覚醒水準と快不快の関係は異なるとした。アプターによると，図4.6に示されたようにテリック状態では，覚醒水準が低いとリラックスの快に，覚醒水準が高いと不安の不快になる。逆にパラテリック状態では，覚醒水準が低いと，退屈の不快に，覚醒水準が高いと興奮の快になる。この2つの関係は，図4.6に示したように，動機付け状態の変化により反転する。反転理論の名前はここからきている。2章で紹介したように，笑いは高覚醒の状態であり，アプターによると笑いの可笑しみはパラテリック状態における高覚醒の快の興奮である。この状態は，図4.3のモデルで示されたように高覚醒状態とパラテリック状態を前提として生ずる。

アプター（1982，1992）は，パラテリック状態かテリック状態かを決定する要因として，安全性の認識をあげている。ホラー映画やジェットコースターにおける高覚醒を楽しめるのは，本当の危険はないという認識（防御フレーム）があるからである。ロッククライミングの高覚醒の快を興奮として楽しめるのも，自分の技量に対する自信が防御フレームとなっているからである。ジェットコースターの整備や自分の技量に対し疑念が生じ，本当の危険を感じるとテリック状態になり，高覚醒は不安としてしか経験されない。この安全性の認識は，3章で説明したように遊びが生ずるための基本的条件であり，テリック・パラテリック尺度における，生真面目―遊戯的，計画性―自発性，低覚醒志向

一高覚醒志向などよりも，より重要な要因かもしれない。

アプターは，パラテリック状態とテリック状態の生理心理的特性を明確化するために，ノルウェーの生理心理学者スベバックと共同で一連の実験を行ってきた（アプター，2006）。実験では，パソコンでドライブゲームを行い，その間の筋電図や脳波，呼吸などを測定した。テリックとパラテリックの測定に関しては，状態版の尺度を用いた。いくつかの興味深い結果が報告されている。まず，骨格筋の活動に関しては，持続的で受動的な筋緊張はテリック状態群の方が高く，一過性の能動的な筋活動はパラテリック状態群の方が高い。また，脳波のシンクロする面積はテリック状態群の方が狭く，注意の集中と関連する事象関連電位であるP300はテリック状態群の方が高かった。これらの結果は，パラテリック状態では筋弛緩が生じているが，脳波は広い範囲に分散した形で生じ，筋活動が活発に生ずるという，2章の終わりで確認した笑いにおける筋肉の弛緩と分散した大脳皮質の反応性の増大と対応する結果である。

反転理論におけるユーモア論の特性

反転理論におけるユーモア論は，マーチン（2007/2011）が評価するように，従来の理論の利点をうまく取り入れたユーモアの総合理論を提供している。認知シナジーにおける価値の縮小の対象が他者の場合には，優越理論が扱ったケースにも対応できる。また，フロイトの理論における傾向的機知における攻撃性や性の話題は，章末のコラムでアプターが指摘しているように，ユーモア刺激としての特徴というより，覚醒度上昇に貢献する要因として位置づけられる。

反転理論の問題点は，独自の用語でシステムを構築しすぎてしまっている点にあるのかもしれない。パラテリックは理論の要だが，テリックと対称的な状態として定式化され，他にも3対の動機付けの対比が定式化されている。

パラテリック状態が何を意味するのかを明確にするためには，独自の概念体系を作るのではなく，たとえば，単純に遊び状態などとして，遊び研究や感情心理学などの進展との連携がしやすいような定式化の方がよいかもしれない。同じことは，覚醒度と快不快の対応についても言える。図4.6は，単なる記述

的なモデルの段階で，覚醒度が原因となり，快不快が生ずる訳ではない。感情心理学では，覚醒度と快不快の対応にもとづき，次元説の名のもとに感情を記述的に分類する試みがなされてきた。感情の説明理論をどう考えるか，次元説を基盤にしたコアアフェクト説を唱えるラッセルと基本感情説を主張するパンクセップの間で論争が行われている（ザハー & エリス，2012）（5章2節参照）。図4.6のモデルにおける因果関係を明確化していくためには，現代の感情心理学に位置づけての検討が必要だろう。

　従来の諸理論や反転理論の知見を参考にして，笑いとユーモアを感情心理学や遊び研究にどう位置づけて，どうアプローチしたらよいのかは，次章の課題である。

コラム　アプターが語る反転理論とユーモア

図7.7　アプター氏

われわれは2007年7月にウェールズ大学で行われた，反転理論学会で，アプターにインタビューを行う機会を得た。以下，インタビューの内容を紹介する。話の順序は，実際のインタビューに従っているが，枚数の制限があるので，発言は字句どおりではなく，要点をまとめたものである。

問：1982年のあなたの著書は偉大な統合だったと思います。この25年間と現状をどう評価されますか？

アプター：反転理論について言えば，大きな進歩があった。18冊の著書，400から500もの論文が書かれ，Motivational Style Profile などは広く使われ，スポーツのコーチングや経営など種々の領域で理論の応用が行われている。1996年にはアプター・インターナショナルが設立された。ただ，ユーモアに関して言うと，動機づけスタイルの測定や応用が研究の中心となったため，認知シナジーの研究をふくめたユーモアそのものの研究はあまり進んでいない。マーチンが最近の著書 "The psychology of humor" で反転理論を取り上げているので，もっと関心が集まることを期待している。

問：どんな方向の研究が必要でしょうか。

アプター：認知シナジーが中心になるが，パラテリック状態，高覚醒，興奮の快，これらどれもがユーモアに関係している。

問：研究の方法論についてお聞きしたいのですが。

アプター：行動を外から記述するだけではだめだ。たとえば，笑いだが，愛想笑いなど，ユーモアの快とは無縁に生ずることもある。またユーモアの快が，笑いをともなわないこともある。広い意味の現象学的アプローチが必要で，ここが反転理論の特徴だ。

問：広い意味の現象学といいますと。

アプター：フッサールの現象学的還元は機能しない。一切の前提なしということは

第4章　ユーモア理論を概観する

ありえないし，科学は積み重ねを必要とするからだ。内から人間が，出来事にどんな意味を見いだして，どう感じているか，経験からアプローチする方法を，広い意味の現象学と言っている。このためには被験者に直接インタビューし，質問紙を使うなどの方法が必要だ。これは，行動主義とは対極的なものだ。認知革命では，行動の背景にある処理のしくみを調べているが，反応などの行動から出発した推測という点ではやはり，外からのアプローチだ。反転理論は，まず経験から，内からスタートする点に特徴がある。そのうえで，外の行動との関連も扱うことになる。

問：現象学にどこで接する機会があったのでしょうか？

アプター：サバティカルを現象学研究所で知られているベルギーのカトリック・ルーヴァン大学で過ごしたことがある。そこで心理学者ジョルジュ・ティネスの影響を受けた。

問：あなたは，情報処理の本も書いていて，反転理論のアプローチは構造的現象学と言っていますが。

アプター：そのとおりだ。私はサイバネティックスを研究しており，システム論に興味を持っていた。そのグループでは，経験のダイナミズムとその構造を明らかにしようとするのは，珍しい存在だったと思う。

問：現象学とサイバネティックス，この異例の結びつきがあなたの独創性の源でしょうか。

アプター：学生時代，私は当時の行動主義的心理学に幻滅してしまった。博士論文は，発達生物学だった。

問：スミスと一緒に1975年に書いた論文が，反転理論の最初の論文です。反転理論の創始の状況について伺いたいのですが。

アプター：実はスミスは私の父なんだ。児童精神科医をしていた。父は，決まった状況で安心し，新奇な刺激が多い状況では不安になってしまう子どもと，決まった状況では退屈してしまい新奇な刺激による興奮を求める子どもとの異なったタイプの子どもが存在することに気づいて，前者をテリック，後者をパラテリックと呼んだ。テリック─パラテリックの用語の考案者は父なんだ。

問：知りませんでした。反転理論のスタートはお父さんとの共同作業でしたか。

アプター：私は心理学を学び，サイバネティックスを研究していた。父はお前の学問がどう役立つかを示すように，と私に挑戦した。私は父のクリニックで働いた。そのなかで，テリック─パラテリックが人の種類というより状態で，同じ人でも，テリックになったり，パラテリックになったりすることに気づいた。これが動機づ

けスタイルの理論の出発点なんだ。

問：動機づけ理論としての反転理論の特徴について伺いたいのですが。

アプター：動機づけ状態として，テリック状態，パラテリック状態など8つの状態を想定している。これらは，ピアノの8つのキーのようなものだ。従来の動機づけ理論は，達成動機，親和動機，X理論，Y理論，等々，特定のキーだけを問題にしたが，反転理論では，これらの8つのキーとそのダイナミズムの解明を通じて，経験という音楽をシステマティックに理解しようとしている。従来の動機づけ理論と反転理論が矛盾するという訳ではない。従来の動機づけ理論は人間の経験を部分的にしか扱っていないということなんだ。そして反転理論では，人を特定のカテゴリーに分類してしまうのではなく，常に変化している存在として人間をとらえようとしている。

問：反転理論の観点から，ユーモアと笑いについて何が言えるのでしょうか？　どんな実際的な助言が可能でしょうか？

アプター：まずユーモアはパラテリック状態での現象であり，パラテリック状態は『デンジャラス・エッジ』（1992/1995）で書いたように，防御枠の認識のもとで生ずる。テリック状態では，特定の目的に行動の選択肢が縛られるが，パラテリック状態ではもっと自由に種々の可能性の探索が可能になる。これが反転理論から言えるユーモアの効用の1つだ。ユーモアは，テリックに固定した思考をゆるめて，自由な選択肢の探索を可能にする。

問：ユーモアにおけるパラテリック状態の認知的効用ですね。

アプター：というより治療的かな。第二点は，快の興奮の純粋な経験としての価値だ。快の興奮には，スポーツ，セックス，冒険など他にもあるが，ユーモア経験における興奮と快は人生の経験として貴重なものだ。ここで注意したいのは，政治的風刺漫画など，ユーモアを攻撃などの手段とする場合で，こうしたテリックな行動は，ユーモアを利用した行動であっても，ユーモアの経験ではない。

問：子どもがからかって楽しんでいるような場合はどうでしょうか。

アプター：推測だが，純粋にからかいを楽しんでいる場合もあれば，目的を持って人を操作している場合もあるだろうな。ポイントは，純粋なユーモア経験はパラテリックなもので，何のためにというテリックなものではないことだ。たぶん知ってるだろうが，フォンタナが書いているように，禅仏教における経験の様相もこれと関連している。

問：はい。たしかに禅仏教における経験はパラテリックと関連しています。ユーモ

第4章　ユーモア理論を概観する

アについて，反転理論の観点から，日本の読者へのメッセージを伺えたらと思うのですが。

アプター：文化の問題が入ってきて，議論は，すこし水準が違ってくる。反転理論では，ユーモア経験の条件の1つに高覚醒があった。暴力やセックスは話題としてそれ自体が高覚醒をもたらす。高覚醒をもたらす話題は，ユーモアのテーマになりやすい。テリックでは不安の源となるものが，パラテリックではユーモアの快となるという逆説的な反転が見られる。たとえば，イギリス人はセックスについての不安が高いことで知られている。そして，イギリスにはセックスジョークが多い。日本はどうなんだろう。

問：そうですね。落語などの古典芸能には，お金，男女，賢愚，等々，いろいろなテーマがあります。全般に日本のジョークは，「風雲！たけし城」のように，子どもっぽいものが多く，政治的なジョークや，人種に関するジョークはほとんどありません。

アプター：ユダヤ人には，自虐的なユダヤジョークがある。これは，ユダヤ人にとってはアイデンティティーに関する問題が高覚醒をもたらす深刻なテーマだからだ。

問：ユーモアは各文化の診断ということでしょうか。

アプター：そのとおり。付け加えると，ユーモアは，高覚醒のテーマをめぐる快の興奮として貴重な経験であり，可能性の探索の幅も広げてくれるが，行き過ぎるのもよくない。テロの危険，核の拡散，われわれの社会には，真剣にとりくまなければならない問題も多い。ユーモア研究者には，ユーモアがすべての問題を解決してくれるかのように言う人がいるが，誤りだ。

問：テリックになるべきときもあるということですね。

アプター：そう。どれかの状態に偏してしまうのは反転理論の観点から言って望ましくない。それから，研究ということで言うと，ユーモアの特性が何であるかを明確にするには，スポーツにおける快の興奮，スリルにおける快の興奮など，他の経験，感情との比較が必要だ。

問：興味深いお話ありがとうございました。

第 5 章

感情として笑いとユーモアを位置づける

1 笑いとユーモアの位置づけ

(1) 笑いとユーモアに関して多様な学説が提案されてきた3つの理由

　笑いとユーモアに関する15の学説を見てきた。傑出した学者による多様で個性的な学説が，それぞれ独自の説得力を持って展開されてきていることに驚かされる。不安や悲しみ，希望などについても，様々な学説が提案されてきたが，これだけの多様性はない（ゴルディ，2009）。なぜ，笑いとユーモアに関しては，これだけ多様な学説がそれなりの説得力を持って提案されてきたのだろうか？　そして，それにもかかわらず，なぜ笑いとユーモアはしぶとく探求の手をすり抜け続けてきたのだろうか？

　これには3つの理由が考えられる。第一は，笑いとユーモアが感情としての多面性を持っていることである。第二は，笑いとユーモアの喚起刺激が感覚から高次の意味まで幅広いことである。第三は，笑いとユーモアが動機づける行動が活動中心で無目的的なことである。要するに笑いとユーモアは感情として多面的な上に，入り口が広く，出口は限定されていないのである。感情としての多面性・喚起刺激の幅広さ・無目的性，この3つの要因が組み合わさって，笑いとユーモアの多面性と複雑さ，とらえがたさを生み，全体像の解明を阻んでいる。具体的な検討は次節以降で行うとして，以下，簡単に確認しておこう。

笑いとユーモアは感情としての多面性を持っている

　まず，笑いとユーモアは感情としての多面性を持っている。感情には，フィーリング（自分の内的な状態についての感覚で，気分とほぼ対応する），認知，

身体，社会関係，動機づけなどからなる多面性がある（カラット＆シオタ，2006）。このため，認知に注目するのか，身体に注目するのか，社会関係に注目するのか，動機付けに注目するのかなど，異なった側面を強調したアプローチが可能になる。たとえば，優越理論は主に社会関係に，不一致理論は主に認知に，エネルギー理論は主にフィーリングと動機付けに，それぞれ着目している。しかし，感情としての多面性は他の感情の場合も基本的には同じである。笑いとユーモアが他の感情と異なって，より複雑でとらえがたいのは，感情としての多面性に，次の2点の特徴が加わることによる。

笑いとユーモアには感覚感情の側面があり喚起刺激の幅が広い

笑いは，くすぐりなどの感覚的刺激によっても，知的なジョークやユーモアによっても生ずるというように，喚起刺激の範囲が感覚刺激から高次の意味刺激まで非常に幅が広い。これは，嫌悪感なども同様である。嫌悪感も，腐ったいやな味などの感覚的刺激から始まって，倫理的な嫌悪感情まで喚起刺激の範囲が非常に広い。笑いや可笑しみは，嫌悪感情と同じく，感覚感情の側面を持っている（アメミヤ，2011）。嫌悪感情においては，いやな味という感覚刺激への吐き出すような反応が，あいつの行動には吐き気がするというように，比喩的に高次の意味の領域に投射されている。嫌悪感情については，嫌な味への嫌悪から倫理的嫌悪まで喚起刺激の5段階説が提唱されている（ロジン，ハイト＆マッコーリー，2008）。可笑しみについても，嫌悪刺激の段階説にならって，くすぐりなどの身体レベルの刺激から滑稽，機知，狭義のユーモアと可笑しみを喚起する刺激の段階説が提唱できるだろう。こうした喚起刺激の著しい幅の広さにより，論者により機知を中心にしたり，滑稽を中心にしたり，身体レベルを基本としたり，狭義のユーモアをも扱ったり，といった刺激タイプの選択，各タイプのなかでの重視する事例の差などが生ずることになる。

笑いとユーモアは遊びと関連した活動中心の感情である

笑いとユーモアでは，スペンサーやケストラーが指摘したように，感情が方向づける行動は特定の目的に限定されていない。反転理論の言葉を使えば，笑いとユーモアは活動中心のパラテリックな行動である。このため，笑いとユー

第5章 感情として笑いとユーモアを位置づける

モアについては，恐怖や怒りのように逃避や攻撃などの特定の行動との関連に限定されない，様々な行動との関連づけが生ずる。不安や怒りなどの場合とは異なって，笑いの機能を何にもとめるのか，論者による着目点の差が生ずることになる。ある論者は，笑いにおける活動のための活動といったシリアスでない側面を重視するし，別の論者は親和的側面を，さらに別の論者は攻撃の側面をといった具合である。これらの特徴は，笑いとユーモアが遊びに関連した感情であることによっている。

　笑いとユーモアは，恐怖や怒りのようなスペシャリスト的な感情ではなく，ジェネラリスト的な感情である。3章2節で紹介したネズミのくすぐり実験で有名なパンクセップは，ほ乳類に共通な感情システムという観点から，独自の感情進化論を提唱しているが，遊びを最も総合的な感情システムとして位置づけている（パンクセップ，1998；パンクセップ＆ビベン，2012）。笑いとユーモアのジェネラリストとしての特性は，笑いとユーモアがほ乳類の遊びシステムから派生した感情であることによっている。

　以上のように，可笑しみ，およびこれによって生ずる笑いとユーモアは，多面的で，刺激も感覚から高次の意味まで幅が広く，特定の目的にしばられない活動自体の快を目的とした感情として，多くの状況で様々な行動や心理と関連しうる。この結果として，笑いやユーモアは，認知や社会関係，ウェルビーイングなどに種々の影響を与えうることになる。本章5節（3）で笑いと遊びの関係について検討するが，遊びを基盤に成立する笑いとユーモアの幅広い効用には，脱関与的関与（レディ，2008/2015）や無用の用（木村，1982）といった，ある種，逆説的なところがある。

（2）可笑しみを感情ではないとする主張について

　笑いやユーモアの基盤となる可笑しみは，恐怖や怒りなどのような従来の感情心理学で研究の中心となってきた典型的なネガティブ感情ではない。遊びと関連したポジティブ感情で，感覚感情の側面も持つという点で，これまでの感情心理学ではあまり扱われてこなかったタイプの感情である。

モリオール（2009）などが，可笑しみを感情ではないと主張するのは，このためである。モリオールは，感情が認知的評価，身体的変化，行動の方向づけ，身体状態の自己知覚としてのフィーリングの4つの要素からなるとの見解を紹介する。そして，可笑しみには特有の身体変化とフィーリングはあるが，他の2要素が明確でないので，感情とは言えないと断ずる。たしかに，可笑しみは，恐怖のような脅威からの逃避といった明確な行動の方向づけを持たない。しかし，この行動の方向づけの非限定性は，可笑しみが遊びと関連したポジティブ感情であることによっている。また，可笑しみは喚起刺激の範囲が，くすぐりから滑稽，ジョークまで，きわめて広く，恐怖のように自分に制御できない脅威といった簡潔な認知的評価には集約しにくい。しかし，この喚起刺激の幅の広さは，可笑しみが感覚感情の側面を持っていることによっている。
　感情心理学では，恐怖や怒りなどの行動の方向づけが明確なネガティブで典型的な感情が研究の中心となってきており，行動の方向づけがより不明確なポジティブ感情の研究は遅れていた。ポジティブ感情としては喜びがあげられている程度だった。喜びだけでなく，可笑しみや，好奇心，熱中，可愛さ，感謝，誇りなどと様々なポジティブ感情が活発な研究の対象としてとりあげられるようになってきたのは，比較的最近のことである（ツゲド，シオタ＆キルビー，2014）。
　モリオール（2009）による，可笑しみを感情ではないとする主張は，感情として伝統的に研究されてきた恐怖や怒りなどのネガティブな典型的感情のみを扱うのか，もっと広い範囲で感情をとらえるかの問題にすぎない。感情心理学の現状は，ポジティブ感情の研究がようやく進みつつあり，感情のとらえ方にもまだ活発な論争がなされているという状態である（ザハー＆エリス，2012）。感情心理学のこうした現状をふまえれば，モリオール（2009）のように感情をあらかじめ狭く限定してしまうより，感情をより幅広くとらえ可笑しみを感情に位置づけたうえで組織的な解明を試みる方が，これまで単独の説による解明に抵抗し続けてきた可笑しみにアプローチするうえでは有効だと筆者は考える。
　モリオール（2009）などと異なり，マーチン（2007/2011）やルフ（2008）は

笑いとユーモアをフィーリングとしての愉悦（Mirth）や愉快さ（Exhilaration）を中心とした感情として位置づけている。

　マーチン（2007/2011）の"*The psychology of humor*"は，認知，発達，社会関係，個人差，健康や精神衛生との関係，教育・臨床・産業における応用，哲学的な先駆的理論の概観，進化，生理，脳などの生理生物学的な研究までふくめて網羅した11章からなる大著である。しかし，感情の章はない。筆者は，2007年にマーチンにインタビューする機会があり（雨宮，2010b），"*The psychology of humor*"にはなぜ感情の章がないのかを尋ねた。マーチンの回答は，感情心理学に関する研究知見は認知から生理，社会関係などすべての章にわたって書かれているとのことだった。また，マーチンは北米の大学には感情心理学の講座はまだ少ないからとも付け加えた。マーチン（2007/2011）の"*The psychology of humor*"は，日本語のタイトル（『ユーモア心理学ハンドブック』）に示されているように，従来の心理学における知見を集成したハンドブックである。感情心理学の講座の少なさに反映されているように，感情心理学の歴史は浅く，基本的な理論的立場についての論争も残っている。マーチンは，このような事情をふまえ，時期尚早と判断したのかもしれない。マーチン（2007/2011）では，感情の観点からの，笑いとユーモアの組織的な分析は行われていない。これは，ルフ（2008）も同様である。

　本章では，笑いとユーモアは可笑しみのフィーリングを中心とした感情としてどう位置づけられるのか，理論的なスケッチを試みる。筆者の考えでは，笑いとユーモアの多面性と複雑さは，感情のモデルに位置づければ組織的な分析が可能になる。また，笑いとユーモアの感情としての特徴は，嫌悪感情や畏敬などの関連する他の感情と比較し，遊びから派生したポジティブ感情として位置づけることによって解明が可能になる。次節では，これらの検討に先立って，まず感情とは何かの確認から始めよう。

2 感情のとらえ方

(1) 象とシンデレラ：感情と感情心理学

　感情は，日常生活における人間の心の理解の主要課題である。これに対応して，感情は，古くから文学，思想，宗教でも主要なテーマだった。たとえば，九鬼（1930）は，『情緒の系譜』で，多くの短歌を例に，デカルトやスピノザ，リボーなどの哲学的知見をふまえて感情の分類を試みている（図5.1）。九鬼の分類では，可笑しさ（可笑）を，驚きを中心とした認知的感情として位置づけている。可笑しさ（可笑）と対称の位置にあるのは，厳か（厳）である。九鬼はジャン・パウルやスペンサーなどにはとくに言及してないが，こう書いている。「「可笑しい」と感ずるのは，すべて小さいことであり，したがって我々は軽い気持ちで喜んで，笑うのであるが，その反対に，大きいものに対する驚きは，「厳か」という感情を引き起こす。」可笑しさを歌った短歌としては，滑稽といった方がぴったりの感じはするが「小走りにわが前をゆく犬の乳房赤くはりきりてゆさゆさ動く」があげられている。厳かを歌った短歌としては「ほろほろと天に向かいておもふことははてしもあらず銀河のながれ」があげられている。九鬼の例に示されているような文学や哲学だけではなく，宗教でも，仏教における苦の分析（四苦八苦：生老病死・愛別離苦・怨憎会苦・求不得苦・五陰盛苦）などは感情を主要なテーマとしている。

　心理学の成立期における研究としては，構成主義のヴントによる感情の次元分析（次節参照）や機能主義のジェームズによる感情の末梢フィードバック説[1]

（1）　ジェームズの「悲しいから泣くのではなく，泣くから悲しい」という言葉に示されるように，感情が脳の中枢ではなく身体の末梢における表出行動のフィードバックの結果として生ずるとする説。表出行動のフィードバックがない場合には，感情は抽象的で身体的具体性のないものになり，それは本来の感情とは言えないとジェームズは主張した。ジェームズの主張は，脳の中枢の役割を軽視しすぎているが，5節で述べるように，表出行動のフィードバックは複合的な感情反応の重要な一部を形成するものとして位置づけられる。

第5章　感情として笑いとユーモアを位置づける

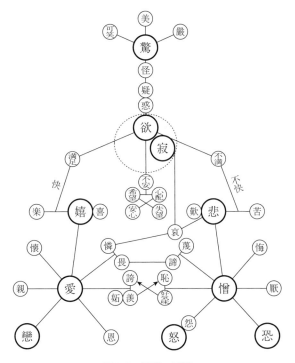

図 5.1　情緒の系譜
（出所）　九鬼（1930）

が知られている．しかし，その後の心理学の主流となった，行動主義，ゲシュタルト心理学，初期の認知革命における諸研究においては，感情が主要な研究のテーマとなることはなかった．日常生活や文学，思想，宗教における感情への関心と1980年代以前の心理学における感情研究の乏しさのギャップは著しい．このギャップの主要な原因は，感情が，出来事の認知的評価，行動の方向づけ，身体的変化，社会関係，脳などが関連するものであり，象に喩えられるような多面的な現象だからである．認知だけ，学習行動だけといった従来の心理学のアプローチでは，尻尾だけ，耳だけにしぼって象をとらえようとするようなことになってしまう．

　感情が，心理学の主要なテーマとなったのは，きわめて遅く，1980年代の後

半になってからである（雨宮，2005）。これは，1960年代の認知革命から本格化した記憶や注意，思考などに関する情報処理的な研究の一方で，感情の認知的評価理論やエクマンなどによる表情研究などにも焦点があたるようになったことや，脳研究や進化的生物学の発展などにより，認知革命の初期では無視されがちだった生物学的アプローチが心理学研究と連携するようになり，認知的側面と生物学的側面が切り離せない感情が，ようやく本格的な研究の俎上に載るようになってきたためである（ダヴィドソン，シャラー & ゴールドスミス，2002）。1960年代の認知革命に引き続いて，1980年代には感情革命が生じたとする研究者もいる（ケイガン，2007）。オートリー，ケルトナー & ジェンキンス（2006）は，感情心理学を20世紀の深夜を前にようやくパーティーに登場したシンデレラにたとえている。

（2）象をみる：主要な3つの感情理論

　フィーリング，認知，身体，社会関係，動機づけなどの異なった要素から構成される象のような感情をどうとらえるのか？　これまでの感情理論では，要となる要素に着目して，感情をとらえようとしてきた。感情の次元説では，意識的に感じられるフィーリングに着目し，感情をとらえようとした。ラッセル（2003）は，フィーリングをコア・アフェクトと呼び，これに認知や行動の方向づけなどを結びつけた感情のコア・アフェクト説を提唱し，次元説のアップデートを試みている。一方，感情における動機づけの側面を重視し，感情を進化的に形成された適応的行動プログラムと見るのが，エクマンやパンクセップなどによる基本感情説である。さらに，感情の認知的評価理論では，感情を生起させる認知的評価に着目し，感情の分類を試みる。ここでは，この主要な3つの感情理論を簡単に紹介する。

（3）感情の次元説

感情の基本次元

　感情をフィーリングの次元構造に着目してとらえようとする試みは，1879年

にライプチヒ大学に心理学実験室を開設し，科学的心理学創設者の栄を担うヴントにさかのぼる。ヴントの構成主義心理学では，経験を直接の対象とする直接経験の科学として心理学を規定し，組織的内観（訓練された研究者が，一定の条件下で，自らの意識を繰り返し観察する方法）によって直接経験の要素を確定しようと試みた。フィーリングは感覚とならんで直接経験を構成する要素とみなされた。様々な速さのメトロノーム音を聴くなどの組織的な内観実験から，ヴントは各時点において経験されるフィーリングを快―不快，興奮―鎮静，緊張―弛緩の3次元のなかに位置づけられるとした。これが，ヴントによる感情の次元説である。

その後，感情を表出した種々の表情刺激や感情語の評定結果の多変量解析（様々な表情や感情語の類似度を空間配置として分析する多次元尺度法などの手法）を用いて，感情の次元構造の組織的研究がなされ，快―不快，興奮―鎮静の2次元が感情の基本的次元として確認された（ラッセル，1980）。しかし，図5.2に示されるように，恐怖と怒りは，ともに不快で高覚醒の感情であり，快―不快，興奮―鎮静の2次元だけでは区別できない。3次元目としては，通常，力量の次元が導入される（ラッセル＆メーラビアン，1977）。恐怖と怒りはともに不快で高覚醒の感情だが，恐怖は低力量，怒りは高力量の感情として，力量の次元によって区別されることになる。感情における，価値（Valence：快―不快），覚醒度（Arousal：興奮―鎮静），力量（Potency：高力量―低力量）の3次元は，SD（Semantic Differential）法という形容詞対による印象評定の手法において基本的な次元とされる評価，活動性，力量に対応している（ブラッドリー＆ラング，1994）。

感情を位置づけるうえで，図5.2に示されたような快―不快と興奮―鎮静の2次元による円環構造が基本となるという点では多くの研究者の意見は一致している。3次元目としては，SD法における力量との対応，また対人的感情では力量が重要であることなどから，力量があげられることが多い。ただし，ヴントを継承して緊張―弛緩があげられることもある。2章5節で確認したように，笑いは快，興奮，弛緩によって特徴づけられるので，可笑しみを位置づ

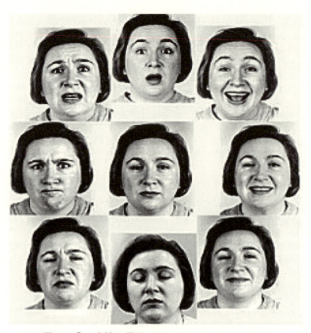

図5.2① 表情に見るコア・アフェクトの2次元
(出所) ラッセル (1997)

図5.2② 感情語とコア・アフェクトの2次元
(出所) ラッセル (1980) (一部改変)

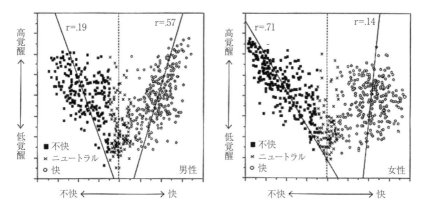

図 5.3　感情を喚起する写真（IAPS：International Affective Picture System）を観たときの快不快と覚醒度の分布（左：男，右：女）

（注）　縦軸が覚醒度，横軸が不快から快への快の度合いの評定値。プロットは各写真に対する100人の評定データの平均値である。直線は，覚醒度から快不快への関係を1次回帰で示したものである。
（出所）　ブラッドリー & ラング（2000）にもとづき筆者作成。

るうえで緊張—弛緩の次元は必須である（ルフ，1993）。

フィーリングの基本次元に関する論争

　快—不快と興奮—鎮静の2次元からなるフィーリングの円環構造の基本次元の方向について，20世紀の終わりから21世紀のはじめにかけて感情研究者の間で論争が繰り広げられた。バレット & ラッセル（1999）は，図 5.2 の水平軸にあたる快—不快と垂直軸にあたる興奮—鎮静をフィーリングの基本次元とした。これに対し，セイヤー（1996/1997）やワトソン（2000）らは図 5.2 の右斜め上45度方向のエネルギー覚醒（快の高覚醒方向でワトソンの用語ではポジティブ感情となる）と左斜め上45度方向のストレス覚醒（不快の高覚醒方向でワトソンの用語ではネガティブ感情となる）がフィーリングの基本次元だと主張した。

　セイヤーやワトソンらは，エネルギー覚醒とストレス覚醒が基本であることの証拠として，いくつかの研究結果を指摘している。まず，多くの写真刺激や音響刺激，言葉などによって喚起されるフィーリング状態をプロットすると，図 5.3 に示されるように，ニュートラルな低覚醒の状態は多いが，ニュートラ

ルな高覚醒の状態はほとんどなく，高覚醒の状態は快か不快に分かれ，プロットはエネルギー覚醒とストレス覚醒の方向にそって45度方向を中心に並ぶ。さらに，エネルギー覚醒を測定すると体温と連動して朝から昼にかけて上昇し，夜になると下降するといった日内変動を示すが，ストレス覚醒はストレス源となる出来事によって変動を示すなどの研究結果もあげられている。

　これに対し，ラッセルらは快不快と覚醒度を組み合わせるとエネルギー覚醒やストレス覚醒を合成できるが，エネルギー覚醒とストレス覚醒を組み合わせても快の興奮と不快の興奮が混在したアンビバレンツにはなっても快不快なしのニュートラルな状態にはならないなどと反論している。カシオッポ，ガードナー & ベルントソン（1999）は，この論争の仲介に入るような形で，基底にあるのはセイヤーやワトソンの主張するような45度方向のエネルギー覚醒（ポジティブ感情）とストレス覚醒（ネガティブ感情）かもしれないが，行動への表出の段階では，対象への接近か回避かというように，図5.2の水平方向の右か左かに評価はしぼりこまれざるをえないなどと指摘し，両者の折衷を図っている。結局，フィーリングは，感情の基本となる要素ではあるが，身体で生じている様々な過程を集約して意識に投影したものなので（シュワルツ & クロー，2003），そう単純ではないのである。

感情の次元説からコア・アフェクト説へ

　感情の次元説は，フィーリングを感情の中核としてとらえる立場だが，感情には認知的評価や行動の方向づけなど他の要素もある。ラッセル（2003）は，快—不快と興奮—鎮静の2次元の円環構造で特徴づけられるフィーリングをコア・アフェクト（core affect）と呼び，気分や感情などの感情現象の整理を試みた。ラッセル（2003）によると，コア・アフェクトは気分に相当し，種々の感情現象は，コア・アフェクトの変化に，出来事や状況の認知的評価，感情表

（2）　図5.3は，男性では快の程度と覚醒度の関連が，女性では不快の程度と覚醒度の関連がより強いことが示されている。IAPSの写真にはエキサイティングなシーンや蛇の写真などが含まれているので，男性は高覚醒と比例した快を女性は高覚醒と比例した不快をそれぞれ経験する傾向にあることになる。

出，コア・アフェクト変化の因果帰属，身体的変化，行動へのバイアスなどが加わって生ずるとし，これを感情エピソードとよんだ。恐怖，怒り，悲しみなどの基本感情は，典型的と認識される感情エピソードである。ラッセルは，恐怖や怒り，悲しみなどが多くのヴァラエティーを持った感情であることを強調し，典型的感情エピソードとその変異形は，ファジーなクラスターを形成すると考える。たとえば，怒りには，苛立ちから，義憤，憎しみまで，多種多様なタイプがあるが，これは，怒りが不快で高覚醒というコア・アフェクトは共通だとしても，関連する認知的評価やコア・アフェクトの因果帰属などの要因が様々だからだとラッセルは指摘する。

　ラッセルのコア・アフェクト説では，感情を通じた共通のしくみは想定しない。共通なのはコア・アフェクトだけである。後は，個別の感情に即して，認知や因果帰属，動機づけなど，それぞれ別々に研究していけばよいという立場である。各感情のまとまりは，感情エピソードという認識の枠組みにのみ存在し，次項でのべる基本感情説が想定するような感情プログラムがあるわけではないと考える。ラッセルのコア・アフェクト説は，因果的なしくみとしての感情一般の存在を否定した，感情唯名論の立場である。フィーリングそのものも，先に見たように，身体で生じている様々な過程を集約して意識に投影したものなので，コア・アフェクト自体も複数の要素に分解してとらえ個々の感情に即して研究すべしとした方が，感情唯名論としては，理論的には首尾一貫しているように思える。しかし，自分が研究してきたフィーリングの次元性は，種々の感情現象のコアとして残したかったのかもしれない。そんな意味でも，ラッセルのコア・アフェクト説は，感情の次元説のアップデート版という位置づけになるだろう。

（4）基本感情説

　複雑な感情の世界を少数の基本感情とその派生，あるいは複合としてとらえようとする試みは哲学者によって様々に試みられてきた。たとえば，デカルトは愛，憎しみ，願望，喜び，悲しみ，賞賛を1次感情とし，他の感情はここか

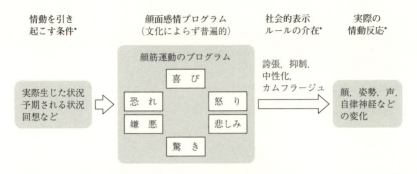

図 5.4　エクマンによる基本感情説
(注)　＊は部分的に文化に特異的なもの。
(出所)　浜・浜・鈴木 (2002)

ら派生したものであると考えた。

エクマンの基本感情説

　心理学における基本感情説の推進者は，表情研究で有名なエクマンである。2 章 1 節で紹介したようにエクマンは，ダーウィンの進化的な感情表出研究の意義が忘れられ，感情表出がもっぱら文化的な学習によると考えられていた文化相対主義花盛りの1960年代に，ダーウィンの感情表出研究を復活させた。

　エクマンは，表情による感情の表出を西欧文化の影響を受けていないニューギニアの部族民もふくめて組織的に研究し，喜び，怒り，悲しみ，恐怖（恐れ），嫌悪，驚きの 6 感情の表情による表出には文化によらない普遍性があることを示した。エクマンらは，手術など嫌悪感情を与える映像を教授と一緒に観たとき，アメリカの学生は嫌悪感情を表情にあらわすが，日本の学生は嫌悪感情を表情にあらわさない，しかし日本の学生も 1 人で同じ映像を観たときには嫌悪感情を表情にあらわすことを実験で示した。そしてその結果を，日本の学生も 1 人だけのときの反応に示されるように，アメリカの学生と同様に嫌悪感情を感ずるが，日本文化に特有の社会的な表示ルールにより目上の人の前では嫌悪感情の表出を抑制したと解釈した。これが文化によらず普遍的な顔面感情プログラムと文化により変わる社会的表示ルールである（図5.4）。エクマンは，さらに感情を生起させる条件や感情による身体変化も含めて，感情を適

応的な行動プログラムとして位置づけ，基本感情説を唱えた（浜・浜・鈴木，2002）。

エクマンの基本感情説は，表情分析を主要な研究方法としている。恐怖のときには脚への血流が増えるなど感情によって身体的変化が異なることも指摘しているが，表情分析のような組織的知見にはなっていない（エクマン，2003/2006）。エクマンは表情分析にもとづき，左右非対称な口角の運動を含んだ軽蔑も基本感情に加えた。ポジティブ感情は喜びの1つだけで，ニュートラル感情は驚きで，残りの怒り，悲しみ，恐怖，嫌悪，軽蔑の5感情はすべてネガティブ感情である。これは，ポジティブ感情が1種類しかないわけではなく，表情としては区別しにくいだけである。エクマン（2003/2006）は，誇りや感謝など種々のポジティブ感情の区別は重要だが，これらの感情は表情ではなく，声によって区別されるかもしれないと示唆している。しかし，具体的な分析は提示されていない。

パンクセップの基本感情説

エクマンの基本感情説は，人間の表情分析を中心にしたものだが，パンクセップは動物の適応的行動プログラムというより幅広い観点からほ乳類に共通な7つの感情システムを唱えている（パンクセップ，1998；パンクセップ＆ビベン，2012）。

基本感情に何を含めるにせよ，典型的な感情として，不安や恐怖，怒りは外せない。危険に際した動物にとっては，不安や恐怖，怒りによる心身のリソースを統合した即時の対応が必須であり，こうした反応を導くことが感情の最重要の使命だからである（図5.5）。まず危険を察知すると動物は，警戒態勢にはいる。これは，注意が脅威刺激に敏感になった不安状態である。脅威に対抗できないと判断すると恐怖による逃避反応が生ずる。対抗可能だと判断すると，捕食者や妨害者に対する攻撃行動が生起するかもしれない。ここで関係するのは怒りである。危機に対抗できず，逃げることもできないと，死んだふり反応が生ずることもある。2章5節でのべたポージス（2011）の複迷走神経系理論によれば，これは，古い神経経路である孤束核を経由した迷走神経による呼吸

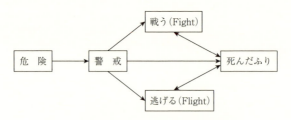

図5.5　危険に対応した動物の典型的反応

や心拍などの原始的コントロールにもとづく危機への対応である。ポージス（2011）によれば，新しい神経経路である疑核を経由した迷走神経による呼吸や心拍，表情，声などのコントロールは，愛着やケアの反応と関連したほ乳類特有の社会的絆による危機への対応を導く。

　危険への不安や恐怖，怒りによる感情的対応は，は虫類の段階から存在する。パンクセップは，ほ乳類に共通な感情システムとして，危機や妨害への対応だけではなく，可能性の探索やスキルの構築，絆や集団形成と関連した感情も扱っている（図5.6）。パンクセップの感情リストは，ほ乳類の適応行動という観点から，よりバランスがとれたものになっている。

　ジェームズ（1890）は，不安と好奇心を新奇刺激に対する拮抗する反応と見なしたが，動物は新奇刺激を危険や妨害と見なすだけではなく，可能性の機会としてもとらえる。パンクセップによれば，餌や異性などの可能性を求めての探索（人間の場合は，好奇心となる）は最も基本的な感情システムである。これに対して，遊びは，幼い動物のスキル構築の機能を持っている。遊びのなかでは，遊戯的な攻撃や逃避，探索，求愛，集団行動などが行われる。パンクセップによれば，遊びは他の感情システムも遊戯的な形で包摂しうる最も総合的な感情システムである。

　図5.6にあるパニックという言葉はやや分かりにくいが，幼い動物の養育者に対する保護欲求が満たされない場合の，悲鳴（disteress call）などに示される感情である。養育側の幼い動物に対するケアと対になって，愛着関係を形成する。情欲は，通常は感情としては含められないが，特定の適応行動を動機づ

第5章 感情として笑いとユーモアを位置づける

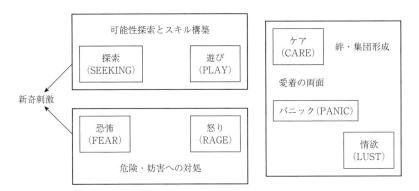

図 5.6　7つの基本感情システム
（出所）　パンクセップ（1998）にもとづき筆者作成。

けるという点から，パンクセップは基本的感情システムに含めている。パニック，ケア，情欲の3つの感情システムがほ乳類の絆・集団形成にかかわる基本的な感情システムだとパンクセップは主張している。

　パンクセップが理論化したのは，ほ乳類にも共通な基本的感情システムまでである。人間の場合には，認知や言語，複雑な社会・自己関係が加わって感情は複雑化する。これについて，パンクセップは一般論として感情の段階を主張しているが，ロジン，ハイト & マッコーリー（2008）が嫌悪感情の段階で示したような，個々の感情に即しての具体的な分析は行われていない（パンクセップ & ビベン，2012）。

（5）感情の認知的評価説
基本的考え方

　われわれの感情は出来事が直接引き起こすのではない。4章2節のソクラテスのアイロニーで紹介した「堪忍袋」のご隠居は，クマにこう説教している。「往来で人に水をかけられれば腹が立つだろう，しかし，それが夕立ならどうだ。困ったと思うだろうが，怒りは生じないだろう。そういう気持ちでおりなさい。」これは，怒りという感情的反応が，自分の正当な目標が阻害されたり，

193

		肯定的感情 (目標動機と一致)		否定的感情 (目標動機と不一致)	
		Appetitive	Aversive	Appetitive	Aversive
環境に起因					
予期しない		驚き			
不確実	制御困難	希望		恐れ	
確実	制御困難	喜び	安堵	悲しみ	苦しみ
不確実	制御容易	希望		フラスト レーション	嫌悪
確実	制御容易	喜び	安堵		
他者に起因					
不確実	制御困難	好意		嫌い	
確実	制御困難				
不確実	制御容易			怒り	軽蔑
確実	制御容易				
自己に起因					
不確実	制御困難	誇り		後悔	
確実	制御困難				
不確実	制御容易			罪	恥
確実	制御容易				

図5.7 ローズマンによる感情構造の図解
(出所) ローズマン (1996)

害を与えられた場合に，その阻害や加害を行った相手に，自分の力で対処できるという認知的評価の結果生ずるからである。夕立なら原因は空なので普通は相手としては反応しない（なかには落語のクマのように空に向かって怒ろうとする人もいるだろうが）。また，水をかけた相手がやくざなら，怒りではなく，恐怖が生ずるかもしれない。自分の力で対処できる相手という評価が生じないからである。

感情分類の試み

　様々な感情を出来事の認知的評価によって分析しようとする認知的評価理論は，1980年代以降の感情心理学研究の中心テーマの1つとなった。図5.7はローズマンによる，認知的評価による感情分類の試みである。図5.7の左右の対比がポジティブ感情（肯定的感情）か，ネガティブ感情（否定的感情）かである。Appetitiveはプラスの報酬に接近しようとする動機で，Aversiveはマイナスの罰を回避しようとする動機である。接近動機，回避動機ということもある。報酬があたえられた場合（図の左側のAppetitive）と罰が除去された場合（図の左側のAversive）にはポジティブ感情が生ずる。報酬が除去された場

合（図の右側の Appetitive）と罰があたえられた場合（図の右側の Aversive）にはネガティブ感情が生ずる。縦方向は，大きく，対事態的，対他的，対自的の3領域に分類されている。それぞれのなかは，不確実—確実，制御容易—制御困難の2次元でさらに分かれている。驚きは，ポジティブでも，ネガティブでもない，予期されない出来事が生じたときの反応である。一見して，ネガティブ感情のほうが種類が多いことがわかる。たとえば，ポジティブな対他的感情は好意（liking）のみだが，ネガティブ感情のほうは，制御困難だと感ずると嫌い（dislike），プラスが除去されて制御容易だと感ずると怒り（anger），マイナスが与えられて制御容易だと感ずると軽蔑（contempt）が生ずると想定されている。

　ローズマン（1996）は，出来事が環境・他者・自己のどれに起因するか，目標動機が Appetitive か Aversive か，出来事が目標動機と一致か不一致か，出来事が確実か不確実か，出来事が制御困難か制御容易かの5次元の認知的評価により感情を分類している。シェラー（2000）は，認知的評価として，関連性，意味，対処可能性，規範的重要性の4領域をあげ，それぞれについて下位のチェック項目を設定している。下位のチェック項目には，関連性では，新奇性，本来的望ましさなどが，意味では原因帰属，結果の可能性，予期とのズレなどが，対処可能性ではコントロールやパワーが，規範的重要性では内的規範との一致および外的規範との一致が含まれる。スミスやエルスワースなど他の研究者は，またやや異なった評価次元を提唱している。

感情分類の実証的研究

　認知的評価理論が，感情の重要な側面をとらえていることは確かだが，問題は，論者によって評価次元や分析対象とする感情の数や種類が様々なことである。三谷・唐沢（2005）は，ローズマン，シェラー，スミス，エルスワースによる評価次元を参照して26の評価次元を設定し，喜び，安心，誇り，驚き，怒り，恐怖，悲しみ，嫌悪感情，苦痛，軽蔑，不安，罪悪感，恥ずかしさの13種類の感情について，各感情を想起して各評価次元について適合するか評価を求める調査を行った。結果として，26の評価次元は各論者の次元とおよそ対応

する8つのグループ（望ましさ，自己／他者の主体，確実性，努力・注意の予期，新奇性，人間／状況の主体，動機の状態，対処可能性）に分かれ，確実性など一部の評価次元を除いて各感情の評価次元の値には有意差が示された。

　感情の認知的評価理論に関する総合的で実証的な研究ではあるが，足を靴の外から掻いて，親指と中指は区別できるといった感じの研究である。問題の1つは，比較対象とされる感情で，可笑しみや好奇心などのポジティブ感情が含まれていないなど，感情の選択がやや恣意的なことである。感情全体について，比較すべき対象を偏りなくとりあげるのは難しい。また，認知的評価は自動的に行われるので，想起された感情エピソードを言語的に提示された評価次元に照らして評定すると評定は間接的になり，これに加えて対象とする感情セットに偏りがあると，評価の比較が表面的にとどまる危険を回避しにくくなる。

構成要素説と有望な研究方向

　シェーラーはより大胆に，各評価の組み合わせがそれぞれ個別の感情に対応するという仮定を捨て，感情の構成要素説を唱えている（シェーラー，バンジガー & ロッシュ，2010；遠藤，2013）。感情の構成要素説では，各感情の認知的評価がそれぞれ個別の反応を導き，それぞれの反応が相互作用する形で感情反応が形成されると想定する。したがって，感情の構成要素説では，認知的評価の結果，怒りが生起するのではなく，各種認知的評価が眉をつり上げたり，交感神経系の昂進を誘導したりする個々の反応を導き，これらの関連の結果，様々なタイプの怒り反応が形成されると考える。これは，感情生起に関して，認知的評価を基本にしつつも，最も自由度の大きい，融通性のある理論である。問題点は，理論が複雑すぎて，シェーラー自身によるモデルの詳細も，論文ごとに微妙に変わっていることである。エクマンの基本感情説の単純明快さとは対照的で，研究対象としての感情の難しさを例示していると言えるだろう。

　感情の認知的評価理論のより有望な研究方向は，任意の感情リストを総花的にリストアップし，その分類を試みるのではなく，個別の感情や関連した感情グループにターゲットをしぼって認知的評価を分析することだろう。たとえば，カッペンスらは怒りについて，他に帰属される不利益の認知的評価が基本だが，

フェアでないことや意図性，さらに自尊心の毀損の評価も影響し，これらの評価の重要性に関しては個人差があることを示している（クールマンス，カッペンス＆メッヘレン，2012）。こうした焦点をしぼったアプローチによって，怒りの種々のタイプやその個人差の解明が進みつつある。可笑しみとユーモアに関する感情グループにターゲットをしぼった認知的評価を含んだ分析については，5節で，嫌悪感情との比較と畏敬感情との比較を試みることにする。

3 ネガティブ感情とポジティブ感情

　次元説，基本感情説，認知的評価理論とみてきたが，いずれの理論においても感情をポジティブ感情かネガティブ感情かに大別する点では共通していた。通常，驚きは，ローズマン（1996）の分析のように，ニュートラルな感情として位置づけられる。しかし，状態としての驚きは不安と関連したネガティブ感情であるとの考えもある。これは，突然の大きな音などに対して示す驚愕反射が，不安状態が高いほど大きくなることが主要な論拠となっている（ブラッドリー＆ラング，2000）。西川（2012）は，現時点で感じている驚きの状態とふだん感ずる特性としての驚きを質問紙で調査し，状態としての驚きはネガティブ感情と関連しているが，特性としての驚きはポジティブ感情と関連していることを指摘している。

（1）ポジティブ感情とネガティブ感情を区別する3つの基準

　ポジティブ感情とネガティブ感情を区別する基準としては，通常3つの基準があげられる（ツガデ，シオタ＆キルビー，2014）。

　①ポジティブ感情は有益な感情で，ネガティブ感情は有害な感情：この考えは，逸脱増幅的な循環反応（本章5節参照）については妥当だが，基本的なポジティブ感情，ネガティブ感情の評価としては誤りである。ダマシオ（1994）は，脳損傷により感情を感じなくなってしまったエリオットの例をあげている。エリオットは優秀なビジネスマンだった。脳損傷による知能への影響はなかっ

たが，不安や恐怖を感じなくなってしまったために，危ない取引に手を出して失敗し，しかし，それでも不安に感じる風もなく，家庭も壊れ，没落していった。不安や恐怖などのネガティブな感情は，危険をさける直感（Gut Feeeling）として，痛みの感覚と同様に，生存には不可欠なのである。怒りも適切に表出されるなら，関係の改善をもたらす場合もある。チベット仏教の指導者で感情研究についても深い知識を持っているダライ・ラマは，道路に飛び出そうとする子どもへの怒りは建設的な怒りであるとし，感情で重要なのは，ポジティブかネガティブかの別ではなく，建設的か破壊的かの別であると指摘している（ゴールマン，2003/2003）。

②ポジティブ感情は接近的動機づけの感情で，ネガティブ感情は回避的動機づけの感情：ダビッドソンは，接近的動機づけをともなう感情は脳の左前頭前野の活性化をともない，逆に回避的動機付けをともなう感情は脳の右前頭前野の活性化をともなうことを多くの実験で示した（ベグリー & ダヴィドソン，2012）。チベット仏教における慈悲の瞑想を行うと左前頭前野の活性化が増す。脳の前頭前野の左右活性化のバランスは，ウェルビーングと関連することも示されている。左側の方が活性化されている人ほど，ウェルビーイングはより良好な傾向にある。したがって，接近的な動機づけをともなう感情がポジティブと言ってよさそうだが，怒りについては一般にネガティブ感情と見なされているにもかかわらず，対象に近づこうとする接近的動機づけをともなう感情であり，脳の左前頭前野の活性化をともなう。

③フィーリングとしてポジティブ感情は快でネガティブ感情は不快：怒りの発散は，力の感覚をともない，ときに快であることはあるが，基本的には不快として経験される。したがって，フィーリングとしての快―不快がポジティブ感情とネガティブ感情の区別と最も対応する。ただし，ポジティブ感情とネガティブ感情の基底にあるものとしては，2つ目の基準の接近的動機づけ・回避的動機づけとの関連も重要である。笑いや可笑しみは，ポジティブ感情だが，攻撃行動との関連があるのは，接近的動機づけという点で結びつきやすいのかもしれない。

(2) ネガティブ感情バイアス

　従来の感情心理学でネガティブ感情が主要な研究対象となってきたのは，ネガティブ感情の方が，感情の構成がより明確で重要性が高いとされ，インパクトも大きいことによる。これをネガティブ感情バイアスと言う。ポジティブ感情の役割は，より緊急でない，可能性の探索やリソースの構築といった領域にある（フレデリクソン，2009）。ネガティブ感情の特徴は，以下の3点に示される。

緊急性と構成

　恐怖や怒りなどのネガティブ感情は，危険な憂慮すべき出来事が生じ，心理的身体的なリソースを動因しての即座に明確に方向づけられた反応を必要とすることを示す。反応の遅れや方向のずれ，資源の動因不足はときには死につながる。一方，ポジティブ感情は出来事が満足すべき状態であることを示すので，緊急の明確な反応は必要ではない。恐怖や怒りなどのネガティブ感情が，認知から身体的反応までセットになった緊密な構成をみせるのに対し，ポジティブ感情の構成がより拡散しているのはこのためである。

ネガティブは強い

　ポジティブ感情は表出を抑制すると減衰するが，ネガティブ感情は表出を抑制しても減衰しにくい（グロス，2009）。ネガティブ感情の方が強いので，ネガティブ感情の頻度1に対し，ポジティブ感情の頻度が同じだと感情的ウェルビーイングは悪化し，ポジティブ感情の頻度2程度でちょうど釣りあい，ポジティブ感情の頻度がネガティブ感情の3倍になると感情的ウェルビーイングが非常によい状態になるとの指摘がある（フレデリクソン ＆ ロサダ，2005）。

　雨宮・吉津（2010）は，フレデリクソン（2009）のネガティブ感情10とポジティブ感情10の体験頻度を日誌法で調査した。対象は大学生42名で，1週間にわたって，毎晩寝る前にポジティブ感情10（喜び，穏やかさ，愛情，感謝，誇り，希望，感動，興味，面白さ，畏敬）とネガティブ感情10（ストレス，悲しみ，怒り，憎しみ，嫌悪，軽蔑，恐怖，当惑，恥，罪悪感）について，1日の内に経験した頻度を0（まったく感じなかった）から4（非常に感じた）までの5段階

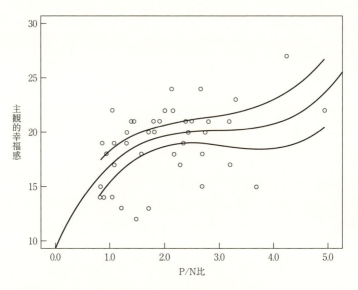

図 5.8 P/N 比と主観的幸福感
(注) 主観的幸福感は 4 〜 28 点で採点した。曲線は 3 次回帰とその 95% 推定域。
(出所) 雨宮・吉津 (2010)

で評定してもらった。

　感情の経験頻度は，畏敬の経験頻度が低いなどの感情の種類による差があるが，全体としてはポジティブ感情の頻度の方が，ネガティブ感情の頻度よりも多い傾向が示された。42 名の被験者ごとに 10 ポジティブ感情 (P) と 10 ネガティブ感情 (N) の経験頻度の比率 (P/N 比) を求めると，平均が 2.04 で標準偏差が 0.95 となった。被験者による P/N 比のバラツキは大きいが，P/N 比の平均の 2.04 は，フレデリクソン (2009) のアメリカの平均値データの比率とほぼ一致している。

　P/N 比がウェルビーイングと関連するか，各人の主観的幸福感の程度を主観的幸福感尺度日本語版 (島井ほか，2004) で測定して，各人の P/N 比と主観的幸福感の相関係数を求めると 0.46 ($p < .01$) で，P/N 比が高いほど幸福感が高い傾向にあることが示された。P/N 比から主観的幸福感への回帰分析を試みると，3 次回帰式まで寄与率の改善が見られた (図 5.8)。データ数が少

なく，大まかな傾向しか分からないが，P/N比と主観的幸福感が直線的関係ではなく，P/N比＝2.0付近を中心にP/N比が1に近くになると主観的幸福感が落ち込み，P/N比が3を越えると主観的幸福感が大きく上昇することがうかがえる。

　ネガティブ感情の強さは，人が一般的に利益よりも損失に対して敏感であることにもあらわれている。カーネマン（2011/2012）はプロスペクト理論で，人は小さな損失であっても極力損失の確定を避ける損失回避の傾向があることを示している。これは，株取引などで，損切りができず損失を拡大させてしまう失敗の原因となっている。また，好ましいものに小量でも嫌悪すべきものを混ぜると嫌悪が優位になる。汚物に美味しいお菓子をそえても汚物への嫌悪感情は緩和されないが，美味しい食事に一滴でも汚物が混ざっていれば全体が台無しになる。人の印象でも，ネガティブ情報にポジティブ情報をまぜるとネガティブが優位になる。信頼を形成するには長い時間がかかるが，不信は一瞬の一言で生じてしまう。以上のように，ウェルビーイングへの影響においても，損得判断においても，好悪の印象においても，信頼形成においても，ネガティブ感情の影響は強い。

ネガティビティー・バイアスとポジティビティー・オフセット

　刺激が強くなると回避反応と関連したネガティブ感情は急速に立ち上がるが，接近反応と関連したポジティブ感情は刺激を強くしてもあまり強くなりにくい。これをネガティビティー・バイアスと言う。逆に刺激がごく弱いか無い状態だと接近反応と関連したポジティブ感情が優位になる。これをポジティビティー・オフセットと言う（図5.9）。オフセットというのは，刺激がごく弱いか無い状態においてポジティブ感情はゼロではなく，プラス方向にずれていることを指す（イトウ＆カシオッポ，2005）。ポジティビティー・オフセットの意味としては，とくに何事もないときに人が一般に幸福感を感ずる現象を指すこともある。

　ミラー（1959）は，奇妙なネズミの実験でネガティビティー・バイアスとポジティビティー・オフセットの存在を示した。ネズミを杭に縛り付け，餌など

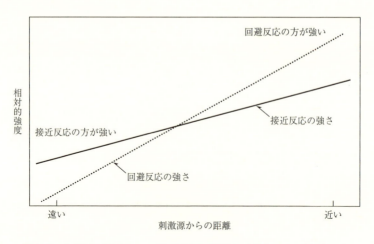

図5.9 ネガティビティー・バイアスとポジティビティー・オフセット
(注) 点線がネガティブ感情，実線がポジティブ感情。
(出所) イトウ＆カシオッポ（2005）にもとづき筆者作成。

のポジティブ刺激に向けて綱を引っ張る強さと捕食者のニオイなどのネガティブ刺激から逃げようして綱を引っ張る強さで，感情的動因の強さの測定を試みたのである。その結果，ポジティブ刺激とネガティブ刺激の強度は刺激からの距離に逆比例した。ネガティブ刺激から逃げようと綱を引っ張る力はネガティブ刺激に近づくと急に大きくなるが，ポジティブ刺激ではそれほどでもない。ネガティブ刺激が近づくと必死に逃げようとするが，ポジティブ刺激が近づいてもそれほどには必死に近づこうとはしないということになる。これがネガティビティー・バイアスである。逆に刺激から非常に遠いところでは，ポジティブ刺激の方向へ近づこうとする力の方が，ネガティブ刺激から遠ざかろうとする力より強くなる。非常に弱い刺激でもポジティブへ向かおうとする傾向がポジティビティー・オフセットである。ネガティビティー・バイアスは危険からの必死の脱出，ポジティビティー・オフセットは可能性の探索と位置づけることができる。

　プラスの刺激に接近し，マイナスの刺激から回避しようとするのは全ての動物の基本的な動機づけである。カーバーらは，この接近・回避動機づけとの関

連で，状況が予測よりもよい状態だとポジティブ感情が生じ，予測よりも悪い状態だとネガティブ感情が生ずるとした（カーバー & シャイアー，1998）。カーバーらは，接近動機づけの成功が満足や高揚，失敗が悲しみや抑鬱，回避動機付けの成功が安堵ややすらぎ，失敗が恐怖や不安，などの感情をそれぞれ生ずるとした。

このカーバーらによる感情の4分類は，内容的には感情の認知的評価説で紹介したローズマンらによる感情分類（図5.7）の一部分とほぼ対応する。接近動機づけはプラスの報酬に接近しようとするAppetitiveな動機に，回避動機づけはマイナスの罰を回避しようとするAversiveな動機に，それぞれ相当する。行動制御の観点からのカーバーらの研究と認知的評価説の観点からのローズマンらの研究は，視点は異なるが，接近動機づけと回避動機づけを基礎として，感情を分類しようとする点では共通している。

4　感情とは何か

有斐閣の『心理学辞典』の感情の項には次のように記されている（今田，1999）。「感情がどのようなものであるかは誰もが知っているが，その定義を求められると誰もが答えられないといわれる。これは感情の種類についてもいえることで，何を基本感情と見なすかということすら研究者のあいだで意見が一致していない。また日本語においても外国語においても感情にかかわる用語は多様であり，感情をどの範囲に規定するか，また用語をどのように用いるかが，いまだに一致していない。たとえば英語圏においては，emotion という用語が一般的に用いられるが，affect を emotion の上位概念とみなす場合もある。また日本においては，emotion という用語の，その動的側面を強調する場合は，情緒，情動という用語が用いられ，feeling を感情に対応させることが一般的だった。」

今田（1999）がのべているように，日本語の「感情」に対応する英語としては，"emotion" と "affect" がある。"emotion" の "e" は外へという意味の

接頭辞で，"motion"は動きである。怒りや恐怖など明確な身体的表出をともなう感情が"emotion"の典型例である。一方，"affect"は影響する，影響を与えるといった語義でより広い範囲の感情現象を指す。"emotion"も"affect"同様，「感情」と訳されることが多いが，"emotion"における動きの含意を強調する場合には「情動」と訳される場合もある。したがって，日本語で感情といった場合には，2通りの意味がありうることになる。

感情1 = "emotion" 感情2の下位概念，とくに感情2と区別するときには情動と呼ぶ

感情2 = "affect" 感情1（情動）を含む上位概念

本書では，「感情」という言葉を感情2の"affect"と感情1の"emotion"の両方の意味で用い，"emotion"のみをとくに指す言葉としての「情動」は用いない。これは，本書では，"emotion"を中心とした感情現象を幅広く連続的な存在としてとらえるため，上位概念である"affect"の訳語の「感情」で，その中核例である"emotion"をもカバーするためである。"affect"には中核例である"emotion"以外にどんな現象があるのか，以下，中核例としての"emotion"の定義の紹介に引き続いて説明する。

（1）感情（emotion）の定義

　感情心理学においては，これまで特定の理論的立場からの研究書や入門書，学説史はあったが，テキストといえるものは存在しなかった。カラット＆シオタ（2006）の"*Emotion*"は，こうした感情心理学の状況において，最新の情報にもとづき，意見の対立のある部分はそのまま残し，現時点での最大公約数を的確にまとめた，感情心理学におけるはじめてのテキストと言える内容にしあがっている。下に，カラット＆シオタ（2006）における感情の暫定的な定義を引用する。

　"An emotion is a universal, functional reaction (a) to an external stimulus event (b), temporarily integrating (c) physiological, cognitive, phenomenological, and behavioral channels (d) to facilitate a fitness-enhancing,

environment-shaping responses (a) to the current situation." (p. 6)
　ここでのポイントは，下の4点にまとめられる。
　(a) 適応性：感情は環境への適応的な反応や働きかけを導く。現代の環境に対しては非適応な場合もあったとしても基本部分は適応的な反応のしくみとして進化したと仮定する。
　(b) 出来事認知：感情は原則として外的な出来事への反応として生ずる。たんなる感覚刺激ではなく，出来事が感情を引き起こす。想起や予想に対して生ずる感情は派生として位置づける。
　(c) 一時性・割り込み：感情は一時的な，しかし複数の系を統合する図としての現象である。一時的に複数の系を統合する反応なので，一般的に感情は，背景の地としての現象にとどまらず，前面の図として他の進行中の過程に割り込んで，優先的に行われる。
　(d) 認知・意識・身体：感情反応を構成する系には，認知，意識（フィーリング），身体（表出，生理，行動）の3種類がある。

（2）感情（emotion）と関連した4つの感情現象
　典型的な感情（emotion）を特徴づける（a）から（d）の一部が当てはまらない，一連の感情現象がある。
　①情緒（sentiment）：あこがれ，後悔など身体的な反応が明確でない認知的に複雑な感情。（d）の身体的成分や（c）の割り込み処理がないか弱い。
　②感情的態度（emotional attitude）：憎しみ，好意，嫌悪など特定の対象に対する持続する感情的な評価。（c）の一時性がないか弱い。
　③感覚感情（sensory affect）：出来事の認知的評価ではなく，感覚刺激によって生ずる感情的反応。（b）があてはまらない。たとえば，嫌悪感情の場合，嫌な味への反応であれば，出来事の認知ではなく，感覚刺激への反応である。しかし，嫌悪感情はより心理的な意味の認知的評価に基づく反応へと展開する（ロジン，ハイト＆マコウリー，2008）。
　くすぐりと笑い，身体的接触と愛着，捕食者のニオイと恐怖，痛みと孤独感，

表5.1 感情（emotion）と関連現象の比較

	出来事の認知的評価	一時性・割り込み	身体的反応
感　情	○	○	○
情　緒	○	△	×
感情的態度	○	×	△
感覚感情	×	○	○
気　分	×	×	×

など感覚刺激が感情反応を喚起する例は多い。これらを，出来事の認知的評価による感情反応の原始的段階ととらえることもできる。

　④気分（mood）：憂鬱な，楽しい，元気な，疲れたなど，特定の出来事への反応ではなく，また一定の対象にも向けられていない，比較的弱く持続する感情状態。(b) と (c) が成り立たない。また明確な身体的表出や反応も乏しい。気分は感情の次元説が中心課題とするフィーリングのみの現象として位置づけられる。

　出来事や対象とのかかわりを欠く気分はemotionとは区別されて扱われるが，情緒，感情的態度，感覚感情はいずれも出来事や対象へのフィーリングにもとづく評価的反応であり，emotionと連続的な現象として扱うことができる。満足，喜びなどのポジティブ感情も，割り込み処理などの特徴は欠如しているか弱く，機能についてもそれほど明確ではない。怒り，恐怖などの典型的な感情をA級感情とすれば，情緒，感情的態度，感覚感情，ポジティブ感情などは，様々な形で典型性を欠く，B級映画やB級グルメのような，B級感情と言えるだろう。

　感情，情緒，感情的態度，感覚感情，気分を出来事の認知的評価，一時性・割り込み，身体の反応の3点で整理すると表5.1のようになる。気分は感情とは対比的な状態だが，情緒，感情的態度，感覚感情は，感情との境界はそれほどはっきりしないので，B級の感情として連続的現象と扱うことにより，嫌悪感情や可笑しみ，ノスタルジー，あこがれなども含めて多様な現れ方をする感情現象を解明することができるだろう。

出来事の認知に関しては，パンクセップ（1998）やポージス（2011）のように，感覚刺激の受容の重要性を主張する研究者も多い。たとえば，ネズミの恐怖反応の無条件刺激となるネコのニオイや，一般に恐怖反応の無条件刺激となる大きな音などは，感覚刺激である。コロンベティ（2013）は，従来の感情心理学が感情の認知的評価において感覚刺激などの身体性を無視して，認知主義に傾いていたことを批判している。動物における感情と人間の感情の関連の把握という点からも，感覚刺激の受容を認知的評価とともに感情生起の原因として位置づけ，両者の関連を検討した方が生産的だと思われる。emotion と感覚感情は連続的であり，両者を峻別することはできないのである。

モリオール（2009）の可笑しみは感情ではないという主張は，感情をA級の emotion のみに限定すれば正しい。しかし affect の領域では，A級の emotion を中核とし，情緒や感情的態度，感覚感情など，種々のB級の感情現象が存在し，可笑しみの解明は，A級からB級までの affect を連続した現象としてとらえることによって可能になる。筆者は，こうした affect 現象の連続性重視の立場から，B級感情をも軽視せずに感情心理学の観点からアプローチを試みる。

5 感情としての可笑しみの特徴

（1）感情の相互作用モデルに可笑しみを位置づける

感情とは何か簡単に見てきた。感情という巨象を前にして，実証的な研究の一方で第一線の研究者の間で基本的な概念やアプローチに関する論争が行われている。クーン（1962/1972）の用語を使えば，感情心理学は全体としては，まだ前パラダイム期の段階なのかもしれない。コア・アフェクト説を唱えるラッセルと進化的な基本感情説の側に立つパンクセップの間の論争（ザハー ＆ エリス，2012）など，現在も論争は継続中である。しかし，カラット ＆ シオタ（2006）のテキストに示されるように，一定のコンセンサスは形成されつつある。コンセンサスの一端は，先に示したカラット ＆ シオタ（2006）による感情の定義に示されている。雨宮（2014）は，感情現象を認知，フィーリング，

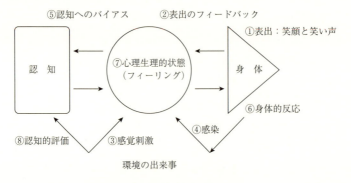

図5.10 感情の相互作用モデル

身体の3つの要素間の相互作用としてとらえる考えを感情の相互作用モデルとよび，感情としての可笑しみの位置づけを試みている。

図5.10に，認知，フィーリング，身体の3要素からなる，感情の相互作用モデルを示した。①から⑩は，感情を3要素の相互作用としてとらえたときに，問題として設定される10のポイントである。感情の相互作用モデルの立場からは，3要素の相互作用のなかに位置づけた10のポイントを精査することによって総体としての感情が解明されることになる。なお，この図には，脳は書き込んでいないが，認知，フィーリング，身体，そしてそれらの間の相互作用すべてにおいて，脳の機能が前提になっている。各ポイントの解明において，脳の機能を参照することが必要になる場合もあるが，脳機能を参照せずとも，行動観察，心理学的実験，調査などによって解明できる部分は多い。脳機能についてはとくに必要な場合にのみ言及する。

③感覚刺激・⑧認知的評価・④感染：いずれも感情の生起原因となる。⑧については前節の感情の認知的評価説でのべた。③は，感情を生起させる感覚刺激である。ほ乳類とも共通の基本的な感情には，感情反応の無条件刺激がたいてい見いだせる。種に特有な生得的恐怖刺激，怒り反応における苦痛や不快の刺激，愛着的愛におけるふわふわした触覚刺激，養育的愛における幼形刺激な

どである。感情反応における無条件刺激の範囲はまだ十分に明確になっていないが，従来想定されていたより大きな役割を果たしている可能性がある（ロールズ，2005）。一方，誇り，感謝，罪悪感，などの自我関連感情をはじめとする，人間の高次の認知と関連する感情においては，感覚刺激を用いた二次的な条件づけは可能だろうが，無条件刺激としての感覚刺激は想定しにくい。また，無条件刺激と思われる場合も，くすぐりが笑いを生ずるのは遊びの状態のもとであり，そうでないと侵害による苦痛となるなど，特定の動機付け状態を前提とすることもあり，単純な無条件反応ではない場合が考えられる。④の感染は，笑いの場合ラフトラック（録音された笑い声）で用いられているように，笑い声が感染しやすいことが，多くの実験によって示されている。表情感染の研究も多い。

⑦心理生理的状態（フィーリング）：ウィリアム・ジェームズが指摘したように意識の重要な役割として情報の選択機能がある。感情の持つ，一時的な図としての割り込み反応という側面は，意識による情報の集約と連携していることが考えられる（マーチン＆クロー，2001）。感情における意識の中心は，出来事や刺激に対する集約的な評価としてのフィーリングである。感情や気分におけるフィーリングの次元については，前節でやや詳しくのべた。カシオッポら（1999）が指摘するように，フィーリングは結局のところ，背後に潜んだ種々の身体的・生理的過程が集約され表面に浮かび上がったものにすぎず，意識というモニター上のフィーリングの測定だけでは不十分で，背後に潜んだ身体的・生理的過程を腑分けしていく必要がある。⑦をフィーリングに限定せずに，身体にもかかわる心理生理的状態としたのは，このためである。2章では，身体の観察にもとづき，笑いにおける心理生理的状態が快，興奮，弛緩で特徴づけられることを示した。

①表出・⑥身体的反応：身体を通じた感情反応である。表出は感情におけるノンバーバルコミュニケーションの経路である。表出に関しては，エクマンが先鞭をつけた表情研究が先行していたが，音声，姿勢に関する研究も活発に行われるようになった。⑥の身体的反応は，不安における警戒行動，好奇心にお

ける探索行動，養育的愛における細心なケアなど，それぞれの感情に応じた身体的反応であり，物理的あるいは社会的な環境への働きかけが行われる。また，交感神経系やHPA軸（Hypothalamic-Pituitary-Adrenal axis）（6章2節参照）を通じたストレス反応や，ポジティブ感情によるこれらの解除効果なども，⑥の身体的反応に含まれる。これらの身体的反応は，次章のテーマである。なお，⑥の身体的反応と⑦の生理的状態の区別は，⑥がより環境への反応にかかわっているのに対し，⑦はより内的状態にかかわっているという相対的なもので，重なっている部分もある。

②表出のフィードバック・⑤認知へのバイアス：感情反応には，2つのフィードバック経路がある。1つが，①表出および⑥の身体的反応から⑦心理生理的状態へのフィードバックである。これは感情の末梢フィードバック説として扱われてきた過程である。ダマシオ（1994）の言うソマティック・マーカー（Somatic Marker）もこの経路を通じたフィードバックに相当する。もう1つが⑤認知へのバイアスである。感情は⑧出来事の認知的評価によって生ずるが，逆に⑤認知へのバイアスも生じさせる。気分や感情におけるフィーリングの認知へのバイアスについては，注意の範囲や拡散的思考，認知的視点変更などをはじめとして多くの研究がある。可笑しみの気分は，注意の範囲の拡大，拡散的思考の促進，認知的視点変更の促進，ストレス事象からの認知的距離の確保，単純ミスの増加，などの認知的効果があることが示されている。また，気の利いたジョークなどは，認知的リソースを吸収し，気晴らしになることも示されている。これらの認知へのバイアスは，6章のテーマである。

①から⑧までの知見をふまえて，感情としての位置づけにもとづいた⑨ユーモアの個人・社会的機能とパーソナリティの解明や⑩他の感情との比較を行うことになる。ユーモアの個人・社会的機能についても，6章で解説する。また関連感情との比較については，本章の終わりでのべる。

(2) 感情反応における逸脱増幅的循環

感情の相互作用モデルは，2節でのべた，認知的評価説，次元説，基本感情

説でそれぞれ重視される認知的評価，フィーリング，身体的反応を取り入れた総合的な内容になっている。感情反応の流れについては，認知的評価説と基本感情説では出来事の評価から身体的反応への一方向の流れを前提としている（図5.4）。次元説では感情反応の流れをとくに限定せず，コア・アフェクト説ではより積極的に出来事の評価から身体的反応への一方向の流れに限定されないことを強調している。感情の相互作用モデルは，出来事の評価から身体的反応への流れが基本となる点は認知的評価説，基本感情説と共通だが，身体からフィーリングへ，フィーリングから認知へといった逆方向のフィードバックの流れも重視する点が異なる。

　感情の相互作用モデルでは，感情反応における両方向の流れを重視するため，感情反応におけるポジティブ・フィードバックによる逸脱増幅的な循環を扱える。たとえば，怒りのフィーリングで認知的な焦点化が生じ，さらに怒りが昂進する，不安によってストレス源に注意が向き反芻によって不安が持続する，あるいは笑顔によって人との交流が進みますます楽しい気分になるなどである。一般的に感情は，一過性の過程だが，こうした逸脱増幅的な循環の存在のために，特定の感情が持続したり，あるいは昂進したりといった事態が生ずることになる。

　本章3節でのべたように，不安や怒りなどのネガティブ感情も基本的には適応的な反応だが，逸脱増幅的な循環が起きると往々にして弊害が生ずる。人間の場合には認知が発達し，ストレス事態も複雑化・長期化しているために，逸脱増幅的な循環による弊害がとくに問題となる。こうした望ましくない逸脱増幅的な循環を断ち切るためには，循環過程のどこかに介入することが必要となる。これが感情調節である。感情調節については6章2節で概略をのべる。

　ポジティブ感情においても，逸脱増幅的な循環は生じうる。この場合は，ネガティブ感情における循環の場合とは逆に，多くの場合望ましい事態をもたらす。ポジティブ感情における逸脱増幅的な循環に関しては，6章2節でのべるように，フレデリクソンによるポジティブ感情の拡張構築理論が提唱されている。一般に，ネガティブ感情が不適応的で望ましくない感情で，ポジティブ感

情が適応的で望ましい感情とされるのは，人間に特有の逸脱増幅的な循環に着目した評価である。一過性の感情については，突発的な怒りなどは別として，ネガティブ感情もポジティブ感情も基本的にはともに適応的な機能をもっている。

　以下では，嫌悪感情など他感情との比較をする前に，可笑しみの感情としての位置づけを明確にするために遊びと可笑しみの関係について簡単に検討する。

（3）遊びと可笑しみの関係
遊びと笑いの無目的性

　遊びは特定の目的をもった活動ではなく，活動そのものの楽しさのために行われる。活動そのものの楽しさという意味ではワクワク感を伴う好奇心も同様だが，好奇心の場合には新奇情報の発見という目的がある（シルビア，2006）。これに対して，遊びの場合は，運動的，認知的，社会的なスキルの訓練および新しい技能の開発につながりうるという機能，つまり，長期的，蓋然的な目的はあるが（ベイトソン＆マーチン，2013），活動をする動物や人にとっては副産物に過ぎない。

　遊びという言葉には，「ハンドルの遊び」など，直接の結果をもたらさないが全体的には必要な余裕という意味がある。複雑な問題では，局所的には最適であっても大域的には最適ではない解に落ち込んで動けなくなってしまうという問題が常に生ずる。すべての組み合わせは膨大な数になってしまい，しらみつぶしには確かめられない。こうしたときに，局所的な最適解から脱するための方法として，一時的にランダムで大きな変動が導入されることがある。これもある種の遊びである。遊びが，創造的な問題解決に貢献しうるのはこのためである。遊びの無目的性は，近視眼的にみると無駄だが，長期的，全体的にみると合理性があるのである。

　笑いの無目的性は，スペンサー以来の笑いのエネルギー論（4章4節）で注目されてきた点で，反転理論ではパラテリック状態として理論化されている。ケルトナーは比喩的に笑いを瞬間バケーションと呼んでいる。可笑しみや笑い

の無目的性は，遊びの基本特性から派生したものと言えるだろう。
笑いには遊びの行動的特徴が見られる

　3章2節でのべたように遊びには5つの特徴がある。このうち，「新奇性」と「誇張や変化をともなう繰り返し」は遊び行動の特徴，「余裕」は遊びが生起するための前提条件，「活動それ自体が目的」と「シリアスでないこと」の2つは遊び状態の基本特性である。

　「新奇性」と「誇張や変化をともなう繰り返し」は，遊びにおける創造性の源だが，3章でのべた乳幼児の道化やコメディーなどで観察される行動の特徴でもある。従来のユーモア研究は機知や狭義のユーモアに偏り滑稽の研究が少ないので，「新奇性」と「誇張や変化をともなう繰り返し」は十分な研究対象とはなってこなかったが，無害逸脱理論やベルクソンの不一致理論（4章3節参照）では分析の対象となっている。ただし，ベルクソンが機械的運動の特徴と見なした動作の繰り返しや反転，2つの独立した系列の事象の交差などは，遊び行動の特徴として位置づけた方が適切である。可笑しみ刺激の特徴のある部分は「新奇性」，「誇張や変化をともなう繰り返し」という遊び行動の特徴に基盤があると言ってよいだろう。

　好奇心による探索行動は危険であったり，栄養状態が十分でない場合でも生ずる。危険の回避方法や餌のありかを探索する必要があるからである。これに対し，直接の目的を持たない遊びは，安全な状態でないと生じないし，栄養が欠乏していても生じにくい。幼い動物は危険を察知するとすぐに遊びをやめて養育者の元に戻る。また内藤（2001）が指摘するように，いじめの加害者も，形ばかりの叱責などではなく，罰せられる真の危険を察知すると，すぐに遊びとしてのいじめ行為をやめる。笑いと結びついた「余裕」は遊びを背景にしていると言えるだろう。

可笑しみの快の源泉は遊びにある

　フロイト（1905/1970）は可笑しみの快の源泉を次のように記述した。「われわれがこのように到達しようと努めている上機嫌は，そもそもわれわれが心的作業をごく僅かな消費でまかなうのをつねとした時代の気分にほかならず，わ

れわれが滑稽なものを知らず，機知もできず，ユーモアも用いることなくして生活に幸福を感じえた子どもの時代の気分にほかならないのである。」フロイトが可笑しみの快の源泉とする子ども時代の気分は，遊びにおける「余裕」を前提とした「活動それ自体が目的」の快の状態である。子ども時代の遊びのはしゃいだ気分が，心的作業での消費の少なさによるのか，エネルギーが無駄に余っているためなのかは別として，フロイトとともに，可笑しみの快の源は遊びにおける「余裕」の快の状態であり，それは子ども時代に典型的に見られると言ってよいだろう。

苦労人フロイトにとって遊びは子どもの特権であり，可笑しみはその追体験だった。しかし，劇作家として思うままに人生を生きたバーナード・ショーは，「人は老いたから遊びをやめるのではない。遊びをやめるから老いるのだ。」などと，生涯を通じての遊びの意義を強調している。

プレイ・ファイティングが笑いと可笑しみの基盤である

以上のように，可笑しみと笑いにかかわる行動や刺激の特徴，その快の源泉は，遊びに由来している。動物の遊びには，移動遊び，モノ遊び，社会的遊びの3領域があるが，パンクセップ（1998）が指摘するように笑いや可笑しみと最もかかわりが深いのは，社会的遊び，とくに，プレイ・ファイティング（3章2節参照）である。

プレイ・ファイティングは，幼い動物にとっては重要な遊びだが，真剣なファイティングと区別されなければならない。この区別の手がかりが，プレイ・シグナルである。パラジら（2016）が指摘するように，プレイ・シグナルには感情状態の表出と意図的なシグナルの両者が含まれる。人間の場合には，笑顔と笑い声，様々な言語的な情報によってプレイ・シグナルが伝達される。言語的なプレイ・シグナルは，主に声の調子や文脈的な情報によって伝達される（チェイフ，2007）。可笑しみと笑いは，プレイ・ファイティングを主要な基盤としているため，遊戯的ではあっても攻撃的な側面がかかわりやすくなる。いじめのように加害者側にとっては遊び，被害者側にとってはシリアスな攻撃という事態も生ずる。こうした遊びにおける遊戯的な攻撃の側面は，4章2節

第5章　感情として笑いとユーモアを位置づける

で紹介した優越理論において様々に取り上げられている。

　以上確認したように，感情としての可笑しみは，遊び，とくに社会的遊びにおけるプレイ・ファイティングを主要な基盤として，人間の段階で独自の発展をとげたと考えられる。可笑しみは，遊戯性よりも持続時間がより短い現象なので，可笑しみは，遊戯性にプレイ・ファイティングでしばしば生ずるような興奮が加わり生ずるようになったと想定できる。ここでの興奮は，新奇性や誇張と関連した侵犯や逸脱によってもたらされる。くすぐりやイナイイナイバー，追いかけっこ，様々な乳幼児の道化などである。

遊戯性と興奮が可笑しみと笑いを生起させる

　遊戯性と興奮は，4章4節で紹介した反転理論における可笑しみの生起条件であるパラテリック状態と高覚醒状態に相当する（図4.3）。アプター（1982）は，見かけと真相の認知シナジーが，パラテリック状態と高覚醒状態の誘導を介して可笑しみの快を導く場合と直接に可笑しみの快を導く場合の両方があることを想定しているが，可笑しみの快の必須条件をパラテリック状態と高覚醒状態とするなら，直接の経路は不要だと思われる。ここで重要なのは，可笑しみの快の条件であるパラテリック状態が，見かけと真相の認知シナジー，メタコミュニケーション，場の雰囲気といった複数の経路によって生じうることである。メタコミュニケーション，場の雰囲気においては，プレイ・シグナルや遊戯状態の感染が関与する。高覚醒状態は，意外性と見かけと真相の認知シナジーによって生ずる。

　2章5節でのべたが，可笑しみと笑いは，遊戯的状態のなかで，興奮を引き金として生起する比較的持続時間の短い感情で，通常は場の雰囲気やメタコミュニケーションによって用意された遊戯的状態に興奮が導入されるが，遊戯状態と興奮が見かけと真相の認知シナジーによって同時に導入されることもある。これまでの可笑しみ生起の認知的研究では，刺激特性の詳細な分析はされても，ネルハルト（1970）による重り比較実験（4章4節（6）参照）で示されたような遊戯的状態の役割が適切に評価されてこなかった。可笑しみの生起の解明には，興奮だけではなく，遊戯性の評価もしたうえで，複数の経路による可笑

しみの生起を査定していく必要がある。

　反転理論では，パラテリック状態を色の好みによって測定しようと試みたが，一般に使えるような測定方法は確立できなかった（ウォルターズ，アプター＆スベバク，1982）。パラテリックといった特定の理論に依存した概念ではなく，より一般的に遊戯状態として，感情心理学や遊び研究と連携して，状態の指標を測定する手法を開発する必要があるだろう。また，認知的シナジーについては，身体レベルから高次のユーモアまで，可笑しみ刺激をより幅広くあつめ分類したうえで，可笑しみ生起のしくみを査定していくことが必要だろう。可笑しみの分類については，嫌悪感情との比較で，次にのべる。

（4）可笑しみの4段階：嫌悪感情と可笑しみの比較
嫌悪感情の5段階説

　嫌悪感情の喚起刺激は，腐った食物，禁忌の食物，排泄物，死体，性行動，身体表面の奇形，よそ者，道徳的侵犯などその範囲が非常に広く多様である。一方で，嫌悪の表情は，単純明快で，鼻に皺を寄せ，口をとがらせ，嫌な味のものを吐き出す表情である。腐った食物や嫌な味に対しては，動物も嫌な味のものを吐き出すような嫌悪の表情を示す。だが排泄物に対しては，人間のような嫌悪感情は示さず，排泄物をマーカーとして利用したり食べる動物も多い。人間の幼児も，最初は排泄物への嫌悪感情は示さず，学習によって身につける。食物禁忌や性行動に関しては，文化による差が大きい。嫌悪感情は，動物とも共通する基本部分を持ちながら，文化的な高次の意味の領域まで喚起刺激の幅が著しく広い。

　ロジン，ハイト＆マッコーリー（2008）は，嫌悪感情の5段階説を提唱した（表5.2）。「0. 嫌な味」は，他の動物とも共通な原嫌悪（Proto-disgust）とも言える段階で，これが嫌悪感情の基盤となる。「1. 中核嫌悪」は，感染などの危険への反応として，嫌な味を吐き出す反応から直接に展開したものである。これ以降の段階は，文化的意味づけの領域で，文化人類学者のシュヴェーダーによる道徳理論にもとづいている。シュヴェーダーは，道徳を自律性の道徳

第 5 章　感情として笑いとユーモアを位置づける

表 5.2　嫌悪感情の 5 段階

	0. 嫌な味	1. 中核嫌悪	2. 獣　性	3. 対　人	4. 道　徳
機　能	身体を毒から守る	身体を病気や感染から守る	身体と魂を守る，死の否定	身体，魂，社会，秩序を守る	社会秩序を守る
刺　激	嫌な味	食物摂取，身体からの分泌物，虫など	セックス，死，衛生，身体表面の異常	よそ者や望ましくない人との接触	道徳的侵犯

（出所）　ロジン，ハイト & マッコーリー（2008）

（個人が害を受けずに自律的に生活することが目的），コミュニティーの道徳（家族や会社，国などの集団のまとまりを保つことが目的），神聖さの道徳（個人が汚染と堕落からまもられ，清らかさを保ち神聖さに近づくことが目的）の 3 種類に分けた。

　嫌悪感情は，シュヴェーダーの言う神聖さの道徳において，聖なる場所や儀式，行動規則などと対比されて，避けるべき負を規定する感情である。ロジン，ハイト & マッコーリー（2008）は，これを「2. 獣性」，「3. 対人」，「4. 道徳」の 3 段階に分けた。「2. 獣性」における死体，性行動，身体表面の異常などへの嫌悪感情を，ロジンらは，死すべき汚れた存在としての人間の獣性を想起させるためだとしている。「3. 対人」と「4. 道徳」は，高次の社会や道徳の領域への基本的な嫌悪感情についての比喩的な意味の適用である。

　ロジン，ハイト & マッコーリー（2008）による嫌悪感情の 5 段階説は，動物レベルの嫌な味に対する感覚感情を基盤に，道徳にまでいたる広い範囲にわたる複雑な嫌悪感情を整理し解明の道筋を示したものとして嫌悪感情研究の基本的枠組みとなっている。

可笑しみの 4 類型

　可笑しみも，じゃれ遊びやくすぐりから始まって，スラップ・スティック，道化，知的なジョーク，自己客観視のユーモアと喚起刺激の範囲は非常に広く多様である。また，くすぐりがもたらす可笑しみは，感覚感情（本章 4 節参照）の性質を持っている。こうした点で，可笑しみと嫌悪感情は類似している。ここでは，嫌悪感情の段階説にならって，可笑しみ感情の段階説の簡単なスケ

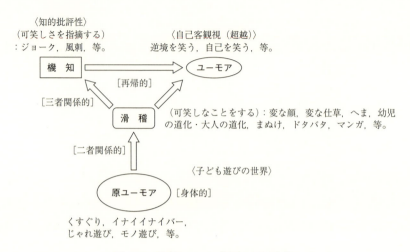

図5.11 可笑しみの4類型と発展方向

ッチを試みる。

　可笑しみの類型では4章4節で紹介したフロイトの3分類が基本となる。ただし，嫌悪感情における原嫌悪と同様に，基盤となる過程として，ダーウィンが指摘した身体レベルの可笑しみの追加が必要である。図5.11では，ダーウィン+フロイトによる可笑しみの4類型と，その発展方向を例示した。

　可笑しみの基盤となるのが，じゃれ遊びを中心とするくすぐりや追いかけっこなどの身体レベルの活発な行動にともなう可笑しみである。滑稽は，3章4節で乳幼児の道化として取り上げたような変な顔や仕草，へま，まぬけ，ドタバタ喜劇の世界である。身体レベルと滑稽の可笑しみが，子どもの遊びの世界の可笑しみである。子どもの遊びの世界の可笑しみは，研究が遅れていたが，二人称的な感情的交流を重視したアプローチなどにおいて，ようやく活発な研究の対象となりつつある（レディ，2008/2015）。

　機知は，言語による知的で批評的な可笑しみとして，これまでのユーモア研究の中心となってきた。3章6節のユーモアの技法で紹介したように，風刺やアイロニーなども機知の技法として使われる。不一致理論は機知を主な対象としてきたし，可笑しみの認知心理学や言語学的な研究では，もっぱら機知が対

象とされてきた。

　狭義のユーモアの機能はストレスコーピングであり，自己報告式のユーモア研究における主要な研究対象となってきた。オルポート（1961）は，ユーモアを成熟したパーソナリティにおける自己客観視を示すものとして位置づけている。オルポートが言うユーモアとは，もちろんじゃれ遊びではなく，滑稽でもなく，単なる冗談や機知でもない，自己を客観視し，他者をも受容するようなユーモアである。ポジティブ心理学における徳と強みの分類では，ユーモアは畏敬などと同じく超越の徳に分類されている（6章コラム参照）。

　以上のように，可笑しみは，子どもの遊びの世界を基盤に，知的な批評性，さらには自己客観視による超越やストレスコーピングと，非常に広く多様である。

可笑しみの4段階とメッセージ伝達の人称構造

　これまでの可笑しみの研究は，機知や狭義のユーモアなど，高次な可笑しみを対象にしており，子どもの遊びの可笑しみが無視される傾向にあった。こうした状況は，1章1節の赤ちゃんの笑い研究や3章4節の乳幼児の道化研究などに示される乳幼児における感情的交流研究の進展によって，ようやく改善されつつある。今後のユーモア研究の課題は，各段階の研究を偏りなく進め，各段階を比較し，相互の関連を明確にすることである。

　可笑しみの4段階の比較は，それぞれの成立時期，メッセージ伝達の人称構造，遊戯性と興奮の導入におけるプレイ・シグナル，メタ・メッセージ，認知シナジー，意外性の役割の分析，などの点について行う必要がある。表5.3には，可笑しみの4段階について，それぞれの成立時期，メッセージ伝達の人称構造を整理した。メッセージ伝達の人称構造の基本部分は，フロイト（1905/1970）の分析にもとづいている。

　まず，行動レベルの可笑しみは原ユーモア（Proto-humor），狭義のユーモアはたんにユーモアと呼ぶことにする。狭義のユーモアをユーモアと呼ぶと，感情の用語の場合と同じ問題が生ずるが，ジャン・パウル（1804/2010）などでも，滑稽，機知と並べてユーモアという言葉を使うときには，フロイトと同じ

表5.3　可笑しみの4段階とメッセージの人称構造

	原ユーモア (Proto-humor)	滑　稽 (Comic)	機　知 (Joke)	ユーモア (Humor)
メッセージ伝達の人称構造	行動レベル	2者関係的	3者関係的	再帰的
成立時期	ほ乳類	乳幼児期	学齢期	青年期

狭義のユーモアの意味で用いられている。ユーモアが全ての可笑しみを指す包括的用語となったのは，むしろ最近の英米圏での現象である。ここでは，原ユーモアを可笑しみの基盤，ユーモアを可笑しみの到達点といったニュアンスもふくめて，4段階目はたんなるユーモアという言葉を用いることにする。

　各段階の成立時期はたんなる目安である。3章2節で確認したように，パンクセップによるネズミのくすぐり実験によって，ほ乳類レベルではじゃれ遊びやくすぐりによる可笑しみの笑いが存在することは示されたと言える。人間に養育された類人猿のおどけに関するエピソード的な報告は若干あるが，類人猿のレベルでも仲間の失敗や変な動作など人間の目から見ると滑稽にうつる行動に対する，可笑しみや笑いの反応は見られない。滑稽に対する可笑しみは，1歳半以降という他者の意図理解を前提とする認知中心の説もあるが，可笑しみを遊戯性をともなう感情的交流として見るより最近の見方からすると，4ヶ月児から生ずる（レディ，2008/2015）。言葉による可笑しみは，3章6節で見たように，言葉の単純な誤用から始まり，単語遊びやダジャレなど最初は滑稽の可笑しみとして用いられる。フロイトも言葉遊びや冗談を機知の前段階と言っているように，たんなる言葉遊びが，批評性をもった機知になり，風刺やアイロニーなども用いられるようになる。これらの機知の理解は学齢期以降に可能になり，使用はその後になると考えられる。ユーモアについてフロイトは，使えるのはごく一部の人に限られていて，多くの人は理解すらできないと言っている。言い過ぎのような気がするが，成立は青年期以降だとは言えるだろう。

　ユーモアの自己客観視の基礎には，メッセージのある種の再帰構造が見られる。たとえば，次はトルコの一休さんみたいなホジャの話である。

第5章　感情として笑いとユーモアを位置づける

男「ホジャ様，私はこれまで神を信じてきました。だけど，失敗続きの人生です。神はほんとうにいるのですか？」
ホジャ「そうだな。これまで，わしもいろいろと神に願ってきたが，自分の思うようになったためしがない。」
男「えっ，どういうことですか？」
ホジャ「すべては，アッラーの思し召しのようにしかならんということじゃよ。」

　ここでホジャは，男にたんにアッラーを信じなさいとは言わない。ホジャは，いろいろ無駄に願ったという自分の愚かさと失敗を自分自身で再帰的に客観化して認識し（（気づくホジャ→［愚かなホジャ→無駄な願い］）→アッラーの思し召し），これを男の不満［愚かな男→無駄な願い］と対比させている。ここで，［愚かなホジャ→無駄な願い］と［愚かな男→無駄な願い］をともに置くことで，愚かさがたんに男だけの問題でなくホジャにも共通の人間の弱さであることが示されている。こうした共通の人間性の認識と自己や他者へのやさしさに，マインドフルネスを加えると，ネフ（2009/2014）の言うセルフ・コンパッションになる（6章3節参照）。ユーモアにおける自己客観視が，ストレス・コーピングになるのは，ユーモアにはセルフ・コンパッションの側面があるためである。

可笑しみ発生の経路
　原ユーモアにおけるじゃれ遊びなどでは，メッセージではなく，相互の社会的行動における遊戯性と興奮が可笑しみを生む。遊戯性は，笑顔や笑い声などのプレイ・シグナルによって伝達される。プレイ・シグナルは，感情の表出の場合も，伝達シグナルの場合もある。興奮は，遊戯的攻撃など相互行動のなかで生まれる。くすぐりやイナイイナイバーなどでは，送り手も笑っていることが多く，原ユーモアでは遊戯性と興奮の共有を通じて，可笑しみの相互性が保たれている。
　滑稽になると，送り手と受け手の区別が明確化する。滑稽は滑稽を行うもの

221

と滑稽を見るものとの2者関係の場で成立する。幼い動物のなにげない行動を大人が笑うなど，滑稽さによる可笑しみは見る側にあるが，滑稽を意図した行動を行う場合もある。滑稽における遊戯性は，滑稽そのものにおける，逸脱やズレによっても，送り手のプレイ・シグナルによっても，導入されうる。興奮は，意外性や大きな音，誇張した表情や仕草などによって導入されうる。

　機知には言及される対象があるので，機知は話し手（Joker）と言及対象（Jokee），聴き手（Audience）の3者関係の場で成り立つ。機知における遊戯性は，様々な経路で導入されうる。認知シナジーにおける価値の縮小，話し手のプレイ・シグナル，メタ・メッセージ，受け手のプレイ・シグナル，場の雰囲気などである。興奮も，認知シナジーにおけるズレ，メッセージの意外性，侵犯性，声の大きさ，など，複数の経路で生じうる。

　機知のメッセージの構造に関しては，ダジャレなどの滑稽の領域に属するものから皮肉などとの関連まで含めて言語学的な研究が進められている。機知の語用論的な側面の研究も始まっている。今後，チェイフ（2007）が指摘したような会話における非真剣性（遊戯性）に関する言語学的な研究と連携して，会話場面における可笑しみや笑いを遊戯性や興奮との関連で分析していく必要があるだろう。

　遊戯性と興奮の経路の複数性は，日常会話における可笑しみと笑いが必ずしもジョークによる必要が無いことを示唆している。3章3節で確認したように日常の会話では，機知（ジョーク）への反応としての笑いは10％から20％に過ぎなかったという報告がある（プロヴァイン，2001）。また，話しながら笑う場合も多い。これは，会話における笑いの一定の部分が意図的なプレイ・シグナルであることを示唆している。このような実際の会話状況における可笑しみと笑いを理解するには，可笑しみの基盤である子どもの遊びの世界に立ち返って，遊戯性と興奮が発生する複数の経路を分析していく必要があるだろう。

（5）ユーモアと畏敬の比較
ユーモアと崇高の対比

　4章4節で確認したように，スペンサーは笑いと驚嘆を対比的な感情としてあげた。スペンサー（1860/1982）によれば，大きなものから小さなものへ不意に意識が移されるときには笑いが生ずるが，些細な出来事の後に不意に大きな出来事が出現すると驚嘆が生ずる。本章2節で紹介した九鬼（1930）の情緒の系譜でも，小さなことに対する可笑しみと大きなものに対する厳かが対比されていた。

　理性と均衡の古典主義から感情と無限定のロマン主義の時代へと移行しつつあった18世紀後半のヨーロッパでは，エドマンド・バーク（1757/1999）の『美と崇高の観念の起源』やカント（1764/1948）の『美と崇高の感情に関する考察』など，美的感情としての崇高に関する議論が盛んに行われた。崇高とは，大海原やアルプス，大瀑布，暴風，噴火などの壮大な自然や壮麗な寺院や広大な廃墟などの巨大な人工物に対する美的感情である。バークは崇高を，美人や花などの愛らしく均整がとれた存在に対して感ずる美とは対比的な感情として位置づけ，崇高には賛嘆だけでなく恐怖の要素もあることを指摘した。一方，カントは，崇高が，均衡や快適さに対する単純な好みによる感情ではなく，高次の認知的な側面があることに着目している。

　ユーモアを崇高との対比で定式化したのは，ドイツロマン派のユーモア作家ジャン・パウルである。ジャン・パウルは，大著『美学入門』（1804/2010）で，滑稽，ユーモア，機知の3種類の可笑しみについて，博識を傾けて錯綜した議論を展開している。ジャン・パウルは，ユーモアを倒錯した崇高として位置づけ，次のようにのべている。

　「倒錯した崇高としてのユーモアは，個々のものを滅ぼすのではなく，理念とのコントラストによって，有限なものを滅ぼすのである。ユーモアにとっては，個々の愚かさとか，一人びとりの愚人といったものは存在せず，愚かさ及び愚かな一世界が存在するのみである。…（中略）…ユーモア作家は，個々の愚かさを，むしろほとんどかばってやるほどであるが，曝し台の捕吏を，その

見物人もろ共に,拘留する。なぜならば,彼の心の奥底を動かすものは,市民的愚かさなのではなく,人間の愚かさ,すなわち普遍的なものだからである。…(中略)…(このユーモアの)総体性によって,個々の愚かな事柄にたいするユーモアの温和さと寛大さの説明がつく。なぜならば,個々の愚かな事柄は,総体性から見れば,質量の点で余り問題とならないし,傷つけることもほとんどないからであり,また,ユーモリストは,自分自身が人類と血のつながっていることを否定できないからである。…(中略)…昔の神学がやったように,人間が,この世ならぬ世界からこの世をながめおろせば,この世は,みみっちく,あだにうごめいている。ユーモアがやるように,人間が小さなこの世を尺度にして,無限の世界を測り,それと小さな世界を結びつければ,笑いが生じ,この笑いのうちには,やはりある苦痛と,ある偉大さが存在している。」(pp. 138-143)

上に引用したジャン・パウルのユーモア論の冒頭部分は,グリムのドイツ語辞典にも引用され,ドイツ語圏では広く知られていたらしい。最後の部分の「この世は,みみっちく,あだにうごめいている」は,フロイト(1928/1969)のユーモア論のまとめの一節「これが世の中だ,随分危なっかしく見えるだろう」を連想させる書きぶりである。4章で紹介したショーペンハウアーやフロイトのユーモア論における,滑稽,ユーモア,機知の3分類,それに狭義のユーモアへの高い評価はジャン・パウルのユーモア論を踏襲したものである。

上の引用文で明らかなように,倒錯した崇高論では,無限の理念との対比における自己も含めた有限な現実への諦念と愛惜をともなった可笑化が明確にとらえられている。ジャン・パウルのユーモア論は,ショーペンハウアーやフロイトを経由して,オルポート(1961/1968)によるユーモアにおける自己の客観視,ポジティブ心理学における超越の徳としてのユーモア(ピーターソン&セリグマン,2004)など,成熟した人格特性としてのユーモア評価の源流にあると言える。ジャン・パウルは崇高との対比を通じて,ユーモアにおける超越や自己客観視の側面を示している。美的感情としての崇高と関連する感情は畏敬だが,現在,ユーモアが崇高や畏敬との関連で議論されることはほとんどな

い。以下，ユーモアと畏敬の対比が現代の感情心理学でどう位置づけられうるのか，簡単に検討してみよう（アメミヤ，2009b）。

畏敬感情の心理学

畏敬や崇高に関しては哲学など多くの分野で論考が積み重ねられてきたが，心理学における研究は皆無に等しかった。こうした状況を打破し，畏敬や崇高が感情心理学の研究対象となるきっかけをつくったのがケルトナー＆ハイト（2003）の「畏敬への接近―道徳的，宗教的，美的感情」である。この論文では，畏敬や崇高に関する哲学や美学，宗教学，社会学など諸分野の知見を展望したうえで，感情としての分析が試みられている。

ケルトナー＆ハイト（2003）は，畏敬感情の生起刺激として強力なリーダー，神との遭遇などの社会的刺激，竜巻，壮大な風景，大寺院，荘厳な音楽などの物理的刺激，それに偉大な理論などの認知的刺激をあげている。

これら多様な刺激において，畏敬感情生起の鍵となる中心的特徴は広大さ（Vastness）と調節の必要性の2つである。広大さは，日常の自己と比較しての途方もない大きさである。物理的に大きい場合も，社会的な名声，権威，影響力や説明力など様々な意味での力の大きさの場合もある。調節の必要性は，既存の認知図式に同化できない刺激の特性の存在による（「調節」については4章4節参照）。そのままでは認知できず調節が必要なので，畏敬の対象は計り知れないという印象を与える。無限の神は，有限の人間によっては同化しきれないし，自然や宇宙についても同様のことが言えるだろう。どう調節しても同化できないと恐れを生むし，調節の結果同化できればある種の啓示として経験されるかもしれない。知覚される広大さと認知的な調節の必要性が畏敬の中心的特徴である。

中心的特徴に加えて，脅威，美しさ，異能，徳，超自然性などの周辺的特徴があり，これによって種々の畏敬のタイプが生ずる。たとえば，竜巻などは脅威を与え，壮大な風景や大寺院は美しく，神は徳であり超自然的であるなどである。

認知的な調節は広大さの印象のない対象に対しても生ずる。たとえば，日常

 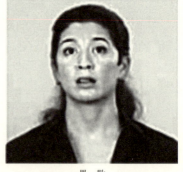

可笑しみ　　　　　　　　　　畏　敬

図 5.12　可笑しみの表情と畏敬の表情
（出所）カンポスほか（2013）

では出会えないようなパフォーマンスを行う人や徳のある人などに対しては，賛嘆や感動は生ずるが，畏敬とまではいかない。これは畏敬には，広大さや力による畏怖の感覚が必要だからである。こうした観察や進化論的な考察から，ケルトナーらは，畏敬感情の原型となったのは，強力なリーダーに対面したときの賛嘆と畏怖の感情ではないかと推測している。

畏敬感情と可笑しみの対比

　ケルトナー＆ハイト（2003）以降，畏敬感情の心理学的研究も，徐々にではあるが進みつつある（シオタほか，2014）。図 5.12 に可笑しみの表情と畏敬の表情とを示した。可笑しみの表情では眼を細めているのに対し，畏敬では眼を大きく見開いている。驚嘆（Astonishment）の表情と驚き，および恐怖の表情との関連をダーウィン（1872/1931）は見逃さなかったが，図 5.12 の畏敬の眼の表情にもこれは示されている。畏敬の眼は，驚きと同様に見開かれており，新奇な情報の摂取に向けられている。ただし，驚きとはやや異なり，眉は内側が上げられており，恐怖の眉の上げ方に近くなっている。口も対照的で，可笑しみでは口角が上げられているのに対し，畏敬では口を横に引き，顎がやや下がっている。また，可笑しみでは頭を後ろにそらせ傾けているのに対し，畏敬では頭をやや前に向け直立させている。写真では分からないが，可笑しみでは

第 5 章 感情として笑いとユーモアを位置づける

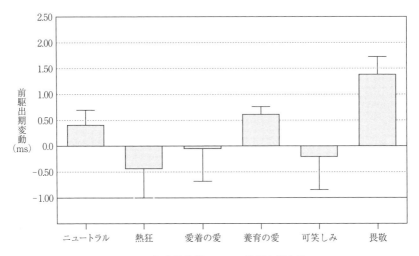

図 5.13 各感情状態における前駆出期変動
(出所) シオタほか (2014)

体を広げ上体を揺らすが，畏敬では体を縮め上体を固まらせている。

　自律神経系については，可笑しみでは交感神経系が活性化されることを 2 章で確認した。畏敬との比較では，もうすこし微妙な区別が必要となる。交感神経系には，心臓などを中心に分布する β 受容体交感神経系と血管などを中心に分布する α 受容体交感神経系とがある。心電図が収縮期で立ち上がるまでの時間が，前駆出期であり，前駆出期が短くなると β 受容体交感神経系の活動の上昇を，長くなると活動の低下を示す。図 5.13 には，各感情状態における前駆出期変動が示してある。可笑しみや熱狂における β 受容体交感神経系の活動の上昇と対比して，畏敬では顕著な β 受容体交感神経系の活動の低下が示されている。ただし，畏敬感情では鳥肌が立つことが知られており，鳥肌をもたらす毛立筋の収縮は血管収縮をもたらす α 受容体交感神経系によっているので，畏敬感情では，β 受容体交感神経系の活動の低下と同時に α 受容体交感神経系の活動の上昇も生じているのかもしれない (シオタほか，2014)。

　以上，可笑しみと畏敬について，表情と身体動作，自律神経系の反応の比較を行った。呼吸について言えば，可笑しみによる笑いでは呼気が中心になるが，

表 5.4　感情としての笑い（可笑しみ）と畏敬の対比

	笑い（可笑しみ）	畏　敬
認知的評価	見かけは大きいが実際は小さい・同化優位	枠を越えた大きな存在・調節優位
表　情	眼を細める・口角を上げる	眼を見張る（中心部分を上げる）・口を開けるが口角は上げない
身体動作	体を広げ揺する・緩む	体を縮め静止する・固まる
呼　吸	呼気による笑い声	息をのむ
自律神経系	β受容体交感神経系↑（心拍前駆出期減少）	β受容体交感神経系↓（心拍前駆出期増加）α受容体交感神経系↑（鳥肌）
フィーリング	快・覚醒高・弛緩・力量大	快?・覚醒高?・緊張・力量小

　畏敬では息をとめ，息をのむ反応が前面に出てくる。フィーリングについて言えば（本章 2 節（3）参照），可笑しみは快・高覚醒・弛緩・力量大だが，畏敬を感じたときには自分を小さく感ずるという実験結果もあり（シオタほか，2014），力量は小で，畏敬のときの身体動作の固まりからすると緊張状態だと思われる。快か不快かは，基本的には不快ではないにしても脅威や美しさなどの補足的条件によって変わるのかもしれない。覚醒状態は，交感神経系の複雑な反応からすれば，単純に高覚醒ではないかもしれない。表 5.4 には，感情としての笑い（可笑しみ）と畏敬の対比をまとめた。

　可笑しみと畏敬の対比は，認知と基盤になる感情システムおよび社会関係の違いによるのかもしれない。

　認知に関しては，可笑しみ刺激の認知シナジーの基本は重要度の縮小にあるので，畏敬における広大さと対照的である。また，ピアジェの認知発達論からすれば遊びは同化優位の状態で，模倣は調節優位の状態である（ピアジェ，1936/1978）。遊びにおいては，既存の図式を様々に変化させながら適用させる。対象に応じての修正よりも，図式適応による同化の快が前面に出ている。可笑しみにおいても，出来事を一定のパターンに入れるなど，定型の楽しみがよく見られるので，畏敬における調節優位に対して，可笑しみは同化優位と位置づけられるだろう。

　基盤になる感情システムとしては，可笑しみは遊びで，遊びは危険のない状

態を前提にしている。体を弛緩させ，揺すったりする反応は危険のない状態での遊びを前提としていると解釈できる。これに対し，畏敬で眼を見張り体が固まるのは，畏敬の基盤に驚きと関連した恐怖やフリーズ反応があるためかもしれない。

　社会関係は可笑しみや畏敬の表面には出てこないが，それぞれの起源と考えられる社会状況は対照的である。可笑しみはじゃれ遊びといった平等の社会性を起源にしている。一方，畏敬はカリスマ的リーダーへの賛嘆といった極端な社会的差異を起源にしていると考えられている（ケルトナー & ハイト，2003）。

　以上のような両極の，認知，感情システム，社会性を前提としながらも，ユーモア（ジャン・パウルの言い方にしたがうと倒錯した崇高）と畏敬に共通なのは，不安や恐怖，怒り，誇りなどの他の感情のような特定の目的の達成とかかわる有用性をまったく持っていないことである。ユーモアも畏敬も，それぞれまったく違ったやり方だが，日常生活における目的や懸念などを相対化して，日常への埋没からの一時の離脱と超越をもたらす。倒錯した畏敬（ユーモア）は自己もふくめた日常での目的や心配事を些細なことと笑うことにより，畏敬は，自分の枠組みを超えたより大きな存在に恐怖と感嘆の念とともに眼を見開かせることにより。

コラム　笑いの測定法

　毎日の笑いをどうしたら測定できるだろうか？
　1つの方法は直接に本人に尋ねることである。たとえば「あなたは，声を出して笑うことがどの程度ありますか？」と質問し「1：ほぼ毎日声を出して笑う，2：週に1回から5回程度声を出して笑う，3：月に1回から3回程度声を出して笑う，4：声を出して笑うことはほとんどない」のなかから自分にあてはまる選択肢を回答してもらう。これは自己報告式の質問紙法である。大平（2012b）はこの方法で，秋田と大阪で2,680名の成人男女（平均年齢58歳）を対象に調査を行った。結果，毎日声を出して笑っている人は，男性で42％，女性で52％だった。一般のイメージどおり，女性の方がより多く笑っていることが分かる。秋田と大阪で比較してみると，男性の場合毎日声を出して笑っている人は秋田が43％，大阪が42％で地域差はなかった。一方女性の場合は，秋田が47％，大阪が55％で大阪の女性の方がより多く笑っていることが示された。大阪のおばちゃんがよく笑うというイメージは事実らしいが，大阪のおっちゃんについてはイメージとは異なるらしい。
　自己報告式の質問紙法の利点は多くの人の個人差を簡便に把握できることである。弱点はアバウトな自己報告であることである。たとえば，1日に何回笑うかについても，大ざっぱな程度で回答してもらうことしかできない。より具体的に調査するためには日誌法や経験サンプリング法を用いる。日誌法は，毎日の終わりに1日の行動や経験を振り返って，回答してもらう方法である。経験サンプリング法は，よりピンポイントに，毎日数回程度，任意の時点での経験の報告を求める方法である。経験サンプリング法は，具体的な経験の場面での報告なので，回顧によるバイアスなどが入らず，より客観的な方法である。とくに，幸福感や気分などある程度持続する状態の測定には適している。しかし，笑いなど短い時間の出来事の測定には適していない。
　雨宮・吉田（2008）では，笑顔における大頬骨筋，眼輪筋，皺眉筋（2章2節参照）の収縮を筋電図により測定した。質問紙と比較するとデータ数が膨大で，処理に大変な時間を要した。信号処理の技術が未熟で，主に目視による分析によったためである。近年は，画像や音声，生体信号などの信号処理の技術が進み，防犯や健康管理，娯楽など多方面で利用されつつある。感情に関しても，表情や姿勢などの画像や音声，生体信号による感情の自動認識，感情的音声や表情，しぐさなどの感情表出の合成インタフェースやロボットもふくめた，感情エージェントとの相互作

用のモデル化など，感情計算科学（affective computing）と呼ばれる新しい分野の研究が急速に進みつつある（カルボほか，2015）。笑いの測定についても，表情の画像分析による様々なタイプの笑顔の検出，音声分析による様々なタイプの笑い声の検出，姿勢の画像分析による笑いの検出などの研究が行われている。これらの笑いの検出を心拍，血圧などの生体信号と照合すれば，笑いのタイプの実証的な分類ときめ細かな笑いの測定にもとづく健康効果などの因果関係の分析が可能になるだろう。笑いの測定は，今後，10年か20年の感情計算科学の進展によって，様変わりしていくことが考えられる。

　日本でも，感情計算科学の方向での，笑い測定の試みがいくつかなされている。

　1つはオムロンの「OKAO Vision」である。これは顔の画像解析により，個体識別や性別，年齢，感情状態などの分析を行うシステムである（渥美，2010）。複数の顔の認識が同時にできるので，防犯やマーケティング，娯楽など幅広い分野への応用が可能である。笑顔についても笑顔度何％かという認識が可能である。これを使って笑顔のトレーニング，さらにはスマイルドア（たとえば，笑顔度60％以上を10秒間持続したら開くドア）などという製品も開発されている。笑顔度だけではなく，笑顔のタイプの識別も必要だろう。

　笑い声については，大阪電気通信大学の松村雅史教授によって「爆笑計」が開発されている（松村・辻，2005）。これは咽頭マイクで音声を拾いICレコーダーで長時間記録し，事後的に音声の分析から笑いに特徴的な音声波形を検出するものである。分析では，笑い声においてパルスが4回以上繰り返される音節区間を1回の笑いとしてカウントする。この解析システムを用い，会話中の音声から90％以上の識別率で笑いが検出されることが示された。こうした音声の連続記録の分析システムを用い，自己報告式の笑い頻度（自己報告式の調査における笑いの回数は2章4節でのべたバウトではなく笑いエピソードに対応していると思われる）との照合など，きめ細かい研究が可能になるだろう。

　4章4節のユーモア理論で紹介した故・木村洋二教授は，笑顔や笑い声は意図的な表出も可能なので，可笑しみの自発的な表出とみなしがたい場合もあるが，横隔膜の振動は可笑しみの自発的な表出により直接に対応していると考え，横隔膜式笑い測定システムを開発した（木村ほか，2008）。横隔膜式笑い測定システムは計測ユニットと解析ユニットからなる。計測ユニットは，横隔膜近傍の剣状突起部分（身体中央の肋骨の下の尖った骨）に電極を貼り，筋電を計測する筋電計である。解析ユニットでは，筋電を周波数解析し，笑い特有の周波数帯域のみを笑いのデー

タとして抽出し，笑いの強さと量を算出する。笑いにおける呼吸活動は，これまでスベバックらが胸のまわりのベルトの圧センサーで測定を試みたが（スベバク＆アプター，1987），横隔膜式笑い測定システムの方がより鋭敏に笑いに特徴的な呼吸反応を測定できることが期待できる。池田ほか（2012）では，横隔膜式笑い測定システムに加えて爆笑計と大頬筋の筋電による測定も併用し，笑いの多面的な測定を試みている。今後，表情や音声，姿勢，生体信号などによる笑いの計測に，横隔膜式笑い測定システムも加えた，笑いの多面的な測定と，解析ユニットプログラムによる検証が望まれる。横隔膜式笑い測定システムは，現在，NPO法人プロジェクトaHで引き続き開発と研究が進められている。

第6章

笑いとユーモアの効用を探る

1 効用を査定する

　日本には「笑う門には福来たる」(上方いろはかるた)ということわざがある。西欧にも「笑いは最良の薬」ということわざがある。パポウシェク＆シュルター(2010)によると，これは旧約聖書の「心の楽しみは良い薬である，たましいの憂いは骨を枯らす」を基としたことわざである。旧約聖書では笑いではなく，陽気な気分を憂いと対比させ，陽気な気分の効用を言っている。このように，洋の東西を問わず，古くから，笑いが健康や幸福などの効用をもたらすことが言われてきた。

（1）ノーマン・カズンズのエピソード
　笑いの効用に関する近年の関心は，ノーマン・カズンズのエピソードに端を発する。1915年生まれのカズンズは，米ソ冷戦時代の1964年に，アメリカ人ジャーナリストとしてソビエトを訪問した。ストレスの多かったソビエト滞在からの帰国後，カズンズは体調不良に見舞われた。医師の診断は，膠原病の一種である硬直性脊髄炎という難病だった。ある医者からは，完治の可能性は500分の1と宣告された。しかし，知的好奇心旺盛で前向きなカズンズは，病院まかせのまま受動的に鎮痛剤づけになることを拒んだ。患者の主体性と自然治癒力を重視する担当医の理解もあり，絶え間なく襲ってくる痛みのなかで，カズンズは自ら病気を克服する方法を懸命に探った。
　カズンズは，セリエのストレス学説やキャノンの『身体の智恵』を読み，ネ

ガティブ感情によるストレスの負の効果をポジティブ感情が緩和できるのではないかと考えた。意欲や希望，愛情といったポジティブ感情はすでに保持できていると判断したカズンズは，笑いを補うことにした。また，膠原病でビタミンCが欠乏するという情報を得，ビタミンCの摂取が身体のバランスを回復させ，ストレスによる負の効果からの回復にも寄与できるのではないかとあたりをつけた（ライナス・ポーリングのメガビタミンC療法の論文は1970年なので，カズンズの試みはポーリングよりも早い）。こうして，自己流の処方として，ビタミンCの多量投与と笑いが選択された。

　さいわいなことに，ストレスや自然治癒力に関する推測にもとづく処方は，効果をもたらした。ビタミンCの多量投与と笑いの効果は，炎症や感染症の指標としての血沈速度の低下に示された。笑いの処方としては，マルクス兄弟のコメディーを見たり，知人のテレビ関係者に頼んで当時のどっきりカメラの番組のフィルムを観たり，ユーモア集を読んだりした。笑った後は，血沈速度が低下するだけでなく，痛みも緩和した。カズンズはこう書いている。「ありがたいことに，10分間腹をかかえて笑うと，少なくとも2時間は痛みを感ぜずに眠れるという効き目があった」。

　ビタミンCの多量投与と笑いの処方が功を奏して，カズンズは難病から見事に回復した。カズンズの経験は，1979年の著書『死の淵からの生還—現代医学が失っているもの』（日本語版は1981年）にまとめられ，ベストセラーとなった。著書では，心理的要因の重要性を指摘し，従来の医療で軽視されてきた偽薬効果（プラシーボ効果）についても詳細に検討している。アフリカの奥地で医療に従事していたシュバイツアーが現地の呪術師の治療に敬意を払っており，自らの医師としての実践にも，同様の側面があることを自認していたことを語ったインタビューなど，ジャーナリストならではの興味深い内容も多い。カズンズは後に，医学部の教授として医療ジャーナリズムを担当した。死の前年の1989年に出版された著書『ヘッド・ファースト—希望の生命学』では，医学部のスタッフになってから調べた神経免疫学といった新しい領域の知識もふくめて，心身のかかわりをさらに探求し，病気の治療における患者の主体性と心理

的要因の重要性を主張している。

　カズンズの1979年の著書は日本でも広く読まれ，2種類の文庫本も出ている。文庫版のタイトルは『500分の1の奇蹟』(1984)と『笑いと治癒力』(2001)である。原題の"Anatomy of an illness as perceived by the patient"(『患者の眼から観た病気の解剖』)という一般的なタイトルから，『死の淵からの生還』，『五百分の一の奇跡』，『笑いと治癒力』と内容が限定化されている。しかし，カズンズが一貫して強調しているのは，病気の治療における患者の主体的な取り組みと心理的要因，とくに意欲やポジティブ感情の重要性である。笑いは，意欲や希望，愛情といったポジティブな感情の一環として位置づけられている。

　カズンズの経験は1つの事例にすぎない。ビタミンCの多量投与と笑いが治癒をもたらしたのか，カズンズの意欲と希望が治癒に貢献したのか，同時発生の要因が多すぎて，結果としての治癒をもたらした要因は特定できない。しかし，カズンズが自分の経験をきっかけとして提起した病気の治療における心理的要因の役割は重要な問題である。洋の東西のことわざにあるように，笑いは，病気の治療や健康，幸福をもたらす原因になるのだろうか。6章では，本書のまとめとして，笑いやユーモアの効用について，簡単な概観を試みる。

(2) レモン療法の教訓

　17世紀から19世紀にかけて，西欧の海軍を悩ました問題に壊血病がある。これは，長期の船内生活では新鮮な果物や野菜からのビタミンCが摂取できず，ビタミンCの欠乏によりコラーゲンが作れなくなるためである。壊血病になると，出血が起こり，歯肉や靱帯，皮膚など徐々に身体が崩れ，苦しみながら死に至る。しかし，ビタミンCの存在が特定されたのは1919年で，パプリカからアスコルビン酸として抽出されたのは1931年である。それまでビタミンCの存在は知られていなかった。このため，様々な見当違いの治療がほどこされた。瀉血(ギリシャ医学の体液理論にもとづいた西欧の主流派の医学において19世紀まで行われた治療法で，モーツァルトやジョージ・ワシントンもこの療法の犠牲者とされる)，水銀剤，塩水，酢，硫酸，塩酸，ワイン，患者を首まで砂に埋め

る，重労働を課す，などである（エルンスト & シン，2008/2010）。結果として，戦闘で亡くなるよりはるかに多くの水兵が壊血病の犠牲となった。

　問題解決のきっかけをつかんだのは，スコットランドの海軍外科医のリンドである。リンドは1747年の航海で壊血病の症状を示した水兵を対象に，世界ではじめての対照比較実験と言えるものを行った。リンドは，水兵を6群に分け，リンゴ果汁，硫酸塩アルコール，酢，塩水，ニンニク・カラシなどからなるペースト，オレンジ・レモンを与えた。また，比較対照群として通常の海軍食のみのグループも設けた。エルンスト & シン（2008/2010）が指摘するように，オレンジ・レモンが含まれたのはまったくの偶然で，当時の医学常識からすると奇妙な選択だったらしい。今日の用語で言えば代替療法に相当する。しかし，結果は，明白だった。オレンジ・レモンを食べた水兵はめざましい回復を見せ，リンゴ果汁の水兵も若干改善の兆しを見せたが，他はまったく回復を示さなかった。リンドは結果を「壊血病について」という長大で退屈な論考にまとめ，輸送と貯蔵に便利なように濃縮レモンジュースを開発した。ただ，不運なことに，濃縮レモンジュースを加工の過程で加熱してしまった。このため，リンドの画期的実験の成果は死蔵されたままだった。

　リンドの実験が日の目を見たのは30年後の1780年，英国海軍の医師ブレーンによってである。リンドの論考に着目したブレーンは，より大規模なレモン投与実験を行い，加熱しない果物が壊血病治療のカギだとの確信を得た。1795年には，英国海軍全体にレモン療法（レモンの代用としてライムが使われることもあった）を行うことが決定された。エルンスト & シン（2008/2010）は，レモン療法がなかったら，英国海軍はナポレオン軍の海上封鎖はできず，世界を股にかけての侵略と植民地化もできなかったかもしれないと指摘している。

　今日の眼から見ると，なぜ生のレモンの効果が判明するのに，そんなに時間を要したのかと不思議になる。しかし，当時はビタミンの存在は知られておらず，無数に存在する可能な治療法のなかでレモンはまったく周辺的存在だったこと，同じ水兵でも壊血病のなりやすさに個人差があったことなど，真の因果関係を見いだしにくくする種々の要因があったことを考慮しないといけない。

多くの可能な原因や個人差があるなかで、病気と治療法の真の因果関係を疑問の余地なく確定するには、対照比較実験が必要なのである。

（3）ポジティブ感情の健康効果

楽観性やポジティブ感情が、病気の予防や健康にプラスの効果があるという主張には科学的根拠があるのだろうか？　ポジティブ心理学の提唱者セリグマン（2011/2014）は、イエスだと主張している。

ラットを被験体とした、学習された無気力と統制感の効果に関するセリグマンらの古典的実験がある。被験体のラットには騒音などのストレス刺激が与えられる。逃避可能群ではボタンを押すとストレス刺激は止まる。連結して同時に実施される逃避不可能群では、逃避可能群とまったく同じストレス刺激が与えられるが、ストレス刺激の停止は逃避可能群のラットまかせである。ここで、セリグマンらは、ラットの脇腹に50％の致死率を持つ腫瘍を移植してから、ラットを3群に分け、逃避可能群と逃避不可能群には、64回のショック試行を行い、比較対照群にはショック刺激は与えなかった。そして、どのラットが死ぬかを観察した。対照群のラットは、想定通り50％が死んだ。逃避不可能群は75％が死んだ。一方、逃避可能群では死んだラットは25％にとどまった。この実験は、対照群との比較で、逃避不可能なストレス刺激による無力感が病気への抵抗性を弱め、逆に逃避可能なストレス刺激による統制感が病気への抵抗性を強くすることを明確に示している。

人間を対象とした研究では、腫瘍を植え付け複数の方法でストレス刺激を与えるといった明快でドラスティックな実験は不可能である。

人間を対象とした多くの研究では、複数の方法でストレス刺激を実験的に与えるのではなく、無力感や統制感などについて、はじめから存在する個人差に着目する。たとえば、セリグマンによると、逃避不可能なストレス刺激を与えられると、約2/3の人は無気力におちいるが、残りの約1/3の人はそうはならない。逆に、1/10程度の人は最初から無気力の状態にある（同様な個体差は動物の場合にも存在する）。ストレス刺激に襲われたときに、「こんな状況は今だけ

だろう」,「自分で何とかできるだろう」などとストレス刺激を一時的で局所的,変わりやすいことと受け止めるのが楽観的な人である。「すべてが台無しになってしまう」,「私の力ではどうすることもできない」などとストレス刺激を永続的,全般的,変わらないことと受け止めるのが悲観的な人である。こうした楽観性の個人差は,主に質問紙を用いて測定される。

　また,人間に腫瘍などの病気の原因を与えて,病気への抵抗性を実験することは通常できない。例外的な研究として,人間の被験者に風邪やインフルエンザのウィルスを鼻から投与し,1週間後の風邪やインフルエンザの発病頻度を調べたコーエンの実験がある。結果は明確だった。「元気いっぱい」,「気楽」,「明るい」といったポジティブ感情の程度が高い人ほど発病する頻度が低く,「悲しい」,「落ち込んでいる」,「不安」といったネガティブ感情の程度が高い人ほど発病する頻度が高かった。ただし,ポジティブ感情やネガティブ感情の高群と低群は,実験的にランダムに分けられた2群とは異なって,自尊心や外向性,楽観性など,関連しそうな他の要因の程度も異なり,これらが影響した可能性がある。こうした場合,関連しそうな他の要因の影響を統計的に除く分析が行われる。コーエンは,関連しそうな他の要因の影響を統計的に除いても,正味の効果として,ポジティブ感情が風邪やインフルエンザの発病を防ぎ,ネガティブ感情が風邪やインフルエンザの発病を助長することを示した。

　ポジティブ感情などの心理的要因と健康の関係については,対照群を用いた実験は難しいので,ほとんどの研究は,心理的要因の個人差と健康指標との関連を見る相関研究である。相関研究は,実際の生活の場面に即した多人数のデータを簡便に扱えるという利点はあるが,因果関係の確定という観点から見ると弱点や限界がある。弱点は,複数の要因が同時にかかわってしまうことである。この問題に対しては,コーエンの研究で行われたように,検討対象とする以外の関連しそうな他の要因の影響を統計的に除いた分析を行うことによって原則として対処可能であり,最近の研究では標準的方法となっている。また,調査研究の利点は,実際の生活に近い点にあるが,逆に,調査対象の人数や集団の文化や世代,調査手法などの複数の要因によって,結果が変動する可能性

も生ずる。これに対しては、複数の研究結果を総合的に評価集約するメタ分析によって結果の集約が図られる。

　以上のような諸研究を踏まえて、セリグマンが下した結論は、以下の通りである。

・楽観性は心血管の健康に、悲観性は心血管の危険性に強く関係している。
・ポジティブな気分は風邪やインフルエンザの予防に、またネガティブな気分は風邪やインフルエンザに対するより大きな危険性に関連している。
・非常に楽観的な人はガンになる危険性が低い可能性がある。

　ここでガンの場合に「可能性がある」とされたのは、研究結果に不一致が残り、証拠がやや弱いからである。逆に悲観性と心血管の危険性の関係に関する証拠はより明確である。

　相関研究の限界は、原因と結果の因果関係の方向性が確定できないことである。たとえば、楽観的な人がより健康だとしても、楽観的だからより健康なのか、より健康だから楽観的なのか、どちらの方向の因果関係も可能である。この問題については、ある時点で個人特性を測定し、その何年か後の健康や疾病率を調査するといった追跡調査を行い、また、因果関係の具体的なしくみを解明していくしかない。追跡調査や具体的しくみの解明はまだ始まった段階だが、徐々に研究は進みつつある。追跡調査は、小規模なものはこれまでもあったが、セリグマンによると米陸軍などにおける大規模な追跡調査も進行中とのことである。また、因果関係の具体的なしくみについても、行動レベル、社会レベル、生物学レベルなど複数のレベルにおいて研究が少しずつ進みつつある[1]。

　いずれにせよ、カズンズが自らの病気との闘いのなかで、キャノンやセリエの理論にもとづいて想定したポジティブ感情の健康効果については、一定の科学的な根拠は示されつつあると言えるだろう。

---

(1)　この領域の手本は、孤独感が心身の健康に与える影響について行動、社会、生理の複数のレベルにわたって解明を行ったカシオッポ＆パトリック（2008/2010）の研究である。

（4）笑いとユーモアの健康効果

　ポジティブ感情全般の健康効果はよいとして，より具体的に笑いやユーモアの健康効果はどうだろうか。笑いやユーモアは，多面的な感情現象なので，笑うという表出行動，可笑しみのフィーリング，出来事に可笑しみを見いだし産出できる能力，可笑しみによって生ずる行動の変化，笑いやユーモアによってもたらされる社会関係など，因果的なしくみとしては，複数の経路を通じた健康への影響が考えられる。ここでは，まず，概括的な評価のため，大規模な相関研究と長期的な追跡研究の結果を見てみることにしよう。結果は，残念ながら，あまりかんばしいものではない。

　スベバクらはノルウェーの成人約65,000人を対象とした大規模な健康調査にユーモアに関する項目を入れて，その結果を報告している（スベバク，マーチン & ホルメン，2004）。ユーモアに関する項目は，スベバクの開発したユーモアセンステストから3項目を抽出したものである。項目は，「ユーモアを意図した発言にすぐ気づく」（ユーモラスなメタ・メッセージへの敏感性），「冗談ばかり言っている人は頼りにならない」（社会的ユーモア嗜好：逆転項目），「自分は愉快な人間だ」（笑いの表出）である。結果，消化系，筋肉痛，血圧，肥満など多くの健康の指標とユーモアは無相関だった。統計的に有意な関連が示されたのは，健康への満足度（$r = 0.21$）だけだった。年齢が高いとユーモアも健康への満足度も低い傾向があるので，年齢の効果を除いてみても，ユーモアと健康への満足度は有意な相関（$r = 0.12$）を示した。この結果からは，自己申告のユーモアの度合いは客観的な健康とはまったく関係ないが，主観的な健康感とは関係していることが分かる。

　アメリカでターマンらが開始した追跡調査がある。これは，1,178人の英才児を対象に1920年代に開始され，その後80年間にもわたって追跡した息の長い研究である（フリードマン & マーティン，2011/2012）。子ども時代のユーモアセンスや陽気さを「優れたユーモアセンスがある。ウィットに富んでいる。冗談を好む。何でも楽しくとらえる。」などの項目で教師や親が評定した。予想に反して，ユーモアセンスにすぐれ陽気な子どもはそうでない子どもより早く

死ぬ傾向にあった。理由は比較的簡単で，ユーモアセンスにすぐれ陽気な子どもは大人になってから，飲酒や喫煙を好み，食事や運動，医療など健康にも注意を払わない傾向があったからである。逆に，長寿だったのは，生真面目な子どもだった。

　笑いやユーモアの効果に関する実験的研究も行われている。マーチン（2007/2011）によれば，実験的に最も明確な証拠が蓄積されているのは，カズンズが経験した可笑しみによる痛みの緩和効果である。この可笑しみによる痛みの緩和効果については，脳内麻薬物質のエンドルフィンや筋緊張の緩和によることが示唆されているが，そのしくみについてはまだ明確にはなっていない。また，痛みの緩和は可笑しみだけではなく，恐怖などの強いネガティブ感情でも生ずることが示されている。笑いの免疫系への効果については，実験によって結果が異なり，まだ結論が下せる状況ではない。また，笑いは基本的には交感神経系の活性化なので，血圧や心拍を上昇させる。ただ，笑いはストレスによる慢性の血圧の上昇とは異なって，一過性の上昇なので，エクササイズとして動脈硬化を防ぐ効果があるとの意見もある（グレミニ，2012）。喘息やCOPD（慢性閉塞性肺疾患）については，笑いが呼吸機能を改善するという研究もあるが，効果がないとの研究や逆に笑いが発作を誘発するとの報告もある（大平，2013a）。また19人の糖尿病患者を対象に，昼食後，漫才を聴く日と退屈な講義を聴く日を比較した実験がある（大平，2012c）。食前と食後2時間の血糖値の平均は，漫才の日が178mg/dlから255mg/dl，講義の日が151mg/dlから274mg/dlで，漫才の日の方が血糖値の上昇が平均して46mg/dl抑えられることが示された。これは，笑い表出の運動効果なのかストレス・ホルモンなどの減少による効果なのか分からないが，効果は明確に示されている。ただ，被験者数が少なく，事前の血糖値のバラツキが大きいので，このデータだけからでは，笑いが有効な介入と言えるかは疑問が残る。運動や食事などによる介入の方が確実だろう。

（5）笑いとユーモアの真価

　以上のように笑いとユーモアの健康効果を概観すると，一般に喧伝されているイメージとは異なって，全体としての効果は弱いか限定的というところである。パポウシェク＆シュルター（2010）などは，笑いとユーモアの健康効果をうたう宣伝を，研究者の立場から誇張として批判している。一方，大平（2012a）は，公衆衛生の立場から，効果が限定的なことは認めながら，笑いとユーモアによる介入は，お金がかからず，副作用もなく，愉快なので，積極的に取り入れる価値があると主張している。代替療法のグルたちが行うような根拠のない誇大宣伝は問題だが（エルンスト＆シン，2008/2010），WHOが宣言するように，健康がたんに病気がないことではなく，より積極的な心身のウェルビーイングであるとすれば，ユーモアによる主観的健康感の増進は無視できないだろう。パッチ・アダムスによるホスピタル・クラウンの活動も，病気を治すことではなく，心を癒やす点に主眼がある。

　レフコート（2001）は，自己効力感研究からユーモア研究に移行した理由として，治らない病気や変えられない現実にどう対処するかを考えると，そこで有益なのは自己効力感ではなく，ユーモアだと気づいたからだとのべている。マーチン（2007/2011）は，全体をひっくるめて評価すると，ユーモアの効果がほとんどないかごく弱い1つの理由は，ユーモアは強いストレス下で，そのインパクトを緩和するしくみとして有効性を発揮するが，それ以外のときには有効性が発揮されないためではないかと指摘している。

　笑いやユーモアは，変えられない現実に直面したときや強いストレスにさらされたときに，その真価を発揮するが，ストレスがない状態では，気楽な状況で気晴らしにふけっている人のように，あるいは平坦な道をバネ一杯の車で走るように，裏目に出てしまうのかもしれない。ノルウェーのスベバクらは，腎不全で透析を行っている患者を対象に2年間の追跡調査を行ったが，ユーモアセンスの高い患者の方が，そうでない患者よりも生存率が31％高いことを見いだしている（スベバク，クリストフシェン＆アアサロッド，2006）。また，出来事を違った観点からとらえる視点転換ユーモアは，ストレス下の方がより効

果的だとの報告がある（レフコート，2001）。これは，ユーモアのストレス緩和効果として他の研究でも確認されている（マーチン，2007/2011）。

そこで，2節では，笑いやユーモアがストレス対処にどうかかわるか，笑いとユーモアの効用の概観を試みる。なお，ここでやや曖昧なところのあるウェルビーイングという言葉に関して若干の説明を行う。まず，主観的ウェルビーイングは不安や抑うつなどのネガティブ感情の少なさと楽しさや満足などのポジティブ感情の多さ，それに人生の満足度（代表的な尺度には，人生の満足度尺度があり，人生の満足度が「私は自分の人生に満足している」などの5項目で測定される（大石，2009））などの幸福感の高さの3つによって規定される主観的なよい状態である。ネガティブ感情の少なさとポジティブ感情の多さのみを指して感情的ウェルビーイングということもある。主観的ウェルビーイングは質問紙で測定しやすいので，これまでの幸福研究において多くの調査がなされてきた。ただし，主観的ウェルビーイングが高くてもたんなる自己満足ということもあり，主観的ウェルビーイングの高さは，そのままよい人生であることを保証しない。古くからの快の人生か価値ある人生かという対立である。そこで，主観的ウェルビーイングを含みながらも，客観的な望ましい状態を中心とした心理的ウェルビーイングが提唱されるようになった。客観的な望ましい状態として何をあげるかは研究者によって異なるが，人生の意味や目的，他者とのよい関係，仕事や課題へのコミットメントなどがあげられることが多い。最後に，たんにウェルビーイングあるいは心身のウェルビーイングというと，身体的健康と心理的ウェルビーイングを含んだ，全般的なよい生活と人生の状態である。

2 ストレス対処

「ユーモアも自分を見失わないための魂の武器だ。ユーモアとは，知られているように，ほんの数秒でも，周囲から距離をとり，状況に打ちひしがれないために，人間という存在にそなわっているなにかなのだ。」（フランクル（1947/2002）『夜と霧』，p. 71）

「笑いは瞬間バケーションである。」(ケルトナー (2009)『生まれながらの善良さ』,
p. 138)

(1) 危機とストレス反応

人間にとっても動物にとっても最大のストレスは，生命の危機の事態である。5章5節でのべたように，動物は心身のリソースを総動員して，生命の危機に対処するしくみを持っている。まず，すばやく交感神経系が活性化し副腎髄質からアドレナリンが放出され心拍と血圧が上昇し，呼吸は増し，血糖値があがり，身体は活動状態に入る。続いて，視床下部 (Hypothalamus) →脳下垂体 (Pituitary) →副腎皮質 (Adorenal cortex) (HPA軸と呼ぶ) によってストレス・ホルモンであるコルチゾールが放出される。コルチゾールは，エネルギーを総動因するために，さらに血糖値を高め，炎症反応（身体の損傷の修復をする）や免疫系などの当座は不要な機能を抑制する。こうして準備された危機対応仕様の身体によって，動物は恐怖とともに逃げるか，戦うかの選択をする。どちらも不可能なときには，死んだふりという奥の手もある。いずれにせよ，この決死の試みが首尾よくいけば，生き延びるし，失敗すれば一巻の終わりである。これが，通常の動物の世界であり，恐怖や怒りといった典型的なネガティブ感情は，こうした状況に対応するしくみとして進化してきた。

現代社会に生きるわれわれは幸い捕食動物に狙われるようなことはない。動物には無縁の技術を持った社会に守られている。しかし，人間関係の葛藤や仕事の失敗など，よりマイルドであっても複雑化，慢性化した危機にはさらされやすい。また，孤独というほ乳類に共通な新しい危機もあり，複雑化した現代社会では親密な人間関係が得られにくく，孤独感も重大なストレス源となっている（カシオッポ＆パトリック，2008/2010）。

ゼブラフィッシュを天敵のリーフフィッシュと同じ水槽にいれる実験がある。危機の状態のゼブラフィッシュは，はじめのうちは水槽を素早く逃げ回る。しかし，これが1ヶ月も続くと，無気力に水槽の底に沈んだ状態になってしまう。血中のストレス・ホルモンは通常の2倍以上になっている。これは実験的に作

られたゼブラフィッシュのうつ状態である。人間の場合も，慢性化したストレスにさらされ続けると，脳への影響が蓄積し，うつ状態に陥る。また，循環系や代謝系，免疫系への持続的負荷が，いわゆる生活習慣病を招いたり，他の病気を起こしやすくすることもある。

(2) ストレス対処

1節で紹介したセリグマンの逃避可能群と逃避不可能群のラットは，まったく同じストレス刺激を与えられたにもかかわらず，逃避不可能群ではストレス刺激が病気への抵抗を減らすマイナスの効果を与えたのに対し，逃避可能群ではストレス刺激が病気への抵抗を増すプラスの効果を与えることが示された。このように，ストレス刺激はその受け取り方，対処の仕方によっては，プラスになることもある。ストレス対処研究のパイオニアであるラザルスは，ストレス刺激を脅威や害・喪失として受け取るだけではなく，挑戦として対処することも可能であることを指摘した。ストレス刺激が有害となるか無害，さらには，有益となるかは，ストレス刺激への対処の仕方によって変わってくるのである。

ストレス対処には多くの研究者によって様々な方略があげられているが，定番といえる分類はない。最も基本的な区分としては，ラザルス・フォルクマン（1984）による，問題解決型対処と情動焦点型対処がある。たとえば仕事で失敗して上司に叱責され，これがストレスとなったとする。問題解決型対処では，仕事の失敗の原因や今後の対策を検討して，ストレスの原因となっている問題そのものへの対処を図る。一方，情動焦点型対処では，叱責されて生じた不安や怒りなどの感情を気晴らしをしたり友人に愚痴を言ったりして緩和しようとする。情動焦点型対処ではストレス刺激によって生じた不安や怒りなどのネガティブ感情やその影響の緩和が眼目である。一方，問題解決型対処における問題解決の役割の意義は，問題を解決することにより，不安や怒りなどのネガティブ感情が生じなくなる点にある。どちらの場合も，ストレス刺激によって生ずるネガティブ感情の悪影響を減らすことを主な目的としている。

（3）感情調節のプロセスモデル

　グロス（1998）は，ストレス対処や精神分析における自我防衛機制などの従来の研究を統合して位置づける一般的な枠組みとして感情調節のプロセスモデルを提唱した。プロセスモデルというのは，感情生起のプロセスのなかの各段階に感情調節の方略を位置づけたことによる。プロセスは，感情生起にいたる段階と感情生起後に分けられる。感情生起にいたる段階における感情調節は，先行焦点型感情調節と呼ばれる。感情生起後の段階における感情調節は，反応焦点型感情調節と呼ばれる。先行焦点型感情調節は，状況選択，状況修正，注意の配置，認知的変化の4段階に分かれる。反応焦点型感情調節は，反応調整の1段階である。以下，怒りの感情調節を例に，感情調節のプロセスモデルにおける5段階を例示する。

　問題状況：度重なる上司の小言に，怒りを爆発させてしまいそう。
　1：状況選択：上司と同席を避ける。
　2：状況修正：一方的な小言には必要な反論をする。別の人に意見を言ってもらう。
　3：注意の配置：小言を言われているときに別のことに注意を向ける。
　4：認知的変化：小言に含まれる正当な指摘を評価し，助言として受け止める。
　5：反応調整：怒った顔や不機嫌な声をしない。深呼吸をして怒りを抑える。

　上の例は，ネガティブ感情の下方調節である。日常生活における感情調節でも，怒りや不安などネガティブ感情を抑えるネガティブ感情の下方調節が大多数をしめるが，場違いなうれしさの表情を抑えるポジティブ感情の下方調節や，暗い夜道で歌をうたって楽しい気持ちを生じさせようとするポジティブ感情の上方調節，相手になめられないように怒りの気持ちを奮い起こすネガティブ感情の上方調節など，すべての場合を感情調節のプロセスモデルでは扱う（吉津, 2010）。ストレス対処の方略は，ネガティブ感情の下方調節とポジティブ感情の上方調節の方略として位置づけることができる。

　実際の感情反応は，状況選択から反応調整にいたる一巡で終わるわけではな

い。グロス（2015）がモデル化を試みているように，実際の感情反応は状況選択から反応調整までの過程が何回も繰り返して展開していく。感情調節のプロセスモデルは，繰り返される過程の1回分をとりだして，介入ポイントを分類したものである。感情調節については，感情生起過程と感情調節を区別できるのかといった基本的な問題も議論されている（タミル，2011）が，5章5節でのべたように一過性の感情の場合には感情調節による介入は必要ではない。感情反応が逸脱増幅的な循環に入ったときに介入が必要となり，この介入ポイントを感情生起の過程のなかで分類したのが感情調節のプロセスモデルということになる。

　グロスらは，先行焦点型感情調節の方略の代表として認知的変化における認知的再評価，反応焦点型感情調節の代表的方略として表出抑制を取り上げ，それぞれの方略の有効性を比較する多くの研究を行っている（グロス，2009）。実験的研究においても，質問紙研究においても結果は明確で，感情が生ずる前段階で介入する認知的再評価はより有効で良好な心理的ウェルビーイングと関連していることが示された。これについては，日本の研究でも同様の結果が得られている（吉津・関口・雨宮，2013）。一方，実験的研究によると，表出抑制をするとポジティブ感情については経験される感情強度が減少するが，ネガティブ感情では感情強度は減少しない。欧米の調査研究では，表出抑制は，本来の自己を隠すという感覚をもたらすこともあり，低い心理的ウェルビーイングと関連している。

（4）笑いとユーモアの効果を感情調節の5段階に位置づける

　プロセスモデルを中心とした感情調節研究は，近年，爆発的とも言える増加を示している。ユーモアの効果を感情調節のプロセスに位置づけて評価すべきとの主張もある（カイパー，2012）。ここでは，笑いとユーモアにはどんな効果があるのか，7つの効果をとりあげて，感情調節の5段階への位置づけを試みる。ここで扱うのは，たんなる効果であって，具体化された効用ではない。実際にどんな効用があるかは，具体的な文脈とユーモアの種類に応じて評価す

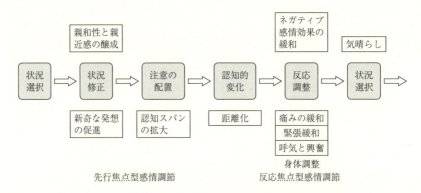

図6.1 笑いとユーモアの7つの効果を感情調節の5段階に位置づける

る必要がある。ユーモアの種類については，3節でのべる。

図6.1に笑いとユーモアの7つの効果を感情調節の5段階に位置づけて示した。感情調節は，状況選択から反応調整までの一巡で終わるのではなく，繰り返されるので，反応調整から状況選択へと再び向かう矢印を示してある。

7つの効果は，笑いと結びついた身体的反応，ポジティブ感情一般の効果とみなせるもの，笑いとユーモアの遊びの側面によるものの3種類に分けることができる。笑いと結びついた身体的反応とみなせるのは，身体調整で，これには痛みの緩和，緊張緩和，呼気と興奮が含まれる。ポジティブ感情一般の効果とみなせるのは，認知スパンの拡大，新奇な発想の促進，ネガティブ感情効果の緩和の3つである。笑いとユーモアの遊びの側面によると思われるのは，距離化，気晴らし，親和性と親近感の醸成の3つである。以下，強制収容所に収容され，恐怖と絶望，苦痛で自暴自棄になってしまいそう，という状況を想定し，各方略が感情調節としてどう位置づけられるか，簡単に見ていく。

（5）身体調整

痛みの緩和，緊張緩和，呼気と興奮については，すでに2章5節と本章1節でのべた。これらは，いずれも笑いに伴う効果である。痛みの緩和，緊張緩和については，笑うという表出活動そのものより，より可笑しみの感情と関連し

ているとの研究がある。これらの身体調整は，いずれもすでに生起した感情反応やその身体的なインパクトを和らげる反応調整として位置づけられる。

具体的には，ストレスによる過度の身体的緊張と痛みを笑いによって緩和する，息をつめる緊張を，息を深く吐くことや一過性の無害な興奮でほぐすなどが考えられる。笑いは，表出フィードバックにより可笑しみなどのポジティブ感情の増加をもたらしうるが，笑いが反応調整だけにとどまったとすると，効果は限定的である。

（6）ネガティブ感情効果の緩和

ポジティブ感情がストレス対処と心理的ウェルビーイングに与える効果については，フレデリクソン（2013）による，ポジティブ感情の拡張構築理論が有名である。拡張構築理論は，ポジティブ感情によるネガティブ感情効果の緩和に関するフレデリクソンらの研究とアイゼンによるポジティブ感情の認知的効果に関する先駆的研究（アイゼン，2008）を出発点としている。

ネガティブ感情効果の緩和は，不安や恐怖などのネガティブ感情がもたらす心拍や血圧の増加などの心血管系活動の昂進が，ポジティブ感情によって元の状態にすみやかに回復しやすくなる効果である。

フレデリクソンらはいくつかの実験的証拠を提供している。不安や恐怖は，通常はビデオによって誘導されるが，より日常生活に近いストレスのかかるスピーチなどの課題も用いられている。ポジティブ感情は，ビデオによって導入される。可笑しみを生じさせるこっけいなペンギンの様子や満足感を生じさせる美しい自然の風景などが使われる。コントロール群は単調に棒が積み重なる1990年代のスクリーンセーバーが用いられる。比較対象のネガティブ感情群は映画「チャンプ」でお父さんが亡くなる場面の悲しみの映像が用いられた。ネガティブ感情として悲しみが選択されたのは，不安や恐怖，怒りでは，心血管系活動を昂進させ，回復を遅らせることが自明なためである。より鎮静的でダメージからの回復と関連していると考えられる悲しみの場合には，こうした問題はない。結果は明確だった。心血管系活動の昂進が元のレベルに戻るのに，

コントロール群では約40秒かかったが，可笑しみ群と満足群では約20秒，悲しみ群では約60秒だった。ポジティブなフィルム視聴による回復促進は，フィルム視聴中に経験するポジティブ感情の程度によって媒介されていることも示されている。また，質問紙で測定されたレジリエンシー（回復力）がより高い個人の方が，ネガティブ感情による心血管系活動の昂進が元に戻るまでの時間が短いなどの結果も報告されている。

　ポジティブ感情によるネガティブ感情効果の緩和の具体的な例としては，笑い話に接するなどして，不安や抑うつ感情の身体的影響からの回復を図るなどがあげられる。ポジティブ感情によるネガティブ感情効果の緩和は，すでにネガティブ感情が生じてからの対処なので，反応調整に分類される。身体的反応による対処と比べると，ネガティブ感情にポジティブ感情で対抗しようとする，やや幅広い対処なので，効果はより強くなる。ただ，いったんネガティブ感情は生じてしまっているので，ネガティブ感情が強いと効果はあまり期待できない。たとえば，カン，カルフーン & メンス（2000）は，"*Faces of Death*" という解剖，処刑，事故，屠殺といった「死」の風景を扱うフィルムを用いて実験を行った。研究であっても見たくない種類の作品である。心拍などは測定されていないが，ネガティブ感情について言うと，フィルム視聴後にコメディーを提示しても，コントロール群と比較して不安は低減しなかった。不安低減に効果があったのは，フィルム視聴前にコメディーを提示した場合だけだった。感情調節のプロセスモデルからすれば，感情が生ずる前段階の介入の方がより有効である。

（7）新奇な発想の促進と認知スパンの拡大
新奇な発想の促進
　アイゼンは多くの実験を通じて，ポジティブ感情が新奇な発想を促進することを示してきた（アイゼン，2008）。ポジティブ感情はユーモラスなフィルムを視聴したり，キャンディーなどのちょっとしたプレゼントを受け取るなどして導入されている。たとえば，ポジティブ感情を導入された群は，そうでない

第6章　笑いとユーモアの効用を探る

群よりも，ドゥンカーのロウソク課題（マッチと箱一杯の画びょうで，テーブルにロウがたれないようにロウソクを壁に取り付ける課題）などの創造性や新奇な発想を要求される課題の成績がよかった。また，遠隔連想課題（提示される3語すべてと関連した単語を見いだす課題。たとえば man wheel high の場合，答えは chair である）の成績もよかった。

　新奇な発想は，先行焦点型感情調節における状況修正に影響しうる。本節の冒頭で引用したように，精神科医のフランクルは，ナチの強制収容所での経験を『夜と霧』で書いたが，過酷な環境を生き延びるうえで，ユーモアが重要だったことを指摘している。強制収容所で収容者は常に飢餓状態にあり，夜明けとともに起床させられ，過酷な現実に戻るときがとくにつらかった。フランクルは，これに対処するために，パンの一切れを食べ残し，それをポケットに隠して寝て，つらい起床時に食べるというような工夫をしたと書いている。これは過酷で悲惨な現実の状況に，ささやかだが状況修正を試みた例とすることができる。こうした新奇な発想による状況修正は，ポジティブ感情によって促進されることが期待できる。Google の本社などが，カラフルで楽しげな仕事場のデザインにしているのは，新奇な発想の促進を目的としていると考えられる。新奇な発想はポジティブ感情によって促進されるが，アプターが指摘するように（4章コラム参照），遊びの安全保障感は新奇な発想をより促進することが考えられる。

認知スパンの拡大

　遠隔連想課題は，認知スパンの拡大を要する創造性を測定する課題である。フレデリクソンは，ポジティブ感情による認知スパンの拡大をより明確な形で示した。フレデリクソンが用いた課題は，部分全体課題とフランカーテストである。部分全体課題では，構成要素は△だが，構成要素からなる全体の形は□というように，構成要素と全体の形が異なるときにどちらに着目して反応するかが測定される。ポジティブ感情を誘導された群の方が全体反応が多かった。フランカーテストは，ターゲット刺激の両脇に妨害刺激を並べて提示し，反応時間が両脇の妨害刺激に影響される程度を測定する課題である。両脇の妨害刺

激の影響はポジティブ感情を誘導された群の方が大きかった。これらの実験結果は，ポジティブ感情によって認知スパンが拡大することを示している。ネガティブ感情では，怒りの場合にとくに，認知スパンが縮小する。5章3節で見たように，怒りは，接近―回避で言えば，接近のネガティブ感情である点に特徴がある。ここから，認知スパンの縮小―拡大は，接近―回避の動機づけにより多く影響されると主張する研究者もいる。

認知スパンの拡大は，先行焦点型感情調節における注意の配置に影響しうる。フランクルは，悲惨で不潔な収容所の生活のなかで，樹木に友人のように毎日接し，遠くの空を眺めている女性のエピソードを紹介している。ここでは，状況は何も修正されてはいないが，注意の配置はより広い範囲に変更されている。

注意の配置の変更や状況修正は，その後に続く認知的変化にも影響しうる。認知スパンの拡大は状況や出来事の解釈にも影響することになる。新奇な発想により状況が修正されれば，注意の配置にも影響し，認知的変化にもつながる。また新奇な発想が，状況や出来事を思いがけない方向から解釈することを助けるなどして，直接に認知的変化をもたらすことも考えられる。

フレデリクソンは，ポジティブ感情によるネガティブ感情効果の緩和は，認知スパンの拡大や新奇な発想の促進と一連の機能としてとらえられると主張してしている（フレデリクソン，2013）。ポジティブ感情は不安や恐怖，怒りなどで特定方向への対処行動に向けた身体状態をすばやく解除するが，これは，新しい可能性に向け認知のスパンを拡大し柔軟にする働きと連動したものだとし，両者をポジティブ感情の拡大機能として位置づけた。さらに，ポジティブ感情は拡大された可能性のなかで行動や社会関係のリソースを構築していくとし，ポジティブ感情の拡大構築理論を提唱した。

笑いとユーモアの効果を解明するためには，フレデリクソンが行ったようなポジティブ感情一般としての詳細な実験や評価は必要だが，それだけでは不十分である。パンクセップの先駆的な研究（5章2節参照）にならって，他のポジティブ感情と異なる笑いとユーモアの特徴に着目する必要がある。他のポジティブ感情と異なる笑いとユーモアの特徴は，遊びを基盤としていることであ

る。

（8）距離化と気晴らし

距離化

　ユーモアによる距離化は，メイ（1953/1995）における問題を自我と距離をおいて認識する方法としてのユーモアから，オルポート（1961/1968）における自己客観視としてユーモア，レフコート（2001）の視点転換ユーモア，レディ（2008/2015）の脱関与にいたるまで，多くの研究者がストレス対処として，その有効性を指摘してきた。たとえば，1章4節でのべたように，白熱の討論番組の音声を消してみることなどは距離化の単純な例である。距離化は，ストレス刺激となる出来事の意味づけを変え，不安や恐怖などのネガティブ感情を弱める対処方法なので，認知的変化に位置づけられる。

　フランクルはロゴテラピーにおいて，クライエントが自分の悩みや問題から心理的な距離をとれるようになるために，わざと逆説的で極端な発言をする逆説的アプローチを用いている。たとえば，あるクライエントが大切な場面で汗をかいてしまうのではないかという不安を抱いていた。フランクルは，思い切って汗をかいてみなさい。よし今日は1リットル，いや数リットルの汗をかいてやろう，これまでに人生でかいた以上の汗をかこうとチャレンジしてみなさいなどと発言している。クライエントはおもわずその発言に笑ってしまった。笑ったとき，クライエントは，自分の問題を距離をとって受け取ることができるようになり，これが治療につながるとフランクルは指摘している。心理療法としては，セラピストが自分の問題を真剣に受け止めてくれているとの信頼関係が前提で，これがないと逆効果だが，ユーモアによる距離化の効果を明確にしめすエピソードである。

　ユーモアによる距離化は，ユーモアが遊びを基盤としていることによる。4章の最後で紹介した反転理論によると，遊びは，安全が保証された心理的防護フレームのなかで行われ，シリアスな目的追求はかっこに入れられ，活動の快そのものが追求される。このかっこに入れられるシリアスな目的が，日常の心

配事や関心などであり，ふつうわれわれはこれに同一化している。遊びを基盤としたユーモアは，このときに過剰になる目的との同一化から，距離をとることを可能にする。過剰に同一化した目的が自己にかかわるものなら距離化は自己客観視のユーモアになるし（オルポート，1961/1968），ストレス源なら視点転換のユーモアに（レフコート，2001），社会関係も含めてより一般的に言えば脱関与のユーモアとなる（レディ，2008/2015）。

アプター（1991）は，遊びについて，こう書いている。
「我々は，扱いやすい小さな私的世界を作る。それはもちろん，他者とも共有できる。その世界においては，少なくとも一時的には外界はいかなる重要性ももたず，外界の現実問題は当然のことながらそのまま侵入してくることはない。もし「現実世界」が何らかの形で入ってくるときには，変換，殺菌され，その過程において，それはもはや現実そのものではなくなり，危害を及ぼすこともできなくなる」（p. 14）。

上の記述は，映画の「ライフ・イズ・ビューティフル」で，子どもと一緒に入れられた強制収容所をゲームと見立てて，必死になって子どもを安心させようとしたユーモアを愛する父親の試みを想起させる。父親は子どもを遊びの世界で守ることに成功するが，自らは外の世界の銃の犠牲となってしまう。

気晴らし

気晴らしは，ストレス対処としては回避方略に位置づけられるが，シリアスな目的からはなれた快の活動という意味では基本的には遊びである。気晴らしは，いったん感情が生起してからの感情調節なので，反応調整に位置づけられるが，別の活動に移るという意味では，状況選択にも位置づけられうる。

気晴らしには，テレビ，インターネット，読書，雑談，スポーツ，散歩，入浴，ギャンブル，酒など，様々な遊びがある。笑いやユーモアに接することも気晴らしの1つである。カズンズの笑いは気晴らしとしてだった。気晴らしは，ストレス刺激からの一時の逃避を可能にさせ，一時的であれ気分を改善させる効果がある。村山・及川（2005）によれば，気晴らしの有効性は気晴らしとする活動にどの程度没頭できるか，また，気晴らしとする活動が長期的にプラス

となる活動かによる。没頭できない活動だと気晴らしとして機能しないし、ギャンブルや薬物のように長期的に害があれば有害な気晴らしとなってしまう。

ストリックら（2009）は、美しい風景などの写真による一般的なポジティブ感情とマンガによる可笑しみが、不快な写真を見たときのネガティブ感情を、それぞれどの程度緩和するかの比較をしている。結果は、たんなるポジティブ感情よりも、マンガによる可笑しみの方がネガティブ感情を緩和する効果が強かった。さらに、ストリックら（2010）では、理解のために必要な認知的な処理の程度の高低と喚起されるポジティブ感情の程度の高低でマンガを分け、ネガティブ感情緩和の効果を比較した。ネガティブ感情緩和の効果は、ポジティブ感情の程度によらず、理解のために必要な認知的な処理の程度が高いほど大きいことが明らかになった。これらの結果は、可笑しみによるネガティブ感情緩和効果が、認知的な資源を吸収する気晴らしによることを示している。可笑しみによる気晴らしは、ポジティブ感情一般の効果としてのネガティブ感情の緩和とは明らかに異なる効果として位置づけられる。

村山・及川（2005）は、本来の目的追求がそこなわれず、気晴らし活動自体が有害でなければ、気晴らしは、一時的なストレス対処として有益だとのべている。ユーモアによる距離化の場合も、逃避や場違いの悪ふざけとなることもあるが、文脈に応じて適切に用いられれば、レディ（2008/2015）の言う、脱関与的関与として、気晴らしの場合よりも、より長期的で有益な機能を果たしうる。

（9）親和性と親近感の醸成

笑いやユーモアは社会的な遊びを基盤としているので、相互の親和性をもたらす。相互の笑顔や笑い声の感染は、笑いが親和的な集団現象であることを示している。また、笑いやユーモアはシリアスな目的をかっこにいれた快の遊びなので、状況や相互の行動、メッセージについても、より親しみやすく、深刻でないものとして伝えられる。テキストを分かりやすくするためにユーモアを用いる工夫がされることがある。効果を測定してみると、必ずしも分かりやす

さは増さないが，テキストへの親しみは確実に増すことが報告されている（マーチン，2007/2011）。レフコート（2001）は，きわどい状況でのやりとりのなかでも，いったん笑いが起きてしまうと，笑いとともに伝えられたメッセージは受容されやすくなり，笑いを共有する集団に親和性がもたらされることを報告している。

　強制収容所に入れられ頭をそられた女性たちがたがいを見て，床屋にいかなくてよいねと言って笑い合ったというエピソードが伝えられている。これは，悲惨な状況に心理的距離をとり視点を転換して見たユーモアだが，同時に共通の不幸への笑いの共有を通じて，相互の親和性と親近感がもたらされている。ここでは，距離化による認知的変化と社会関係の変化という状況修正が生じている。

　距離化による社会関係への影響は，文脈によって異なる。強制収容所といった強いストレスを共有している場合には，距離化のユーモアはストレス低減と相互の親和性をもたらす。一方，より微妙な状況もある。ゴットマン（1994）は，アメリカで，夫婦が夫婦間のトラブルを話しあう様子を記録し，その後の離婚率との関連を調査した。話しあい中のユーモア使用の効果は妻と夫では異なった。妻がユーモアを用いたカップルでは離婚率は下がったが，夫の場合は逆に上がっていた。これは，夫婦間のトラブルの場合，夫がユーモアを使うと，ユーモアにおける距離化が責任回避，ごまかしととられる危険が増すためだろう。文脈によっては，距離化のユーモアは，裏目に出る。

　笑いには，ともに笑うという親和的側面だけではなく，人を笑うという攻撃的側面もある。フランクルは，強制収容所でのユーモアには，看守の失敗や癖を囚人同士で話して楽しむという攻撃的ユーモアもあったと報告している。こうした共通の敵に対する攻撃的ユーモアでは，共通の悲惨さを笑うユーモアと同様に，ユーモアの可笑しみを共有する人の間に親和性が生ずる。

　以上，笑いとユーモアの7つの効果を感情調節のプロセスモデルに位置づけることを試みた。感情調節のプロセスモデルからすると感情が生起する前段階

の先行焦点型感情調節の方が効果的である。また，笑いとユーモアの感情調節効果には，ポジティブ感情一般と共通の効果もあるが，笑いとユーモアに特徴的な効果は遊びと関連した効果である。遊びと関連した先行焦点型感情調節には，距離化と気晴らし，親和性と親近感の醸成の3つがある。これらが，笑いとユーモアによるストレス対処の中核となる効果であると言えるだろう。

3 ユーモアスタイル

（1）笑いとユーモアの効用に関する介入実験

2節で概観した笑いやユーモアのストレス対処効果の多くは，実験室的研究によって確認されている。ただし，これらは毎日の生活の文脈のなかでの効用そのものではない。たとえば，笑いやユーモアによって注意の範囲が広がったり，出来事と距離をとれるようになったとしても，それが毎日の生活でどう用いられ，どんな効用をもたらすかはまた別の問題である。毎日の生活における笑いやユーモアが心身のウェルビーイングに与える影響を因果関係として明確化するためには，実験群とコントロール群を設定したある程度長期の介入実験による検証が必要である。

マインドフルネス瞑想の痛みの緩和や心理的健康への効果は，こうした実験群とコントロール群を用いた介入研究のメタ分析により確認されている（グロスマンほか，2004）。これが可能になったのは，マインドフルネス瞑想では，カバット・ジンによるマインドフルネスにもとづくストレス低減の8週間プログラムなどの方法が早くに確立し，介入効果に関する多くの検証実験が行われたためである。マインドフルネスについても，マインドフルネスの個人差の測定にもとづく相関研究が行われているが，介入研究の補助的な位置づけになっている。

笑いとユーモアの領域では状況は異なる。笑いとユーモアは多面的な現象なので，複数の方向からのアプローチがありうる。3章のコラム「ユーモアを育む」で簡単に紹介したように，介入方法としては，笑いヨガのような笑いの身

体的表出を中心としたアプローチとマギーの7つのユーモア・トレーニングのような可笑しみの認知的評価の訓練を中心としたアプローチがある。

　笑いヨガは比較的ポピュラーだが，対照群を用いた効果研究は少ない。シャヒディら（2011）は，高齢のうつ状態の女性を対象とした研究である。被験者をランダムに笑いヨガ群，運動群，コントロール群に分けた。笑いヨガ群と運動群については，それぞれ10回のトレーニングセッションが実施された。笑いヨガ群のトレーニング内容は基本的には，3章のコラムで紹介した内容である。運動は約30分のジョギングやストレッチである。抑うつと人生の満足度を測定したところ，コントロール群では，期間前後の変化はなかったが，笑いヨガ群では運動群と同等か，それ以上の改善がトレーニング前後で見られた。うつなどの状態にない被験者についても，1日15分，15日間の笑いヨガトレーニング後に自己効力感の増加が見られたなどの報告がある（大平，2013b）。まだ研究は少ないが，トレーニング直後の効果について言えば，笑いヨガは有望である。

　クロフォード＆カルタビアーノ（2011）は，マギーのユーモア・トレーニングプログラム（7つのユーモア習慣プログラム（マギー，2010b）の前の版を用いている）の効果を検討している。被験者はボランティアで各20名程度がユーモア群，社交群，コントロール群にランダムに分けられた。ユーモア群と社交群は，毎週1回8週間にわたって集まる。ユーモア・トレーニング群は8回にわたりユーモア・トレーニングを受ける。ユーモア・トレーニングは各セッションを1回の集まりでこなせるよう簡略化され，また一部はオーストラリア向けに修正されている。社交群は，毎回お茶を飲み（お茶はユーモア群にも出る）1時間程度のお話をする。ユーモア・トレーニングの効果は明確だった。自己効力感と楽観性はユーモア群のみで有意に増した。抑うつとストレスは逆にユーモア群のみ有意に減少した。しかもこれらの効果は，トレーニングを終えた3ヶ月後に測定しても持続していた。

　マギーのユーモア・トレーニングプログラムを用いた論文は，クロフォード＆カルタビアーノ（2011）の他にはまだほとんどない。ルフ＆マギー（2014）は，博士論文の研究まで含めて，マギーのユーモア・トレーニングプログラム

を用いた研究の展望を行っている。他の介入実験でも，8週間のトレーニングは，ユーモアセンスを増し，主観的ウェルビーイングを改善させ，ストレスを減らした。こうした効果はトレーニング終了の3ヶ月後も持続したが，6ヶ月後までは持続しなかった。

　ポジティブ心理学における介入研究を展望したパークス＆シューラー（2014）では，十分な研究のある領域として感謝，赦し，満喫（savoring），人生の目的，共感を，これからの領域として創造性，忍耐，勇気，フロー，智恵，ユーモアをあげている。ユーモア・トレーニングに関する効果研究はまだ始まったばかりで，メタ分析ができるような段階ではないが，これまでの結果は有望そうに見える。

　ただ，笑いヨガとマギーのユーモア・トレーニングプログラムでは，トレーニングの内容がかなり異なるので，同じユーモア・トレーニングとしてひとまとめにできるかは疑問である。マギーのユーモア・トレーニングプログラムについては，各要素に分けて，それぞれの効果を比較することなども必要になってくるだろう。関連した問題として，効果の経路がある。笑いヨガにせよ，マギーのプログラムにせよ，トレーニングによってユーモアセンスだけではなく，仲間を得た楽しみや好奇心など同時に複数の変化が生じていることが考えられる。これらのどの要因がどんな経路で影響するかを腑分けするには，他のポジティブ感情や強みも含めた査定が必要だろう。最後に，長期的効果の問題がある。パポウシェク＆シュルター（2010）が批判するように，介入は一時の興奮や楽しさをもたらしたとしても，そこで終わってしまっては意味がない。介入が，より長期的な効果を生むためには，生活に組み込まれ，場合によっては持続的な訓練が必要となる。

（2）笑いとユーモアの個人差の測定

　笑いとユーモアが心身のウェルビーイングに与える影響については，笑いとユーモアの個人差の測定にもとづく相関研究が中心となっている。笑いとユーモアの個人差測定の方法には，行動観察，ユーモア産出課題，ユーモア鑑賞課

題，自己報告式質問紙などの方法がある。

　行動観察は最も客観的で，幼児や子どもなどでは必須の方法である。ただ，状況を限定する必要があり，大人を対象に長期間の観察は難しい。5章のコラムで紹介したような，生体計測の技術が進めば，笑いと行動，発話，身体状態の持続的モニターが可能になる。そうすれば，行動観察は個人差のきめこまかな測定だけではなく，個人内の因果関係も含めて，笑いとユーモアが心身のウェルビーイングに与える影響を解明するうえで重要な研究手段となるだろう。

　ユーモア産出課題では，創造性課題のように，単語やテーマを与えて，可笑しみのある文や話を作らせる。ただ，産出された文や話の可笑しみを研究者が評定する必要があり，客観的な評価を簡便に行いにくい。

　ユーモア鑑賞課題では，ユーモラスな絵や文を提示し，その可笑しさの評定を求める。可笑しさが，不一致によるのか，不一致の解消を必要とするのかなどの実験的検証は，ユーモア鑑賞課題の条件を設定して行われるが，個人差に着目した分析はあまり行われてきていない。

　数少ないユーモア鑑賞課題による個人差測定のなかで比較的知られたものに，ルフ（1992）が開発した 3 WD（3ウィット次元）ユーモア鑑賞課題がある。これは，全部で35のマンガとジョークからなり，調査対象者は面白さを6段階で評定する。因子分析の結果，マンガとジョークは「不調和解決ユーモア」と「ナンセンスユーモア」，「性的ユーモア」に分類された。「不調和解決ユーモア」は，子どもがタバコを吸っているお父さんのおしりに針をさして，タバコをやめられるように鍼を刺しているのと言うような例である。「ナンセンスユーモア」は，山道で走る車を山の陰から見ている大男がまわりは堅いが中は柔らかくて美味しいといっているような例である。セックスジョークは，裸の男性の絵を描いている下着姿のセクシーな女性画家が男性のシンボルが大きくなって描きにくい，と注意しているような例である。ヨーロッパにおける調査では，「不調和解決ユーモア」を好む人は政治的に保守的で，「ナンセンスユーモア」は政治的に革新的だとの傾向が示されている。

　ユーモアの個人差測定で最も広く使われているのが，自己報告式質問紙であ

る。自己報告式質問紙は，実際の生活に即した調査を簡便にできるという利点がある一方で，自己報告による歪みが混入する可能性もある。報告の歪みは，項目の社会的望ましさの影響や，項目内容にかかわらずはいと答える黙従傾向を別途に査定したり，仲間による評定と照合するなどして，チェックが試みられている。質問紙による測定が，どの程度安定した結果を出すかを「信頼性」と言う。測定するとされている状態や特性を測定できているかは「妥当性」である。行動や心理について，本人に答えてもらうというのは，簡便な方法で，結果には歪みや誤差がつきものだが，心理学ではそうした問題点をふまえて，一定の信頼性と妥当性をそなえた自己報告式質問紙の開発が試みられてきた。その結果として，性格や感情，適応方略，ウェルビーイングなどに関しては，定番として使われている多くの尺度が開発されている。性格に関してはビッグファイブといわれる尺度の複数の版が使われているし，不安の状態や特性に関してはSTAI，抑うつ特性に関してはBDIやSDS，幸福感に関しては人生の満足度尺度や主観的幸福感尺度が広く使われている。これらは，個人の査定と研究のツールとして幅広く用いられている。

　笑いとユーモアについても自己報告式質問紙の開発が試みられてきた（マーチン，2007/2011）。様々な状況で個人がどの程度笑うかを問う状況ユーモア質問紙，ユーモアによるストレス対処を問う対処ユーモア尺度，ユーモアへの感受性と好みを問うスベバクらのユーモアセンステストなどである。しかし，これらの尺度を用いて，ユーモアの個人差と心身の健康の関連を調査してみると，2節で紹介した身体的健康についてのノルウェーにおける65,000人調査のように有意な関連がなかったり，心理的ウェルビーイングに関しても，結果はごく弱かったり，研究によって結果が一致しなかったりしていて，明確な結論が下しにくい状況にある（マーチン，2007/2011）。

　マーチンら（2003）は，こうした状況の原因として，笑いやユーモアには人と親しんだり，自分を励ましたりするポジティブなものだけではなく，人を嘲ったり，自分を貶めて人の歓心を買おうとするネガティブなものもあるが，従来の研究では，こうした異なったタイプの笑いやユーモアが区別されてこなか

ったことを指摘している。ユーモアに関しては，ストレス対処尺度として広く使われるようになったCOPEでも下位尺度として測定されるが（大塚，2008），ユーモアによる対処の項目は，「その状況を笑う」，「それについて冗談を言う」，「それをからかう」，「その状況をおもしろおかしくとらえる」の4項目である。ここでは，からかうというやや攻撃的なユーモアも含まれているが，ユーモアのポジティブな側面とネガティブな側面が区別されていない。

（3）ユーモアスタイル質問紙
マーチンらのユーモアスタイル質問紙

　マーチンら（2003）は，以上のような状況認識にもとづいて，ユーモアスタイル質問紙（Humor Styles Questionnaire: HSQ）を開発した。ユーモアスタイル質問紙は，ユーモアの機能に関する理論的な見通しにもとづいて，ユーモアのポジティブな側面とネガティブな側面を分けて査定することを目的とした総合的な尺度である。マーチンらは，まず，ユーモアの機能を自分をよい気持ちにさせることと，他者との関係を楽しいものにすることの2つに分けた。自分をよい気持ちにさせるユーモアの機能は，ホッブスが指摘した突然の勝利の喜びやストレス対処としてのユーモアといった先行研究で指摘されてきたものである。他者との関係を楽しいものにする機能は，社会的遊びとしてのユーモアによる対人的緊張の緩和などとして指摘されてきたものである（レフコート，2001）。マーチンらはユーモアの自己機能と対人機能の対比に，良性のポジティブなユーモアと有害になりうるネガティブなユーモアの対比を追加した。ここで，有害になりうるネガティブなユーモアとは，他者に向かうにせよ，自己に向かうにせよ攻撃性を含んだユーモアである。

　結果として，4つのユーモアスタイルが区別され，4下位尺度，各8項目からなるユーモアスタイル質問紙が開発された。自分をよい気持ちにするポジティブなユーモアは，自己高揚的ユーモアである。項目には，「人生をユーモラスにとらえているので，必要以上に心が乱れたり，落ち込んだりすることがない。」などがある。自分をよい気持ちにさせる機能をもったネガティブなユー

モアは，攻撃的ユーモアである。項目には，「嫌いな人がいたら，しばしばユーモアやからかいでその人を攻撃する。」などがある。攻撃的ユーモアでは，自分がよい気持ちになるために，攻撃性を他者に向けている。他者との関係を楽しいものにする機能をもったポジティブなユーモアは親和的ユーモアである。項目には，「仲のよい友だちと大いに笑ったり冗談を言いあったりする。」などがある。他者との関係を楽しいものにする機能をもったネガティブなユーモアは自虐的ユーモアである。項目には，「冗談を言ったり，面白く見せようとしているとき，しばしば自分をコケにしすぎる。」などがある。自虐ユーモアでは，他者に受けいれられるために，攻撃性を自分に向けている。

　ユーモアスタイル質問紙は，理論的な見通しのもとに作成されたものだが，慎重な項目選定や社会的望ましさの高すぎる項目の除去，友人評定との対応の確認など，手堅い手続きを経ている。心理的ウェルビーイングや社会関係との関連についても，ポジティブなユーモアとネガティブなユーモアは対比的な結果を示し，従来のユーモア尺度の問題点の解消に向けた総合的尺度作成という主張を，おおよそ裏付ける結果となっている。その結果，マーチンら（2003）で提示されたユーモアスタイル質問紙は，最も広く使われるユーモア質問紙となっている。マーチン（2015）によると，これまでのところ，すくなくとも30の言語に翻訳され，125以上の実証研究で尺度が用いられ，500以上の本や論文で引用されている。

上野らのユーモア志向尺度

　日本では，上野らがユーモア志向尺度を提案している（上野，1993；宮戸・上野，1996）。ユーモア志向尺度は攻撃的ユーモア志向，遊戯的ユーモア志向，支援的ユーモア志向の各8項目3下位尺度からなる。攻撃的ユーモア志向はユーモアスタイル質問紙における攻撃的ユーモアとほぼ対応する。支援的ユーモア志向は自己支援だけでなく，他者支援も含んでいる。遊戯的ユーモア志向は，機能や状況にかかわらないユーモア全般への好みである。ユーモア志向尺度は，従来のユーモア理論を参照して，ネガティブな面もふくむユーモアの多様な側面の個人差の測定を試みた先駆的で貴重な研究である。しかし，遊戯的

ユーモア志向は，ユーモアの基盤に遊びがあると考えると，やや一般的すぎるので，親和的ユーモアなどとして文脈も含めて特定して測定した方が適切だろう。また，心理的ウェルビーイングとの関係を見るためには，自己支援と他者支援はまとめてしまわない方が適切ではないかと思われる。さらに，ユーモア志向尺度は，攻撃的ユーモア志向と遊戯的ユーモア志向が支援的ユーモア志向とは別々の因子分析によって開発されており，ひとまとめの因子分析での3因子としては提示されていない。したがって，ユーモア志向尺度は，3下位尺度でユーモアの個人差を総合的に測定する尺度としては不十分である。

ユーモアスタイル質問紙の日本語版

　日本では，ユーモアスタイル質問紙を用いた研究はまだほとんど行われていないが，日本人におけるユーモアの特徴を海外と比較するためにも，現在，国際標準となりつつあるユーモアスタイル質問紙の日本語版を用いた研究が必要である。ユーモアスタイル質問紙の日本語版は，吉田（2012）に報告されている[2]。吉田（2012）では，マーチンら（2003）と同じ4因子構造が確認されており，攻撃的ユーモアの信頼性係数だけが $\alpha=0.66$ とマーチンら（2003）の $\alpha=0.77$ に比べると低いが，許容範囲の水準であり，日本語版として使える尺度となっている。

　ユーモアスタイル質問紙を用いた研究は，ビッグファイブ，自尊心，ポジティブ感情，不安や抑うつ，怒りなどのネガティブ感情，幸福感，ナルシシズム，マキャベリズム，孤独感，対人関係など性格や心理的ウェルビーイング，社会関係に関する幅広い領域との関連にわたっている（マーチン，2007/2011, 2015；吉田，2013, 2015）。

（2）吉田（2012）は，吉田・雨宮（2008）に基づく論文である。ユーモアスタイル質問紙の日本語版としては，他に木村・津川・岡（2008）がある。ただ，木村・津川・岡（2008）の日本語版では，マーチンら（2003）と同じ4因子構造は確認されているが，下位尺度として採用されている項目数が，自己促進的ユーモア（自己高揚的ユーモア）で5項目，攻撃的ユーモアで6項目と少なく，論文の記述通りに因子負荷量0.35以下の項目を除去すると，攻撃的ユーモアは4項目しか残らず，項目の日本語訳に関しても誤解をまねきかねない表現が散見するなどの問題点がある（吉田，2012）。

ビッグファイブ性格特性との関連では，4つのユーモアスタイルが性格特性と関連していることが示されている（ヴァーノン，マーチン，シャーメル ＆ マッキー，2008）。まず親和的ユーモアは，外向性，開放性（新しい経験への積極性）と正の関連をもっている。自己高揚的ユーモアは，これに加えて，神経症傾向と負の関連をもつ。一方，攻撃的ユーモアは，調和性（愛想のよさ）と強い負の関係に特徴がある。最後に，自虐的ユーモアは，神経症傾向と正の関連を示す。

不安や抑うつの低さやポジティブ感情の高さなどを指標とする感情的ウェルビーイングと社会関係について，これまでの欧米での研究結果はおおよその一致を見ている。ごく大ざっぱに言うと，ポジティブな親和的ユーモアと自己高揚的ユーモアは，想定通り感情的ウェルビーイングおよび良好な社会関係と正の関連を持つことが示されている。親和的ユーモアは良好な社会関係とより強い正の関連を，自己高揚的ユーモアは感情的ウェルビーイングとより強い正の関係を持つ傾向にある。親和的ユーモアと自己高揚的ユーモアは，マーチンら（2003）では，0.33（男性）から0.36（女性）の中程度の正の相関を示したが，ハインツ ＆ ルフ（2015）など両者の弁別が十分でないとの意見もある。ネガティブなユーモアスタイルの結果はやや複雑である。攻撃的ユーモアは想定通り良好な社会関係とは負の関連を示し，怒りや攻撃性とは強い正の関連を示したが，感情的ウェルビーイングとの関連は全体としてはニュートラルにとどまる傾向にある。攻撃的ユーモアは男性の方が女性よりも得点が高い。自虐的ユーモアは，想定通り感情的ウェルビーイングとは負の関連を示したが，良好な社会関係とも負の関連を示した。

双子を用いたユーモアスタイルの遺伝率の研究もある（ヴァーノン，マーチン，シャーメル，チェルカス ＆ スペクター，2008）。遺伝率は親和的ユーモアが最も高く50％程度で，攻撃的ユーモアと自己高揚的ユーモアが40％程度，自虐的ユーモアが35％程度だった。親和的ユーモアが生来の気質によるところの大きいユーモアスタイルで，自虐的ユーモアスタイルは環境や経験によるところの大きいユーモアスタイルと言える。

（4）ユーモアスタイルを可笑しみの4段階に位置づける

　ユーモアスタイル質問紙では，ユーモアの機能が自己か対人関係か，ポジティブか攻撃性を含むかに着目してユーモアスタイルを分類しているが，発達的な観点から，5章5節で示したユーモアにおける人称関係にもとづく可笑しみの4類型に位置づけてとらえることも可能である（図6.2）。

親和的ユーモア

　親和的ユーモアは，社会的遊びとしての身体レベルでの原ユーモアにも通ずる側面を持ち，ともにふざける子どもの遊びの世界としての滑稽に対応した内容をもった，ともに笑うユーモアとして位置づけられる。遺伝率の研究で生来の気質によるところが大きいという事実も，親和的笑いがユーモアスタイルの基盤に来るという位置づけを，裏付けていると見ることができるだろう。

攻撃的ユーモア

　攻撃的ユーモアは，ともに笑うユーモアとは対照的な，人を笑うユーモアである。攻撃的ユーモアの人称関係はより複雑となる。攻撃的ユーモアスタイルの項目は，「人がミスをしたら，よくそれをからかう」などの2者関係における対面的な攻撃ユーモアが中心である。滑稽には，何かを渡そうとして引っ込めて相手の困惑を楽しむといった，攻撃的な遊びも含まれる。2者関係における対面的な攻撃ユーモアは，滑稽に位置づけることができるだろう。攻撃的ユーモアには，「友だち全員が，誰かのことをからかっていても，それには加わらない（逆転項目）」のように，機知において典型的なジョーカー，ターゲット，聴衆の3者関係を前提とした攻撃ユーモアも含まれる。したがって，攻撃的ユーモアスタイルは滑稽と機知の両者にかかわるユーモアスタイルとして位置づけることができるだろう。

自己高揚的ユーモアと自虐的ユーモア

　ルイス（1992/1997）は，誇りや恥，罪などを自己意識感情として，怒りや喜びなどの他の基本的な感情よりも発達的により後の段階に位置づけている。ユーモアスタイルに関する発達的な研究は，まだほとんどなされていないが，自己評価や自己提示が関連してくる自己高揚的ユーモアと自虐的ユーモアは，

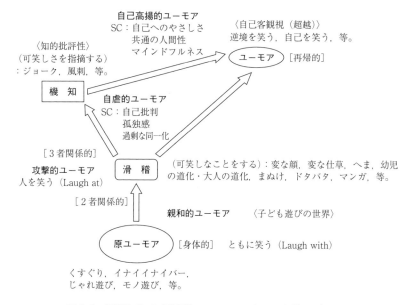

図6.2 可笑しみの4類型にユーモアスタイルを位置づける
(注) SC：セルフ・コンパッション

親和的ユーモアや攻撃的ユーモアよりも，発達的により後の段階に来ることが想定できる。

　自己高揚的ユーモアの項目は，「一人のときでも，人生の馬鹿馬鹿しさに，可笑（おか）しい気持ちにさせられることがよくある」など，一人で自分自身の経験しているストレスフルな出来事を省察するという項目が中心をしめる。ここでは，自分で自分自身の経験を再評価するという再帰的な人称構造が見られる。自分自身の経験で焦点があたるのが逆境であれば逆境を笑うユーモアとなり，自己の限界や失敗となれば5章5節で紹介したホジャのユーモアと同様に自己客観視のユーモアとなる。いずれにせよ，自己高揚的ユーモアは，狭義のユーモアに位置づけることができる。

　オルポート（1961/1968）は，自己客観視のユーモアセンスを洞察とならんで成熟した人格の特性として位置づけ，こうのべている。「ユーモアの感覚は，

粗野な滑稽の感覚と,はっきり区別されなければならない。…(中略)…幼児は滑稽の鋭い感覚をもっているが,自分自身を笑うことはめったにない。…(中略)…洞察とユーモアがいっしょに現れる理由は,多分これが基底において単一の現象—自己客観視の現象—であることにある。…(中略)…現在まで心理学者は,洞察とユーモアの感覚のいずれをも測定するのにほとんど成功していないというのが,どうやら公平である。われわれはここでパーソナリティの微妙な領域を取り扱っているのであるが,この領域における研究で,心理学者が過去におけるよりもより多くの成功を将来において収めることが望まれる。」(pp. 373-374)

ここでオルポートは,成熟した人格の特性としてのユーモアを図6.2における右上の高いところに位置づけ,同じく高位の同盟者として洞察をあげ,下層に位置する滑稽との違いを強調している。また,パーソナリティ心理学の大家として,ユーモア測定の難しさと将来の課題に言及している。ユーモアスタイル質問紙は,オルポートが指摘した課題にどこまで答えられるだろうか?

自虐的ユーモアは,自己の失敗や限界を笑うという点で,自己客観視のユーモアと似ている点があるが,重要な違いがある。自虐的ユーモアには,「友だちや,家族とうまくやっていく私のやり方は,自分を笑いものにすることである」などの項目がある。この項目に示されているように,自虐的ユーモアは自己を貶めることによって他者に受け入れてもらうことを目的としており,自己を含んだ出来事の認知的再評価あるいは洞察までいっていない。人称構造的には,攻撃的な再帰的自己評価を他者関係に従属させる形になるので,自己高揚的ユーモアと攻撃的ユーモア双方の裏面,図6.2の真ん中あたりに位置づけられることになる。

セルフ・コンパッションとユーモア

自虐的ユーモアと自己高揚的ユーモアにおける自己客観視との違いは,やや微妙かもしれない。両者の違いを明確にするうえでセルフ・コンパッションとの関連が役に立つ。セルフ・コンパッションは,仏教における瞑想にもとづいた考えである。ナルシシズムは,自己に限定された愛だが,他者にも開かれた

自己への愛として，ギルバート（2009）などが心理療法で用い，ネフ（2009/2014）が基礎的な研究を行っている。

　セルフ・コンパッションは，自己へのやさしさ（↔自己批判），共通の人間性（↔孤独感），マインドフルネス（↔過剰な同一化）の3つの要素からなる。かっこのなかはセルフ・コンパッションの3要素とは真逆の特性である。ネフらの研究によって，セルフ・コンパッションは，心理的ウェルビーイングに大きく貢献することが示されている。以下にネフのセルフ・コンパッション尺度の日本語版（有光，2014）における下位尺度の項目例を示す。セルフ・コンパッション尺度は，6下位尺度各5項目からなる。

・自己へのやさしさ：「感情的な苦痛を感じているとき，自分自身にやさしくする。」など。
・自己批判：「自分のパーソナリティの好きでないところについては，やさしくなれないし，いらだちを感じる。」など。
・共通の人間性：「自分にとって物事が悪い方向に向かっているとき，そうした困難は誰もが経験するような人生の一場面に過ぎないと考える。」など。
・孤独感：「自分にとって大切な何かに失敗したとき，自分の失敗のなかでひとりぼっちでいるように感じる傾向がある。」など。
・マインドフルネス：「何かで苦しい思いをしたときには，感情を適度なバランスに保つようにする。」など。
・過剰な同一化：「気分が落ち込んだときには，間違ったことすべてについて，くよくよと心配し，こだわる傾向にある。」など。

　筆者たちは，177名の日本の大学生を対象に日本語版ユーモアスタイル質問紙とセルフ・コンパッション尺度の日本語版を実施した。その結果，自己高揚的ユーモアと自虐的ユーモアは，セルフ・コンパッション尺度の下位尺度と対照的な関連を示した。自己高揚的ユーモアは，自己へのやさしさ，共通の人間性，マインドフルネスと正の関連を，自己批判，孤独感，過剰な同一化とは負の関連を示した。一方，自虐的ユーモアは自己批判，孤独感，過剰同一化と正の関連を示したが，自己へのやさしさ，共通の人間性，マインドフルネスとは

無関連だった（ヨシダ & アメミヤ，2016）。

　セルフ・コンパッション尺度との関連から，自虐的ユーモアから狭義のユーモアと対応する自己高揚的ユーモアを区別するのが，自分だけではなく誰もが限界があり苦しいという共通の人間性の認識の有無（仏教における生老病死などの苦の認識），限界をもった自他を愛情をもって受け入れるやさしさ，それに過剰に自己の失敗や苦痛に同一化せず距離をもって受け止めるマインドフルネスの3点があることが示された。両者の区別は，二分法的ではなく，過剰な同一化の程度や自分だけがという意識の程度，失敗や自らの限界をやさしく受容できるかの程度で，中間的な段階がありうる。セルフ・コンパッションと自己客観視のユーモアの違いは，過剰同一化との対比のあり方である。たんなるマインドフルネスでは，ユーモアにはならない。ユーモアとなるためには，過剰同一化との対比が遊戯的な距離化によっている必要がある。この点で，オルポートの言う成熟した人格としての自己客観視のユーモアは，滑稽との違いを強調しすぎると，ユーモアではなくなってしまうきらいがある。ユーモアのユーモアたるゆえんは，ジャン・パウルやフロイト（4章4節）などが指摘しているように，超越につながるような高次のユーモアが，子どもじみた遊戯性に基盤を置いている点にある。

第6章　笑いとユーモアの効用を探る

 コラム　強みとしてのユーモア

　ポジティブ心理学の主要なテーマに人格（Character）の強み測定がある（ピーターソン＆セリグマン，2004；ピーターソン＆パーク，2009）。

　人格とは，各人の性格あるいは人柄（personality）のなかで道徳的な評価においてプラスの価値が付与された特性である。（人格と性格の訳し分けは難しいが，人格には人格者などCharacterと対応した道徳的評価のニュアンスがあるので，Characterを人格，Personalityを性格あるいは人柄と訳すことにする。）たとえば，外向性や内向性は性格特性だが，道徳的な評価の対象ではないので人格の強みにはならない。これに対して，親切さや協調性は道徳的な評価がなされるので，人格の強みになる。

　パークらは，世界の主要な宗教の教典から著名人の名言集，武士道，ボーイスカウトの誓い，誕生日のカード，ポケモンのキャラクターにいたるまで，幅広いテキストから，人格の強みに関する項目を収集した。そして，幅広く収集した項目を以下の12の基準で評価した。12の基準は，偏在性（世界のどこでも評価される特性であること），充足性（充実した人生や成功をもたらす特性であること），道徳的評価（たんなる手段ではなくその特性自体が評価されること），賛嘆（その特性の発揮が他の人の嫉妬などはまねかない），対となる欠点（反対語は望ましくない特性となる），個人特性（安定した個人特性となる），測定可能性（個人特性の差を測定できる），独自性（他の特性と明確に区別できる），手本（その特性の鑑となるような人がいる），神童（幼い頃からその特性に秀でた子どもがいる），選択的欠如（その特性に欠けた人がいる），組織（その特性の育成を目的とした組織や伝統がある）である。

　以上のような方法と基準によって，世界に共通の人格の強みとして，知恵と知識（wisdom and knowledge），勇気（courage），人間性（humanity），正義（justice），自制（temperance），超越（transcendence）の6分野と24の特性が選定された。知恵と知識には，独創性（creativity），好奇心（curiosity），開放性（open-mindedness），向学心（love of learning），見通し（perspective）の5特性がある。勇気には，真正さ（authenticity），勇気（bravery），熱意（zest），忍耐（perseverance）の4特性がある。人間性には，親切さ（kindness），愛（love），社会的知能（social intelligence）の3特性がある。正義には，公正さ（fairness），リーダーシップ（leadership），チームワーク（teamwork）の3特性がある。自制

271

には，赦し（forgiveness），謙虚（modesty），慎重さ（prudence），自己制御（self-regulation）の4特性がある。超越には，美的感受性（appreciation of beauty and excellence），感謝（gratitude），希望（hope），ユーモア（humor），宗教性（religiousness）の5特性がある。

　上述の24特性は暫定的なものである。各特性が12の基準の全てを満たしているわけではない。たとえば，ユーモアや熱意は，ユーモアの種類や熱意の方向によってはマイナスともなりうる。ユーモアが親切と結びついたり，熱意が向学心と結びついたりするときに明確なプラスをもたらす。この点で，ユーモアや熱意の人格の強みとしての位置づけは条件つきのものである。また，24特性以外の候補も多い。リーダーシップがあれば，フォロワーシップや忠誠心があってもよいだろう。あるいは，逆方向の強みとして，野心や独立心をあげてもよいかもしれない。24特性は，確定的なリストではなく，人格の強みの効用を査定するための研究のベンチマークとなるものである。

　24特性について各10項目からなるVIA（Value In Action）質問紙が作られた。VIAの基本的発想は，問題点を発見するのではなく，各人の強み（Signature Strength）を見いだし，それを実際に活かしていくことである。VIAには各国語版があり，インターネット（http://www.authentichappiness.org/）で診断をうけ，自分の強みの上位5特性を確認することができる。ピーターソン＆パーク（2009）は，このインターネットでのデータや独自の調査にもとづいて，24の人格の強みについていくつかの興味深い事実を確認している。

　24の強みは，慎重さの得点が高い人は，自己制御の得点も高いというように，互いに関連している。これを集約するために因子分析をすると安定して2次元が得られた。第1次元は，リーダーシップやチームワークのように他者に向けられた活動（Focus on others）における強みなのか，好奇心や独創性のように自分自身の活動（Focus on self）における強みなのかの対比である。第2次元は，感謝や愛のようにフィーリングにかかわる心情（Heart）の強みなのか，偏見のなさや自己制御のように行動の制御にかかわる精神（Mind）の強みなのかの対比である。ユーモアは分類通り，宗教性や美的感受性，希望，感謝などの他の超越のグループと同じく，フィーリングにかかわる強みとして位置づけられている。第2次元に関しては，感謝が他者寄り，希望が自己寄りだが，宗教性，ユーモア，美的感受性は中間に位置している。

　幸福感や心理的ウェルビーイングと最も強く関連しているのは，フィーリングに

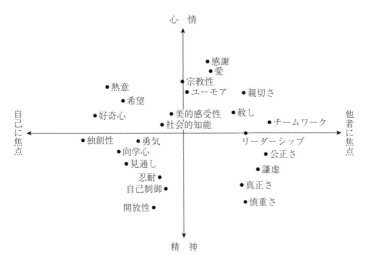

図6.3 24の人格の強みの因子分析の2次元
（出所）ピーターソン & パーク（2009）にもとづき筆者作成。

かかわる愛，感謝，希望，好奇心，熱意である。一方，学生における学業成績と関連しているのは，行動の制御にかかわる自己制御と忍耐だった。教師の評価は，熱意，ユーモア，社会的知能と関連していた。仕事をたんなるお金のためではなく天職と思う程度は熱意と関係していた。

　人格の強みの双子研究の結果では，他の性格特性と同じく，遺伝は中程度の寄与をしていた。興味深いのは共有環境と独自環境の寄与で，開放性や向学心は共有環境の，ユーモアやチームワークは独自環境の影響の方がそれぞれ大きかった。開放性や向学心はおもに家族文化のなかで身につけられ，ユーモアはそれぞれの子どもが独自の経験を通じて身につけるのかもしれない。

　また，身体的病気や心理的な障害の経験は VIA の得点を全体として下げる要因となる。しかし，身体的病気や心理的な障害から回復した人の場合，VIA の得点が向上する場合がある。たとえば，身体的病気から回復した人は，勇気や親切さ，ユーモアの得点が増し，心理的な障害から回復した人は美的感受性と向学心が増したとの報告がある。身体的病気や心理的な障害は逆境だが，人格の強みにはそれを緩和する機能があるらしい。さらには，「逆境は忍耐力をもたらし，忍耐力は鍛錬された人格をもたらし，鍛錬された人格は希望をもたらす。」（パウロ）や「逆境を

経験した人々は，一度も経験していない人よりも逆境をよりしっかりと耐えることができる。だから，逆境は人生におけるよい教訓になりうる。」(ダライラマ) という言葉にあるように，逆境は，人格の強みを陶冶する機会になるのかもしれない。

　VIAは，人格の強みの全体を位置づけようとする試みである。こうした試みから学べるのは，人格の強みが互いに関連し，実際の行動において互いに共同することである。ユーモアの効用を問題にするときには，ユーモアを他のポジティブ感情や強みのなかに位置づけて評価する必要がある。

引用・参考文献

Aarons, D. (2012). *Jokes and the linguistic mind*. Routledge.
安部剛 (2008).〈世界のユーモア教育事情〉カナダ,西オンタリオ大学　ロッド・マーティン博士の「ユーモア心理学」講座　笑いの科学, *1*, 127-130.
Addyman, C., & Addyman, I. (2013). The science of baby laughter. *Comedy Studies, 4*, 143-153.
Alexander, R. D. (1986). Ostracism and indirect reciprocity: The reproductive significance of humor. *Ethology and Sociobiology, 7*, 253-270.
Allport, G. W. (1961). *Pattern and growth in personality*. Holt, Rinehart and Winston. (今田恵 (監訳) (1968). 人格心理学　上・下　誠信書房)
雨宮俊彦 (2001). エージェント・環境相互作用モデルとソシオン理論 (1)―荷重関係のモデル化のこころみ　関西大学社会学部紀要, *32(2)*, 253-291.
雨宮俊彦 (2005). 感情科学の展望 (1)―感情と感情科学の位置について　関西大学社会学部紀要, *36*（3）, 3-59.
Amemiya, T. (2008). Aha, haha and aho. 笑いの科学. *1*, 133-137.
Amemiya, T. (2009a). Toward the affective psychology of humor and laughter: A Japanese perspective. *Guest Lecture at University of Zurich*.
Amemiya, T. (2009b). Awe and laughter as multifaceted contrastive positive emotions. *Paper Presented at the First Congress of Positive Psychology Association*.
雨宮俊彦 (2010a). ユーモア研究最前線― Apter　笑いの科学, *1*, 119-122.
雨宮俊彦 (2010b). ユーモア研究最前線― Martin　笑いの科学, *1*, 123-126.
雨宮俊彦 (2010c). 笑いとユーモアの心理学　木村洋二 (編)　笑いを科学する―ユーモア・サイエンスへの招待 (pp. 167-179)　新曜社
Amemiya, T. (2011). The role of sensory affects in expressive symbolism: Two studies on sound symbolism effects. *Paper Presented at the Conference of the International Society for Research on Emotion*.
雨宮俊彦 (2014). リバーサル理論と笑いとユーモアの身体的基盤について―感情の相互作用モデルからの展望　関西大学心理学研究, *5*, 17-27.
雨宮俊彦・生田好重 (2008). 動機付けのダイナミズム―リバーサル理論の概要　関西大学社会学部紀要, *39*（3）, 123-165.
雨宮俊彦・水谷聡秀 (2006). 日本語オノマトペの基本感情次元と日本語音感素の基本

レベルについて　関西大学社会学部紀要, *37*（2）, 139-166.
雨宮俊彦・吉田昂平（2008）. EMG と Affect Rating Dial による感情反応の測定　日本感情心理学会第16回大会プログラム予稿集, 20.
雨宮俊彦・吉津潤（2010）. 大学生における肯定感情・否定感情の経験頻度と well-being との関連について　感情心理学研究, *18*, 185.
Apter, M. J. (1982). *The experience of motivation: The theory of psychological reversals*. Academic Press.
Apter, M. J. (1991). A structural — phenomenology of play. In J. H. Kerr & M. J. Apter (Eds.), *Adult play: A reversal theory approach* (pp. 13-29), Swets & Zeitlinger.
Apter, M. J. (1992). *Dangerous edge: The psychology of excitement*. Free Press.（渋谷由紀（訳）（1995）. デンジャラス・エッジ—「危険」の心理学　講談社）
Apter, M. J. (2001). *Motivational styles in everyday life: A guide to reversal theory*. American Psychological Association.
Apter, M. J. (2006). *Reversal theory: The dynamics of motivation, emotion and personality*. Oneworld Publications.
有光興記（2014）. セルフ・コンパッション尺度日本語版の作成と信頼性, 妥当性の検討　心理学研究, *85*, 50-59.
アリストテレス（1968）. アリストテレス全集11　問題集　（戸塚七郎（訳））　岩波書店
アリストテレス（1969）. アリストテレス全集 8　動物誌・動物部分論　（島崎三郎（訳））　岩波書店
アリストテレス（1988）. ニコマコス倫理学　（加藤信朗（訳））　岩波文庫
アリストテレス（1992）. 弁論術　（戸塚七郎（訳））　岩波文庫
アリストテレス（1997）. 詩学　（松木仁介・岡道男（訳）　アリストテレース詩学・ホラティウス詩論　pp.9-222）　岩波文庫
有田秀穂（2007）. 涙とストレス緩和　日本薬理学会誌, *129*, 99-103.
渥美信治（2010）. オムロン「OKAO スキャン」「スマイルスキャン」のご紹介　防犯設備, 爽秋号, 1-6.
Attali, J. (2009). *La crise et apres*. Distribooks Inc.（林昌宏（訳）（2009）. 金融危機後の世界　作品社）
Attardo, S. (1994). *Linguistic theories of humor*. Walter de Gruyter.
Barrett, L. F., & Russell, J. A. (1999). The structure of current affect controversies and emerging consensus. *Current Directions in Psychological Science*, *8*, 10-14.
Bateson, P., & Martin, P. (2013). *Play, playfulness, creativity and innovation*.

Cambridge University Press.

Baumeister, R. F., & Tierney, J. (2011). *Willpower: Rediscovering the greatest human strength*. Penguin Press.（渡会圭子（訳）(2013). WILLPOWER 意志力の科学　インターシフト）

Beattie, J. (1779). On laughter and ludicrous composition. In *Essays*. (pp. 581-705). William Greech.

Begley, S., & Davidson, R. (2012). *The emotional life of your brain*. Hudson Street Press.

Bekoff, M., & Goodall, J. (2007). *The emotional lives of animals: A leading scientist explores animal joy, sorrow, and empathy, and why they matter*. New World Library.（高橋洋（訳）(2014). 動物たちの心の科学―仲間に尽くすイヌ，喪に服すゾウ，フェアプレイ精神を貫くコヨーテ　青土社）

Berger, A. A. (1993). *An anatomy of humor*. Transaction Publishers.

Bergson, H. (1900). *Le rire, essai sur la signification du comique*.（林達夫（訳）(1976). 笑い　岩波文庫）

Berlyne, D. E. (1972). Humor and its kin. In J. H. Goldstein (Ed.), *The psychology of humor: Theoretical perspectives and empirical issues* (pp. 43-60). Academic Press.

Berne, E. (1982). *Games people play: The basic handbook of transactional analysis*. Book Sales.

Berntson, G. G., Cacioppo, J. T., Quigley, K. S., & Fabro, V. T. (1994). Autonomic space and psychophysiological response. *Psychophysiology, 31*, 44-61.

Bierce, A. (1911). *The cynic's word book*. Neale Publishing.（乾幹雄（訳）(1985). 悪魔の辞典　大学書林）

Billig, M. (2005). *Laughter and ridicule: Towards a social critique of humour*. Sage.（鈴木聡志（訳）(2011). 笑いと嘲り―ユーモアのダークサイド　新曜社）

Blakemore, S. J., Wolpert, D. M., & Frith, C. D. (1998). Central cancellation of self-produced tickle sensation. *Nature Neuroscience, 1*, 635-640.

Blakemore, S. J., Wolpert, D., & Frith, C. (2000). Why can't you tickle yourself ? *Neuroreport, 11*, 11-16.

Bonanno, G. A. (2009). *The other side of sadness: What the new science of bereavement tells us about life after loss*. Basic Books.（高橋祥友（訳）(2013). リジリエンス　金剛出版）

Bradley, M. M., & Lang, P. J. (1994). Measuring emotion: The self-assessment manikin and the semantic differential. *Journal of Behavior Therapy and*

Experimental Psychiatry, 25, 49-59.
Bradley, M. M., & Lang, P. J. (2000). Measuring emotion: Behavior, feeling, and physiology. In R. D. Lane & L. Nade (Eds.), *Cognitive neuroscience of emotion* (pp. 242-276). Oxford University Press.
Buijzen, M., & Valkenburg, P. M. (2004). Developing a typology of humor in audiovisual media. *Media Psychology, 6,* 147-167.
Burghardt, G. M. (2005). *The genesis of animal play: Testing the limits.* MIT Press.
Burke, E. (1757). *A philosophical inquiry into the origin of our ideas of the sublime and beautiful.* Oxford University Press. (中野好之(訳)(1999). 崇高と美の観念の起原 みすず書房)
Cacioppo, J. T., Gardner, W. L., & Berntson, G. G. (1999). The affect system has parallel and integrative processing components: Form follows function. *Journal of Personality and Social Psychology, 76,* 839-855.
Cacioppo, J. T., & Patrick, W. (2008). *Loneliness: Human nature and the need for social connection.* Norton & Company. (柴田裕之(訳)(2010). 孤独の科学——人はなぜ寂しくなるのか 河出書房新社)
Calvo, R. A., D'Mello, S. K., Gratch, J., & Kappas, A. (2015). *The Oxford handbook of affective computing.* Oxford University Press.
Campos, B., Shiota, M. N., Keltner, D., Gonzaga, G. C., & Goetz, J. L. (2013). What is shared, what is different? Core relational themes and expressive displays of eight positive emotions. *Cognition and Emotion, 27,* 37-52.
Cann, A., Calhoun, L. G., & Nance, J. T. (2000). Exposure to humor before and after an unpleasant stimulus: Humor as a preventative or a cure. *Humor, 13,* 177-191.
Carver, C. S., & Scheier, M. F. (1998). *On the self-regulation of behavior.* Cambridge University Press.
Ceulemans, E., Kuppens, P., & Mechelen, I. V. (2012). Capturing the structure of distinct types of individual differences in the situation-specific experience of emotions: The case of anger. *European Journal of Personality, 26,* 484-495.
Chafe, W. (2007). *The importance of not being earnest: The feeling behind laughter and humor.* John Benjamins Publishing.
Colombetti, G. (2013). *The feeling body: Affective science meets the enactive mind.* MIT Press.
Cook, N. D. (2012). *Harmony, perspective, and triadic cognition.* Cambridge University Press.

Cousins, N. (1979). *Anatomy of an illness as perceived by the patient: Reflections on healing and regeneration.* Norton & Company.（松田銑（訳）(2001). 笑いと治癒力　岩波現代文庫）

Cousins, N. (1989). *Head first: The biology of hope and the healing power of the human spirit.* Dutton Company.（上野圭一・片山陽子（訳）(1992).　ヘッド・ファースト―希望の生命学　春秋社）

Crawford, S. A., & Caltabiano, N. J. (2011). Promoting emotional well-being through the use of humour. *The Journal of Positive Psychology, 6,* 237-252.

Cronin, H. (1991). *The ant and the peacock: Altruism and sexual selection from Darwin to today.* Cambridge University Press.（長谷川真理子（訳）(1994).　性選択と利他行動―クジャクとアリの進化論　工作舎）

Crozier, W. R., & Skliopidou, E. (2002). Adult recollections of name-calling at school. *Educational Psychology, 22,* 113-124.

Crystal, D. (1998). *Language play.* University of Chicago Press.

Csikszentmihalyi, M. (1990). *Flow: The psychology of optimal experience.* Harper and Row.（今村浩明（訳）(1996).　フロー体験―喜びの現象学　世界思想社）

Damasio, A. (1994). *Descartes' error: Emotion, reason and the human brain.* Putnam.

Dan (2008). Dog language: What does it mean when my dog "Play Bows"?. *Dog reflections.* Retrieved from http://www.dogguide.net/blog/2008/11/dog-language-what-does-it-mean-when-my-dog-play-bows/　(2016年5月28日閲覧)

Darwin, C. (1872). *The expression of the emotions in man and animals.* John Murray.（浜中浜太郎（訳）(1931).　人及び動物の表情について　岩波文庫）

Davidson, R. J., Scherer, K. R., & Goldsmith, H. H. (Eds.), (2002). *Handbook of affective sciences.* Oxford University Press.

Dugatkin, L. A. (1999). *Cheating bees and citizen monkeys: The nature of cooperation in animals and humans.* Free Press.（春日倫子（訳）(2004).　吸血コウモリは恩を忘れない―動物の協力行動から人が学べること　草思社）

Earleywine, M. (2010). *Humor 101.* Springer Publishing Company.

Eco, U. (1980). *Il nome della rosa.* Collana Letteraria, Bompiani.（河島英昭（訳）(1990). 薔薇の名前　東京創元社）

Eco, U. (1986). *Travels in hyperreality: Essays.* Harcourt, Brace & Company.

Edwards, K. R., & Martin, R. A. (2011). Humor in positive psychology: The importance of assessing maladaptive as well as adaptive humor. *Paper presented at the International Society for Humor Studies (ISHS) Conference.*

Ehrenreich, B. (2009). *Bright-sided: How the relentless promotion of positive thinking has undermined America*. Macmillan. (中島由華（訳）(2010). ポジティブ病の国，アメリカ　河出書房新社)

Ekman, P. (2003). *Emotions revealed: Recognizing faces and feelings to improve communication and emotional life*. Times Books. (菅靖彦（訳）(2006). 顔は口ほどに嘘をつく　河出書房新社)

Ekman, P., Davidson, R. J., & Friesen, W. V. (1990). The Duchenne smile: Emotional expression and brain physiology: II. *Journal of Personality and Social Psychology*, *58*, 342-353.

Ellenberger, H. F. (1970). *The discovery of the unconscious: The history and evolution of dynamic psychiatry*. Basic Books. (木村敏・中井久夫（訳）(1980). 無意識の発見―力動精神医学発達史　弘文堂)

遠藤利彦 (2013). 「情の理」論―情動の合理性をめぐる心理学的考究　東京大学出版会

Ernst, E., & Singh, S. (2008). *Trick or treatment: The undeniable facts about alternative medicine*. Norton & Company. (青木薫（訳）(2010). 代替医療のトリック　新潮社)

Fogel, A., Hsu, H. C., Shapiro, A. F., Nelson-Goens, G. C., & Secrist, C. (2006). Effects of normal and perturbed social play on the duration and amplitude of different types of infant smiles. *Developmental Psychology*, *42*, 459-473.

Forabosco, G. (2008). Is the concept of incongruity still a useful construct for the advancement of humor research. *Lodz Papers in Pragmatics*, *4*, 45-62.

Frankl, V. (1947). *Ein Psychologe erlebt das Konzentrationslager*. Kösel-Verlag. (池田香代子（訳）(2002). 夜と霧　みすず書房)

Fredrickson, B. L. (2009). *Positivity: Top-notch research reveals the 3 to 1 ratio that will change your life*. MFJ Books.

Fredrickson, B. L. (2013). Positive emotions broaden and build. In P. Devine & A. Plant (Eds.), *Advances in Experimental Social Psychology*. Vol. 47. Academic Press.

Fredrickson, B. L., & Losada, M. F. (2005). Positive affect and the complex dynamics of human flourishing. *American Psychologist*, *60*, 678-686.

Freud, S. (1905). *Der Witz und seine Beziehung zum Unbewußten*. Fischer Taschenbuch-Verlag. (懸田克躬（訳）(1970). 機知―その無意識との関係　フロイト著作集4　pp. 237-421. 人文書院)

Freud, S.(1923). *Das Ich und das Es*. Internationaler Psycho- analytischer Verlag. (井

村恒郎(訳)(1970).自我論・不安本能論 人文書院)
Freud, S. (1928). Humor. *International Journal of Psychoanalysis, 9*, 1-6.(高橋義孝(訳)(1969).ユーモア 高橋義孝ほか(訳)フロイト著作集3 文化・芸術論 pp.406-411. 人文書院)
Fridlund, A. J., & Loftis, J. M. (1990). Relations between tickling and humorous laughter: Preliminary support for the Darwin-Hecker hypothesis. *Biological Psychology, 30*, 141-150.
Friedmman, H. S., & Martin, L. R. (2011). *The longevity project: Surprising discoveries for health and long life from the landmark eight-decade study*. Hudson Street Press.(桜田直美(訳)(2012).長寿と性格 清流出版)
Frye, N. (1952). *Anatomy of criticism*. Princeton University Press.(海老根宏(訳)(1980).批評の解剖 法政大学出版局)
Gervais, M., & Wilson, D. S. (2005). The evolution and functions of laughter and humor: A synthetic approach. *The Quarterly Review of Biology, 80*, 395-430.
Gilbert, P. (2009). *The compassionate mind*. Constable.
Goldie, P. (Ed.). (2009). *The Oxford handbook of philosophy of emotion*. Oxford University Press.
Goleman, D. (2003). *Destructive emotions: A scientific dialogue with the Dalai Lama*. Bantam.(加藤洋子(訳)(2003).なぜ人は破壊的な感情を持つのか アーティストハウスパブリッシャーズ)
Gottoman, J. M. (1994). *What predicts divorce: The relationship between marital processes and marital outcomes*. Psychology Press.
Greig, J. Y. T. (1923). *The psychology of laughter and comedy*. Dod Mead.
Gremigni, P. (2012). Is humor best medicine? In P. Gremigni (Ed.), *Humor and health promotion* (pp. 149-171). Nova Science Publisher.
Gross, J. J. (1998). The emerging field of emotion regulation: An integrative review. *Review of General Psychology, 2*, 271-299.
Gross, J. J. (Ed.). (2009). *Handbook of emotion regulation*. Guilford Press.
Gross, J. J. (2015). Emotion regulation: Current status and future prospects. *Psychological Inquiry, 26*, 1-26.
Grossman, P., Niemann, L., Schmidt, S., & Walach, H. (2004). Mindfulness-based stress reduction and health benefits: A meta-analysis. *Journal of Psychosomatic Research, 57*, 35-43.
Gruner, C. R. (1997). *The game of humor: A comprehensive theory of why we laugh*.

Transaction Publishers.

Gunnery, S. D., Hall, J. A., & Ruben, M. A. (2013). The deliberate Duchenne smile: Individual differences in expressive control. *Journal of Nonverbal Behavior, 37*, 29-41.

浜治世・浜保久・鈴木直人(2002). 感情心理学への招待―感情・情緒へのアプローチ サイエンス社

Harcourt, R. (1991). Survivorship costs of play in the South American fur seal. *Animal Behaviour, 42*, 509-511.

Harris, C. R. (2012). Tickling. In V. S. Ramachandran. (Ed.), *Encyclopedia of human behavior* (2nd ed., pp. 611-615). Academic Press.

Harris, C. R., & Alvarado, N. (2005). Facial expressions, smile types, and self-report during humour, tickle, and pain. *Cognition and Emotion, 19*, 655-669.

Harris, C. R., & Christenfeld, N. (1997). Humour, tickle, and the Darwin-Hecker hypothesis. *Cognition and Emotion, 11*, 103-110.

Hebb, D. O. (1949). *The organization of behavior: A neuropsychological approach.* John Wiley & Sons.

Heintz, S., & Ruch, W. (2015). An examination of the convergence between the conceptualization and the measurement of humor styles: A study of the construct validity of the Humor Styles Questionnaire. *Humor, 28*, 611-633.

Hemenover, S. H., & Schimmack, U. (2007). That's disgusting!…, but very amusing: Mixed feelings of amusement and disgust. *Cognition and Emotion, 21*, 1102-1113.

Hempelmann, C. F. (2007). The laughter of the 1962 Tanganyika "laughter epidemic". *Humor, 20*, 49-71.

Hobbes, T. (1651). *Leviathan.* Pogson Smith, W. G. (永井道雄・上田邦義(訳)(1971). リヴァイアサン 中央公論社)

Hobbes, T. (1658). *De Homine.* (本田裕志(訳)(2012). 人間論 京都大学学術出版会)

Holmes, O. W., & Laski, H. J. (1953). *Holmes-Laski letters : The correspondence of Mr. Justice Holmes and Harold J. Laski, 1916-1935.* Harvard University Press. (鵜飼信成(訳)(1981). ホームズ-ラスキ往復書簡集 岩波書店)

Huizinga, J. (1955). *Homo ludens: A study of the play-element in culture.* Beacon Press. (高橋英夫(訳)(1973). ホモ・ルーデンス 中央公論社)

Hurley, M. M., Dennett, D. C., & Adams, R. B. (2011). *Inside jokes: Using humor to reverse-engineer the mind.* MIT Press. (片岡宏仁(訳)(2015). ヒトはなぜ笑うのか―ユーモアが存在する理由 勁草書房)

池田資尚・池信敬子・板村英典・森下伸也 (2012). 顔・喉・腹の「3点計測システム」による「笑い」の客観的分類法の検討　笑い学研究, 19, 75-85.
今田寛 (1999). 感情　中島義明ほか (編) 心理学事典　有斐閣
井上宏 (2003). 大阪の文化と笑い　関西大学出版部
井上ひさし (1974). モッキンポット師の後始末　講談社
Isen, A. (2008). Some ways in which positive affect influences decision making and problem solving. In M. Lewis, J. M. Haviland-Jones & L. F. Barrett (Eds.), *Handbook of emotions* (3rd ed., pp. 548-573). Guilford Press.
Ito, T., & Cacioppo, J. (2005). Variations on a human universal: Individual differences in positivity offset and negativity bias. *Cognition and Emotion, 19*, 1-26.
James, W. (1890). *The principles of psychology.* Holt.
Johnson, K. E., & Mervis, C. B. (1997). First steps in the emergence of verbal humor: A case study. *Infant Behavior and Development, 20*, 187-196.
Kagan, J. (2007). *What is emotion: History, measures, and meanings.* Yale University Press.
Kahneman, D. (2011). *Thinking, fast and slow.* Macmillan. (村井章子 (訳) (2012). ファースト＆スロー　早川書房)
Kalat, J. W., & Shiota, M. N. (2006). *Emotion.* Wadsworth Publishing.
Kant, I. (1764). *Beobachtungen ber das Gefhl des Schnen und Erhabenen.* Insel-Verlag. (野直昭 (訳) (1948). 美と崇高との感情性に関する観察　岩波書店)
Kappas, A., Krumhuber, E., & Küster, D. (2013). Facial behavior. In M. Knapp, J. Hall & T. Horgan (Eds.), *Nonverbal communication in human interaction* (pp. 131-166). Cengage Learning.
川上文人 (2009). 自発的微笑の系統発生と個体発生　人間環境学研究, 7, 67-74.
Kawakami, K., Takai-Kawakami, K., Tomonaga, M., Suzuki, J., Kusaka, T., & Okai, T. (2006). Origins of smile and laughter: A preliminary study. *Early Human Development, 82*, 61-66.
河盛好蔵 (1969). エスプリとユーモア　岩波新書
Keltner, D. (2009). *Born to be good: The science of a meaningful life.* Norton & Company.
Keltner, D., & Haidt, J. (2003). Approaching awe, a moral, spiritual, and aesthetic emotion. *Cognition and Emotion, 17*, 297-314.
Kennedy-Moore, E., & Watson, J. C. (1999). *Expressing emotion: Myths, realities, and therapeutic strategies.* Guilford Press.

木村真依子・津川律子・岡隆 (2008). 邦訳版 Humor Styles Questionnaire 作成および信頼性・妥当性の検討 精神医学, 50, 151-157.
木村洋二 (1982). 笑いのメカニズム―笑いの統一理論をめざして 思想, 701, 66-89.
木村洋二 (1983). 笑いの社会学 社会思想社
木村洋二 (1995). 視線と「私」―鏡像のネットワークとしての社会 弘文堂
木村洋二・池信敬子・板村英典・降旗真司 (2008). 笑い測定機の冒険 笑いの科学, 1, 4-7.
Knutson, B., Burgdorf, J., & Panksepp, J. (2002). Ultrasonic vocalizations as indices of affective states in rats. *Psychological Bulletin, 128*, 961-977.
Koestler, A. (1964). *The act of creation*. Macmillan Company. (大久保直幹・松本俊・中山未喜 (訳) (1966). 創造活動の理論 ラティス)
Koestler, A. (1978). *Janus: A Summing Up*. Hutchinson. (田中三彦・吉岡佳子 (訳) (1983). ホロン革命 工作舎)
小泉保 (1997). ジョークとレトリックの語用論 大修館書店
Kok, B. E., & Fredrickson, B. L. (2010). Upward spirals of the heart: Autonomic flexibility, as indexed by vagal tone, reciprocally and prospectively predicts positive emotions and social connectedness. *Biological Psychology, 85*, 432-436.
Kozintsev, A. (2010). *The mirror of laughter*. Transaction Publishers.
Krumhuber, E. G., & Manstead, A. S. (2009). Can Duchenne smiles be feigned? New evidence on felt and false smiles. *Emotion, 9*, 807-820.
Kuhn, T. (1962). *The structure of scientific revolutions*. University of Chicago Press. (中山茂 (訳) (1972). 科学革命の構造 みすず書房)
Kuiper, N. A. (2012). Humor and resiliency: Towards a process model of coping and growth. *Europe's Journal of Psychology, 8*, 475-491.
九鬼周造 (1930). 「いき」の構造 岩波書店
Lararus, R. S., & Folkman, S. (1984). *Stress, appraisal, and coping*. Springer. (本明寛・織田正美・春木豊 (訳) (1991). ストレスの心理学―認知的評価と対処の研究 実務教育出版)
Lefcourt, H. M. (2001). *Humor: The psychology of living buoyantly*. Springer.
Lewis, M. (1992). *Shame: The exposed self*. Free Press. (高橋恵子・上淵寿・遠藤利彦・坂上裕子 (訳) (1997). 恥の心理学―傷つく自己 ミネルヴァ書房)
Lock, J. (1690). *An essay concerning human understanding*. London. (加藤卯一郎 (訳) (1940). 人間悟性論 岩波文庫)
Loftus, E., & Ketcham, K. (1994). *The myth of repressed memory: False memories*

and allegations of sexual abuse. St Martins Press.（仲真紀子（訳）（2000）．抑圧された記憶の神話―偽りの性的虐待の記憶をめぐって　誠信書房）

町田康（1997）．くっすん大黒　文藝春秋

Martin, R. A. (2007). *The psychology of humor: An integrative approach.* Academic Press.（野村亮太・雨宮俊彦・丸野俊一（監訳）（2011）．ユーモア心理学ハンドブック　北大路書房）

Martin, R. A. (2015). On the challenges of measuring humor styles: Response to Heintz and Ruch. *Humor, 28,* 635-639.

Martin, L. L., & Clore, G. L. (2001). *Theories of mood and cognition: A user's guidebook.* Psychology Press.

Martin, R. A., & Kuiper, N. A. (1999). Daily occurrence of laughter: Relationships with age, gender, and Type A personality. *Humor, 12,* 355-384.

Martin, R. A., Kuiper, N. A., Olinger, L. J., & Dobbin, J. (1987). Is stress always bad? Telic versus paratelic dominance as a stress-moderating variable. *Journal of Personality and Social Psychology, 53,* 970-982.

Martin, R. A., Puhlik-Doris, P., Larsen, G., Gray, J., & Weir, K. (2003). Individual differences in uses of humor and their relation to psychological well-being: Development of the Humor Styles Questionnaire. *Journal of Research in Personality, 37,* 48-75.

松村雅史・辻竜之介（2005）．笑い声の無拘束・長時間モニタリング―爆笑計　通信学技法, *105,* 7-12.

松阪崇久（2008）．笑いの起源と進化　心理学評論, *51,* 432-446.

May, L. (1953). *Man's search for himself.* Norton & Co Inc.（小野泰博・小野和哉（訳）（1995）．失われし自己をもとめて　誠信書房）

McAdams, D. P. (2008). *The person: An introduction to personality psychology.* (5th ed.) Wiley.

McDougall, W. (1923). *Outline of psychology.* Charles Scriber's Sons.

McGhee, P. E. (1979). *Humour: Its origin and development.* W. H. Freeman & Co Ltd.（島津一夫・石川直弘（訳）（1999）．子どものユーモア―その起源と発達　誠信書房）

McGhee, P. E. (2010a). *Humor: The lighter path to resilience and health.* Author House.

McGhee, P. E. (2010b). *Humor as survival training for a stressed-out world: The 7 humor habits program.* Author House.

McGraw, P., & Warner, J. (2014). *The humor code: A global search for what makes things funny.* Simon and Schuster. (柴田さとみ（訳）(2015). 世界"笑いのツボ"探し CCCメディアハウス)

Messinger, D., Fogel, A., & Dickson, K. L. (1997). A dynamic systems approach to infant facial action. In J. A. Russell & J. M. Fernandez-Dols (Eds.), *The psychology of facial expression* (pp. 205-226). Cambridge University Press.

Miller, N. E. (1959). *Liberalization of basic S-R concepts: Extensions to conflict behavior, motivation, and social learning.* McGraw-Hill.

三谷信広・唐沢かおり (2005). 感情の生起における認知的評価次元の検討―実証的統合を通して 心理学研究, *76*, 26-34.

宮戸美樹・上野行良 (1996). ユーモアの支援的効果の検討―支援的ユーモア志向尺度の構成 心理学研究, *67*, 270-277.

森下伸也 (2002). 初めに笑いありき―笑い学の歴史・古代編 I 笑い学研究, *9*, 16-29.

森下伸也 (2003). 笑い学の誕生―笑い学の歴史・古代編 II 笑い学研究, *10*, 59-69.

森下伸也 (2011). ショーペンハウアーの滑稽理論―笑い学の歴史・近代篇 IV 笑い学研究, *18*, 59-66.

Morreall, J. (1983). *Taking laughter seriously.* SUNY Press. (森下伸也（訳）(1995). ユーモア社会をもとめて―笑いの人間学 新曜社)

Morreall, J. (2009). *Comic relief: A comprehensive philosophy of humor.* John Wiley & Sons.

Morton, E. S. (1977). On the occurrence and significance of motivation-structural rules in some bird and mammal sounds. *American Naturalist, 111*, 855-869.

村山航・及川恵 (2005). 回避的な自己制御方略は本当に非適応的なのか 教育心理学研究, *53*, 273-286.

Murgatroyd, S., Rushton, C., Apter, M. J., & Ray, C. (1978). The development of the telic dominance scale. *Journal of Personality Assessment, 42*, 519-528.

永田晟 (2012). 呼吸の奥義 ブルーバックス

内藤朝雄 (2001). いじめの社会理論―その生態学的秩序の生成と解体 柏書房

Neff, K. (2009). *Self-compassion: The proven power of being kind to yourself.* William Morrow. (石村郁夫・樫村正美（訳）(2014). セルフ・コンパッション―あるがままの自分を受け入れる 金剛出版)

Nerhardt, G. (1970). Humor and inclination to laugh: Emotional reactions to stimuli of different divergence from a range of expectancy. *Scandinavian Journal of Psychology, 11*, 185-195.

Nietzsche, F. (1891). *Also sprach Zarathustra: Ein Buch für Alle und Keinen.* Ernst Schmeitzner.(手塚富雄（訳）(1973). ツァラトゥストラ　中央公論社)

西川一二（2012）.「驚き」はニュートラル感情なのか — 驚きの状態と特性の PANAS-X による比較分析　心理学叢誌, *7*, 1-10.

Oatley, K., Keltner, D., & Jenkins, J. M. (2006). *Understanding emotions.* Wiley-Blackwell.

Ohala, J. J. (1994). The frequency code underlies the sound-symbolic use of voice pitch. In L. Hinton, J. Nichols & J. J. Ohala (Eds.), *Sound symbolism* (pp. 325-347). Cambridge University Press.

大平哲也（2012a）.「笑い」とは—なぜ今「笑い」が注目されているのか？　公衆衛生, *76*, 319-321.

大平哲也（2012b）.「笑い」はどうやって測定するの？—笑いの測定法について　公衆衛生, *76*, 407-411.

大平哲也（2012c）. 笑うと血糖値が下がる？—「笑い」と「糖尿病」との関連について　公衆衛生, *76*, 563-566.

大平哲也（2013a）. 笑うと呼吸機能が良くなる？—「笑い」と「呼吸機能」との関連について　公衆衛生, *77*, 69-71.

大平哲也（2013b）. 誰でも笑える方法とは？—「笑いヨガ」と「健康」との関連について　公衆衛生, *77*, 405-408.

大石繁宏（2009）. 幸せを科学する—心理学からわかったこと　新曜社

大塚泰正（2008）. 理論的作成方法によるコーピング尺度— COPE　広島大学心理学研究, *8*, 121-128.

Ong, W. (1982). *Orality and literacy: The technologizing of the world.* Methuen.（林正寛・糟谷啓介・桜井直文（訳）(1991). 声の文化と文字の文化　藤原書店）

苧阪直行（2010）. 笑い脳—社会脳へのアプローチ　岩波書店

Overeem, S., Reijntjes, R., Huyser, W., Lammers, G. J., & van Dijk, J. G. (2004). Corticospinal excitability during laughter: Implications for cataplexy and the comparison with REM sleep atonia. *Journal of Sleep Research, 13,* 257-264.

Owren, M. J., & Bachorowski, J. A. (2003). Reconsidering the evolution of nonlinguistic communication: The case of laughter. *Journal of Nonverbal Behavior, 27,* 183-200.

Owren, M. J. et al. (2013). Understanding spontaneous human laughter: The role of voicing in inducing positive emotion. In E. Altenmller, S. Schmidt & E. Zimmermann (Eds.), *The evolution of emotional communication: From sounds in nonhuman mammals to speech and music in man* (pp. 173-190). Oxford

University Press.

Palagi, E., Burghardt, G. M., Smuts, B., Cordoni, G., Dall'Olio, S., Fouts, H. N. et al. (2016). Rough and tumble play as a window on animal communication. *Biological Reviews*, 91, 311-327.

Panksepp, J. (1998). *Affective neuroscience: The foundations of human and animal emotions*. Oxford University Press.

Panksepp, J. (2006). Emotional endophenotypes in evolutionary psychiatry. *Progress in Neuro-Psychopharmacology and Biological Psychiatry*, 30, 774-784.

Panksepp, J. (2007). Neuroevolutionary sources of laughter and social joy: Modeling primal human laughter in laboratory rats. *Behavioural Brain Research*, 182, 231-244.

Panksepp, J., & Biven, L. (2012). *The archaeology of mind: Neuroevolutionary origins of human emotions*. Norton & Company.

Papa, A., & Bonanno, G. A. (2008). Smiling in the face of adversity: The interpersonal and intrapersonal functions of smiling. *Emotion*, 8, 1-12.

Papousek, I., & Schulter, G. (2010). Don't take an X for a U: Why laughter is not the best medicine, but being more cheerful has many benefits. In I. E. Wells (Ed.), *Psychological well-being* (pp. 1-75). Nova Science Publishers.

Parks, A. C., & Schueller, S. M. (Eds.) (2014). *The Wiley Blackwell handbook of positive psychological interventions*. Wiley Blackwell.

Paul, J. (1804). *Vorschule der Aesthetik*.（古見日嘉（訳）(2010). 美学入門　白水社）

Peterson, C., & Park, N. (2009). Classifying and measuring strengths of character. In C. R. Snyder & S. J. Lopez (Eds.), *Oxford handbook of positive psychology* (2nd ed.). Oxford University Press.

Peterson, C., & Seligman, M. (2004). *Character strengths and virtues: A handbook and classification*. Oxford University Press.

Piaget, J. (1936). *La Naissance de l'intelligence chez l'enfant*. Delachaux & Niestl.（谷村覚・浜田寿美男（訳）(1978). 知能の誕生　ミネルヴァ書房）

Pinker, S. (2011). *The better angels of our nature: The decline of violence in history and its causes*. Viking Books.（幾島幸子・塩原通緒（訳）(2015). 暴力の人類史　青土社）

プラトン (1967). ゴルギアス　（加来彰俊（訳））　岩波文庫

プラトン (1993). 法律　（森進一・池田美恵・加来彰俊（訳））　岩波文庫

プラトン (2005). ピレボス　（山田道夫（訳））　京都大学出版会

Popper, K. R. (1945). *The open society and its enemies*. Routledge.（内田詔夫・小河原誠（訳）(1980). 開かれた社会とその敵　未来社）

Porges, S. W. (2011). *The polyvagal theory: Neurophysiological foundations of emotions, attachment, communication, and self-regulation*. Norton & Co Inc.

Princeton University (2010). "About WordNet." WordNet. Princeton University. (http://wordnet.princeton.edu)

Provine, R. R. (2001). *Laughter: A scientific investigation*. Penguin Books.

Provine, R. R. (2012). *Curious behavior: Yawning, laughing, hiccupping, and beyond*. Harvard University Press.（赤松眞紀（訳）(2013). あくびはどうして伝染するのか――人間のおかしな行動を科学する　青土社）

Provine, R. R., & Fischer, K. R. (1989). Laughing, smiling, and talking: Relation to sleeping and social context in humans. *Ethology, 83*, 295-305.

Ramachandran, V. S. (1998). The neurology and evolution of humor, laughter, and smiling: The false alarm theory. *Medical Hypotheses, 51*, 351-354.

Rapp, A. (1951). *The origins of wit and humor*. Dutton.

Raskin, V. (2008). *The primer of humor research*. Walter de Gruyter.

Reddy, V. (2008). *How infants know minds*. Harvard University Press.（佐伯胖（訳）(2015). 驚くべき乳幼児の心の世界　ミネルヴァ書房）

Rhodes, G. (1997). *Superportraits: Caricatures and recognition*. Psychology Press.

Roeckelein, J. E. (2002). T*he psychology of humor: A reference guide and annotated bibliography*. Greenwood Press.

Rolls, E. (2005). *Emotion explained*. Oxford University Press.

Roseman, I. J. (1996). Appraisal determinants of emotions: Constructing a more accurate and comprehensive theory. *Cognition and Emotion, 10*, 241-278.

Rozin, P., Haidt, J., & McCauley, C. R. (2008). Disgust. In M. Lewis, J. M. Haviland-Jones, & L. F. Barrett (Eds.), *Handbook of emotions* (3rd ed., pp. 757-776). Guilford Press.

Ruch, W. (1992). Assessment of appreciation of humor: Studies with the 3 WD humor test. *Advances in Personality Assessment, 9*, 27-75.

Ruch, W. (1993). Exhilaration and Humor, In M. Lewis & J. M. Haviland (Eds.), *The handbook of emotion*. Guilford Publications.

Ruch, W. (2008). Psychology of humor. In V. Raskin. (Ed.), *The primer of humor research* (pp. 17-100). Walter de Gruyter.

Ruch, W., & Ekman, P. (2001). The expressive pattern of laughter. In A. W. Kasznia

(Ed.), *Emotion, qualia, and consciousness* (pp. 426-443). World Scientific Publishers.

Ruch, W., Hofmann, J., Platt, T., & Proyer, R. (2014). The state-of-the art in gelotophobia research: A review and some theoretical extensions. *Humor, 27,* 23-45.

Ruch, W., & McGhee, P. E. (2014). Humor intervention programs. In A. C. Parks & S. M. Schueller (Eds.), *Handbook of positive psychological interventions* (pp. 179-193). Wiley Blackwell.

Russell, J. A. (1980). A circumplex model of affect. *Journal of Personality and Social Psychology, 39,* 1161-1178.

Russell, J. A. (1997). Reading emotions from and into faces. In J. A. Russell & J. M. Fernandez-Dols (Eds.), *The psychology of facial expression* (pp. 295-320). Cambridge University Press.

Russell, J. A. (2003). Core affect and the psychological construction of emotion. *Psychological Review, 110,* 145-172.

Russell, J. A., & Mehrabian, A. (1977). Evidence for a three-factor theory of emotions. *Journal of Research in Personality, 11,* 273-294.

佐佐木信綱（1941）．梁塵秘抄　岩波文庫

Scherer, K. R. (2000). Psychological models of emotion. In J. C. Borod. (Ed.), *The neuropsychology of emotion.* Oxford University Press.

Scherer, K, R., Banziger, T., & Roesch, E. (2010). *A blueprint for affective computing : A sourcebook and manual.* Oxford University Press.

Schopenhauer, A. (1819). *Die Welt als Wille und Vorstellung.* Brockhaus.（西尾幹二（訳）(1975). 意志と表象としての世界　世界の名著　続10　ショーペンハウアー　中央公論社)

Schopenhauer, A. (1851). *Parerga und Paralipomena.*（塩屋竹男・岩波哲男（訳）(1973). ショーペンハウアー全集5　意志と表象としての世界 続編1　白水社)

Schwarz, N., & Clore, G. L. (2003). Mood as information: 20 years later. *Psychological Inquiry, 14,* 296-303.

Schwegler, A. (1848). *Geschichte der Philosophie im Umriss.*Conradi.（谷川徹三・松村一人（訳）（1939）．西洋哲学史　岩波文庫）

Seaward, B. L. (2013). *Managing stress : Principles and strategies for health and wellbeing.* (8th ed.) Jones & Bartlett.

Selden, S. T. (2004). Tickle. *Journal of the American Academy of Dermatology, 50,*

93-97.

Seligman, M. E.（2011）. *Flourish : A visionary new understanding of happiness and well-being.* Simon and Schuster.（宇野カオリ（訳）（2014）. ポジティブ心理学の挑戦―"幸福"から"持続的幸福"へ ディスカヴァー・トゥエンティワン）

Shahidi, M., Mojtahed, A., Modabbernia, A., Mojtahed, M., Shafiabady, A., Delavar, A., & Honari, H.（2011）. Laughter yoga versus group exercise program in elderly depressed women: A randomized controlled trial. *International journal of geriatric psychiatry, 26,* 322-327.

Shakespeare, W.（1598）. *King Henry IV part1.* Andrew Wise.（坪内逍遙（訳）（1999）. ヘンリー四世 第1部 第三書館）

島井哲志・大竹恵子・宇津木成介・池見陽・リュボミアスキー，S.（2004）. 日本版主観的幸福感尺度の信頼性と妥当性の検討 日本公衆衛生雑誌, *51,* 845-853.

志水彰・角辻豊・中村真（1994）. 人はなぜ笑うのか―笑いの精神生理学 ブルーバックス

Shiota, M. N., Thrash, T. M., Danvers, A. F., & Dombrowski, J. T.（2014）. Transcending the self: Awe, elevation, and inspiration. In M. M. Tugade, M. N. Shiota & L. D. Kirby（Eds.）, *Handbook of positive emotions*（pp. 361-377）. Guilford Press.

Shultz, T. R.（1976）. A cognitive-developmental analysis of humour. In A. J. Chapman & H. C. Foot（Eds.）, *Humour and laughter : Theory, research and applications*（pp. 11-36）. John Wiley & Sons.

Silvia, P. J.（2006）. *Exploring the psychology of interest.* Oxford University Press.

Snyder, C. R., & Lopez, S. J.（2009）. *Handbook of positive psychology*（2nd ed.）. Oxford University Press.

Spencer, H.（1860）. The physiology of laughter. In *The works of Herbert Spencer,* Vol. 14. Osnnnnnnbruck: O. Zeller, 452-466.（木村洋二（訳・解説）（1982）. 笑いの生理学 価値変容研究班，研究双書第49冊，野崎治男（編）価値変容の社会学的研究, 124-169.）

Sroufe, L. A., & Waters, E.（1976）. The ontogenesis of smiling and laughter: A perspective on the organization of development in infancy. *Psychological Review, 83,* 173-189.

Sroufe, L. A., & Wunsch, J. P.（1972）. The development of laughter in the first year of life. *Child Development, 43,* 1326-1344.

Stern, A. M.（1954）. Why do we laugh and cry? *Engineering and Science, 17,* 16-20.

Strick, M., Holland, R. W., van Baaren, R. B., & van Knippenberg, A. D. (2009). Finding comfort in a joke: Consolatory effects of humor through cognitive distraction. *Emotion, 9,* 574-578.

Strick, M., Holland, R. W., van Baaren, R. B., & van Knippenberg, A. D. (2010). The puzzle of joking: Disentangling the cognitive and affective components of humorous distraction. *European Journal of Social Psychology, 40,* 43-51.

Sully, J. (1902). *Essay on laughter.* Longmans, Green.

Suls, J. M. (1972). A two-stage model for the appreciation of jokes and cartoons: An information-processing analysis. In J. H. Goldstein (Ed.), *The psychology of humor: Theoretical perspectives and empirical issues.* Academic Press.

Sutton-Smith, B. (2003). Play as a parody of emotional vulnerability. *Play and Culture Studies, 5,* 3-18.

鈴木棠三 (1981). ことば遊び辞典　東京堂出版

Svebak, S., & Apter, M. J. (1987). Laughter: an empirical test of some reversal theory hyposeses, *Scandinavian Journal of Psychology, 28,* 189-198.

Svebak, S., Kristoffersen, B., & Aasard, K. (2006). Sense of humor and survival among a county cohort of patients with end-stage renal failure: A two-year prospective study. *The International Journal of Psychiatry in Medicine, 36,* 269-281.

Svebak, S., Martin, R. A., & Holmen, J. (2004). The prevalence of sense of humor in a large, unselected county population in Norway: Relations with age, sex, and some health indicators. *Humor, 17,* 121-134.

Svebak, S., & Murgatroyd, S. (1985). Metamotivational dominance: A multimethod validation of reversal theory constructs. *Journal of Personality and Social Psychology, 48,* 107-116.

小学館 (2002). 日本国語大辞典 (第2版) 小学館

Szameitat, D. P., Alter, K., Szameitat, A. J., Darwin, C. J., Wildgruber, D., Dietrich, S., & Sterr, A. (2009). Differentiation of emotions in laughter at the behavioral level. *Emotion, 9,* 397-405.

Szameitat, D. P., Wildgruber, D., & Alter, K. (2013). Vocal expression of emotions in laughter. In E. Altenmller, S. Schmid & E. Zimmermann. (Eds.), *The evolution of emotional communication: From sounds in nonhuman mammals to speech and music in man* (pp. 191-208). Oxford University Press.

Tamir, M. (2011). The maturing field of emotion regulation. *Emotion Review, 3,* 3-7.

谷川俊太郎 (1973). ことばあそびうた　福音館書店

Thayer, R. E. (1996). *The origin of everyday moods: Managing energy, tension, and stress*. Oxford University Press.（本明寛（訳）(1997). 毎日を気分よく過ごすために 三田出版会）

友定啓子 (1993). 幼児の笑いと発達 勁草書房

富山太佳夫 (2006). 笑う大英帝国―文化としてのユーモア 岩波新書

Trezza, V., Baarendse, P. J., & Vanderschuren, L. J. (2010). The pleasures of play: Pharmacological insights into social reward mechanisms. *Trends in Pharmacological Sciences, 31*, 463-469.

Tugade, M. M., Shiota, M. N., & Kirby, L. D. (2014). *Handbook of positive emotions*. Guilford Press.

Turnbull, C. (1972). *Mountain people*. Simon and Schuster.（幾野宏（訳）(1974). ブリンジ・ヌガグ―食うものをくれ 筑摩書房）

上野行良 (1993). ユーモアに対する態度と攻撃性及び愛他性との関係 心理学研究, *64*, 247-254.

梅原猛 (1972). 笑いの構造―感情分析の試み 角川選書

梅棹忠夫 (1992). 梅棹忠夫著作集〈第18巻〉―日本語と文明 中央公論社

Veatch, T. C. (1998). A theory of humor. *Humor, 11*, 161-215.

Verdon, J. (2001).*Rire au moyen age*. Perrin.（池上一（監修）吉田春美（訳）(2002). 図説 笑いの中世史 原書房）

Verduyn, P., Delaveau, P., Rotg, J. Y., Fossati, P., & Van Mechelen, I. (2015). Determinants of emotion duration and underlying psychological and neural mechanisms. *Emotion Review, 7*, 330-335.

Vernon, P. A., Martin, R. A., Schermer, J. A., Cherkas, L. F., & Spector, T. D. (2008). Genetic and environmental contributions to humor styles: A replication study. *Twin Research and Human Genetics, 11*, 44-47.

Vernon, P. A., Martin, R. A., Schermer, J. A., & Mackie, A. (2008). A behavioral genetic investigation of humor styles and their correlations with the Big-5 personality dimensions. *Personality and Individual Differences, 44*, 1116-1125.

Yerkes, R. M., & Dodson, J. D. (1908). The relation of strength of stimulus to rapidity of habit-formation. *Journal of Comparative Neurology and Psychology, 18*, 459-482.

Walters, J., Apter, M. J., & Svebak, S. (1982). Color preference, arousal, and the theory of psychological reversals. *Motivation and Emotion, 6*, 193-215.

Watson, D. (2000). *Mood and temperament*. Guilford Press.

Wiener, R. (1996). *Der lachende Schopenhauer: Eine bltenlese*. Militzke.（酒田健一

(訳)(1998).笑うショーペンハウアー　白水社)
Wild, B., Rodden, F. A., Grodd, W., & Ruch, W. (2003). Neural correlates of laughter and humour. *Brain, 126*, 2121-2138.
Wyer, R. S., & Collins, J. E. (1992). A theory of humor elicitation. *Psychological Review, 99*, 663-688.
柳田国男(1979).不幸なる芸術・笑の本願　岩波文庫
安永浩(1992).ファントム空間論―分裂病の論理学的精神病理　金剛出版
吉田昂平(2012).日本語版ユーモアスタイル質問紙の作成　笑い学研究, *19*, 56-66.
吉田昂平(2013). Humor Styles Questionnaire に関する研究の展望(1)―自尊感情・自己愛と孤独感・シャイネス　人間科学, *78*, 37-51.
吉田昂平(2015). Humor Styles Questionnaire に関する研究の展望(2)―不安・ストレス・ハッスル　人間科学, *82*, 19-30.
吉田昂平・雨宮俊彦(2008). Humor styles questionnaire による中高齢者と若齢者の比較　日本心理学会第72回大会発表論文集, 44.
Yoshida, K., & Amemiya, T. (2016). The relation of self-compassion to self-related humor in Japanese university students. *Paper Presented at the 31st International Congress of Psychology.*
吉津潤(2010).感情抑制の目的と方略―自由記述に基づく分類　心理学叢誌, *4*, 139-147.
吉津潤・関口理久子・雨宮俊彦(2013).感情調節尺度(Emotion Regulation Questionnaire)日本語版の作成　感情心理学研究, *20*, 56-62.
Zachar, P., & Ellis, R. D. (2012). *Categorical versus dimensional models of affect: a seminar on the theories of Panksepp and Russell.* John Benjamins Publishing.
Zuckerman, M. (2007). *Sensation seeking and risky behavior.* American Psychological Association.

人名索引

あ 行

アイゼン（Isen, A.）250
アプター（Apter, M, J.）83, 139, 142, 151, 154, 156, 162, 164-166, 168, 170, 172, 174, 175, 215, 216, 232, 254
アリストテレス 106-109, 119, 139
アレグザンダー（Alexander, R. D.）113-115, 118
井上ひさし 92
ヴィーチ（Veatch, T. C.）136-139
梅原猛 116, 117, 120, 132, 140
ヴント（Wundt, W.）153, 182, 185
エーコ（Eco, U.）2, 107
エーレンライク（Ehrenreich, B.）16, 17
エクマン（Ekman, P.）26-29, 31, 40, 190, 191
オハラ（Ohala, J, J.）36-38
オルポート（Allport, G. W.）11, 219, 224, 253, 254, 267

か 行

カーネマン（Kahneman, D.）151, 201
カズンズ（Cousins, N.）233-235
カント（Kant, I.）140, 223
木村洋二 116, 117, 141, 145, 156-159, 161, 179, 231
九鬼周造 182
グルーナー（Gruner, C. R.）110, 112-114, 118
グロス（Gross, J. J.）151, 199, 246, 247
ケストラー（Koestler, A.）102, 118, 125-127, 134, 136, 165, 178
ケルトナー（Keltner, D.）27, 30, 31, 34, 35, 39, 41, 66, 82, 212, 225, 226, 229, 244
ゴーゴリ 85
コジンツェフ（Kozintsev, A.）5, 53, 67

さ 行

シェイクスピア（Shakespeare, W.）94

ジェームズ（James, W.）182, 192, 209
シェマイタート（Szameitat, D. P.）41, 43
シオタ（Shiota, M, N.）47, 178, 180, 197, 204, 207, 226, 227
志村けん 88
ジャン・パウル（Jean Paul）133, 138, 145, 148, 219, 223, 224
シュルツ（Shultz, T. R.）14, 71
ショーペンハウアー（Schopenhauer, A.）121-124, 128, 148, 224
スターン（Stern, A. M.）116, 117, 134, 157, 161, 164
ストリック（Strick, M.）151, 255
スペンサー（Spencer, H.）113, 126, 140, 141, 143, 145, 157, 161, 164, 178, 212, 223
セリグマン（Seligman, M. E.）16, 224, 237, 271
ソクラテス 104-106

た 行

ダーウィン（Darwin, C.）25, 26, 28, 33, 54-56, 59, 61, 62, 66, 67, 81, 115, 130, 131, 143, 146, 190, 218, 226
谷川俊太郎 92
ダマシオ（Damasio, A.）146, 210
チェイフ（Chafe, W.）18, 39, 41, 80, 214, 222
チクセントミハイ（Csikszentmihalyi, M.）162
チャップリン（Chaplin, C.）84
デネット（Dennett, D. C.）80, 124, 128
ドンキホーテ（Don Quixote）88

な 行

ニーチェ（Nietzsche, F.）14, 19
ネフ（Neff, K.）221, 269
ネルハルト（Nerhardt, G.）167

295

は行

バーガー（Berger, A. A.）　83-85, 90
パーク（Park, N.）　272
バーナード・ショー（Bernard Shaw）　93, 214
バーライン（Berlyne, D. E.）　141, 153-155, 168
バカロウスキ（Bachorowski, J. A.）　41, 42
バスター・キートン（Buster Keaton）　84
パッチ・アダムス（Patch Adams）　21, 242
パラジ（Palagi, E.）　70, 72
ハリス（Harris, C. R.）　55, 58-62
ハル（Hull, C. L.）　154, 156
パンクセップ（Panksepp, J.）　62-64, 68, 131, 171, 179, 191, 193, 207, 214, 220
ピアジェ（Piaget, J.）　157, 161, 228
ビアス（Bierce, A.）　93
ビリッグ（Billig, M.）　103, 110, 119
ピンカー（Pinker, S.）　103
フッサール（Husserl, E.）　172
プラトン　104-109
フランクル（Frankl, V.）　243, 253, 256
ブレイクモア（Blakemore, S. J.）　57, 58
フレデリクソン（Frederickson, B. L.）　48, 199, 200, 211, 249, 251, 252
フロイト（Freud, S.）　124, 125, 138, 140, 141, 146-149, 151-154, 156, 157, 161, 162, 213, 218-220, 224
プロヴァイン（Provine, R. R.）　9, 11, 39, 41, 56, 57, 72, 73
ベイン（Bain, A.）　143
ヘップ（Hebb, D. O.）　141, 154, 162, 168
ベルクソン（Bergson, H.）　12, 79, 80, 88, 131, 132, 134, 135, 165, 213
ホイジンガ（Huizinga, J.）　70
ポージス（Porges, S. W.）　46, 191, 207
ホッブス（Hobbes, T.）　108-110, 114, 116, 119

ま行

マーチン（Martin, R. A.）　4, 10, 13, 18, 45, 72, 110, 113, 120, 150, 151, 154, 156, 168, 170, 172, 180, 181, 240-243, 256, 261-265
マギー（McGhee, P. E.）　14-16, 18, 75, 96, 97, 258, 259
マグロウ（McGraw, P.）　21-23, 136, 139
町田康　89
ミスター・ビーン（Mr Bean）　86
モリオール（Morreall, J.）　101, 180, 207

や・ら行

柳田国男　82
ラッセル（Russell, J. A.）　171, 184, 185, 187-189
ラマチャンドラン（Ramachandran, V. S.）　74
ルフ（Ruch, W.）　13, 16, 18, 27, 40, 97, 103, 180, 187, 260, 265
レディ（Reddy, V.）　14, 17, 75-78, 81, 83, 179, 218, 220, 254, 255
レフコート（Lefcourt, H. M.）　242, 243, 253, 254, 256, 262
ロック（Lock, J.）　119

事項索引

あ 行

愛着理論 65
アイロニー 94
嘲り 43
遊びの5つの特徴 65
遊びの無目的性 212
あだ名 103
安全基地 65
畏敬（感情）223, 225
いじめ 68, 103, 213
移動遊び 64
イナイイナイバー 71, 72, 215, 221
ヴント曲線 153-155
A級感情 206
エネルギー覚醒 187, 188
エネルギー理論 140
えむ 3, 6
横隔膜式笑い測定システム 231
OKAO Vision 231
可笑しみの3分類 148
可笑しみの4類型 217
鬼ごっこ 71, 72

か 行

介入実験 257
回避的動機づけ 198
快不快 43
快―不快 185
学習された無気力 237
覚醒降下（arousal jag）155
覚醒上昇降下（arousal boost jag）155
覚醒水準 142
覚醒度 43
下降性の不一致（descending incongruity）144, 145
価値無化 117
活動それ自体が目的 214

カリカチュア 85
ガルガレイシス（galgalesis）55, 130
感覚感情（sensory affect）178-180, 205, 207
感情計算科学（affective computing）231
感情調節のプロセスモデル 246
感情的態度（emotional attitude）205, 207
感情の構成要素説 196
感情の次元説 184, 188, 189
感情の相互作用モデル 207
感情（emotion）の定義 204
感情の末梢フィードバック説 210
感情反応における逸脱増幅の循環 210
間接的互恵性 114
機知 150, 220
気晴らし 254
気分（mood）206
基本感情説 190
狭義のユーモア 151, 152, 219
共通の人間性 269
共通の人間性の認識 221
距離化 253
緊張―弛緩 185
くすぐり 43, 54, 55, 71, 72, 127, 138, 166, 215, 217
くすぐりにおける非自己性の検出 56
口開け笑顔 32
経験サンプリング法 162, 230
傾向的機知 150
嫌悪感情の5段階説 216
原ユーモア（Proto-humor）219, 221
コア・アフェクト 184, 186, 188, 189
高覚醒状態 215
交感神経系 45-47, 113, 227
攻撃的ユーモア 263, 266
交唱の笑い 42
行動観察 260
興奮 222

297

興奮—鎮静　185
交流分析　152
呼吸性洞性不整脈（RSA：Respiratory Sinus Arithmia）　47, 48
誇張や変化をともなう繰り返し　213
滑稽　218
言葉遊び　78, 92

さ 行

サイズ・シンボリズム　36, 38
最適覚醒水準説　142, 154, 155, 168
自我防衛機制　151
自虐的ユーモア　263, 266
自己客観視　220, 267
自己高揚的ユーモア　262, 266
自己報告式質問紙　230, 260
自己（や他者）へのやさしさ　221, 269
自発的微笑　4-6
シャーデンフロイデ　43
社会遊び　64
社会的微笑　5, 6
じゃれ遊び　62, 63, 72, 217, 221
照合変数（collative variables）　155
上昇性の不一致（ascending incongruity）　144
冗談　92
冗談合戦　110
情緒（sentiment）　205, 207
情動性脱力発作　48
ジョーク　217
新奇性　213
新奇な発想の促進　250
身体調整　248
心的エネルギー　141
心理的距離理論　139
親和性と親近感の醸成　255
親和的ユーモア　263, 266
ストレス覚醒　187, 188
ストレス対処　243, 245
スラップ・スティック　76, 79, 80, 84, 134, 217
政治ジョーク　21

接近的動機づけ　198
絶望の笑い　160
セルフ・コンパッション　221, 268
セルフ・ハンディキャッピング　68
先行焦点型感情調節　246
相関研究　239
ソマティック・マーカー（Somatic Marker）　146, 210

た 行

ダーウィン-ヘッケル仮説　54, 59, 60
対照比較実験　237
脱関与的関与（Disengaged Engagement）　17, 179
単純接触効果　151
超自我　152
嘲笑　102, 103
超正常刺激　80
調節優位　228
追跡調査　239, 240
強みとしてのユーモア　271
デュシェンヌ・スマイル　26, 28-32, 59, 71, 73, 74
デュシェンヌ笑い　74
テリック（Telic）状態　166, 170
テリック優位　167
同化優位　228
統合失調症　58
倒錯した崇高としてのユーモア　223
ドーパミン報酬系　62

な 行

内集団と外集団　115
7つの基本感情システム　193
二元結合　125, 127
二次的声の文化　23
ニスメイシス（knismesis）　55, 130
乳幼児の道化　77-79, 215, 218
人間の徳と強み　16
認知シナジー　162, 164, 165, 215, 222
認知スパンの拡大　251

認知的評価説　193
認知へのバイアス　210
ネガティビティー・バイアス　201
ネガティブ感情　194, 197
ネガティブ感情効果の緩和　250
ネガティブ感情バイアス　199
ノン・デュシェンヌ・スマイル　26, 29-32, 70, 72

は　行

バウト（bout）　40
爆笑計　231
パラテリック（Paratelic）状態　83, 163, 166, 170, 174, 215
パラテリックな行動　178
パラテリック優位　167
パルス　40
反転理論　162, 215
反応焦点型感情調節　246
B級感情　206
フィーリング　184, 185, 187, 188
不一致理論　119
風雲！たけし城　23, 175
風刺　94
負荷脱離　156
負荷脱離の笑い　158
副交感神経系　45-47
複迷走神経系理論（Polyvagal Theory）　46, 191
プレイ・シグナル　69, 71-75, 164, 214, 219, 221
プレイ・シグナルの4分類　70
プレイ・バウ　69, 70
プレイ・パント　39, 63
プレイ・ファイティング　64, 67, 214
プレイ・フェイス　32, 34, 35, 38, 70
フロー　162
防御フレーム　169
放出理論　140
ポジティビティー・オフセット　201
ポジティブ・イデオロギー　103
ポジティブ感情　194, 197

ポジティブ感情の拡張構築理論　211, 249
ポジティブ感情の健康効果　237
ポジティブ心理学　14-16, 103
ホフマン反射　48

ま　行

マインドフルネス　221, 269
マインドフルネス瞑想　257
末梢フィードバック（説）　146, 182
まぬけジョーク　21
無害逸脱理論　136
無言歯だし表示（Silent Bared Teeth Display）　34, 35, 37, 38
無声の笑い　41, 42
無用の用　179
迷走神経　46
迷走神経緊張（Vagal Tone）　47, 48
モノ遊び　64

や　行

役割の反転　68
優越理論　101
遊戯性　222
遊戯的状態　215
有声の笑い　41, 42
ユーモア　9, 217
ユーモア鑑賞課題　260
ユーモア技法　83
ユーモア志向尺度　263
ユーモアスタイル質問紙　262
ユーモアセンス（"sense of humor"）　1, 11
ユーモア・トレーニング　96, 97, 258
愉快な空無　161
抑圧節約説　151
余剰エネルギー　143, 145, 146

ら・わ　行

流暢性仮説　151
笑い　81
笑いエピソード　40
笑い声　71-73

笑い声のフォールス・アラーム説　74
笑いとユーモアの健康効果　240
笑いとユーモアの2条件　81
笑いの感染　73
笑いの負荷─出力モデル　158

笑いの無目的性　212
笑いや可笑しみの持続時間　82
笑いヨガ（Laughter Yoga）　96, 257
わらう　3, 6
悪ふざけ（Practical Joke）　78

《著者紹介》

雨宮俊彦（あめみや　としひこ）
　　東京大学大学院人文科学研究科博士課程前期修了　文学修士
　現　在　関西大学社会学部 教授
　主　著　『相互作用で解く心と社会——複雑系・ソシオン・視覚記号』関西大学出版部，2001年
　　　　　『笑いを科学する——ユーモア・サイエンスへの招待』（分担執筆）新曜社，2010年

笑いとユーモアの心理学
——何が可笑しいの？——

2016年7月10日　初版第1刷発行　　　　　　　〈検印省略〉
2017年6月10日　初版第2刷発行

定価はカバーに
表示しています

著　者　　雨　宮　俊　彦
発行者　　杉　田　啓　三
印刷者　　中　村　勝　弘

発行所　株式会社　ミネルヴァ書房
607-8494 京都市山科区日ノ岡堤谷町1
電話代表　(075)581-5191
振替口座　01020-0-8076

Ⓒ 雨宮俊彦，2016　　　　　　　　　中村印刷・清水製本

ISBN978-4-623-07691-8
Printed in Japan

驚くべき乳幼児の心の世界　　　　　　　　　　　Ａ５判／378頁
　　──「二人称的アプローチ」から見えてくること　本体　3800円
　　ヴァスデヴィ・レディ／著　佐伯　胖／訳

共　　感　　　　　　　　　　　　　　　　　　　四六判／232頁
　　──育ち合う保育のなかで　　　　　　　　　本体　1800円
　　佐伯　胖／編

よくわかる乳幼児心理学　　　　　　　　　　　　Ｂ５判／216頁
　　　　　　　　　　　　　　　　　　　　　　　本体　2400円
　　内田伸子／編

よくわかる健康心理学　　　　　　　　　　　　　Ｂ５判／224頁
　　　　　　　　　　　　　　　　　　　　　　　本体　2400円
　　森　和代・石川利江・茂木俊彦／編

よくわかる情動発達　　　　　　　　　　　　　　Ｂ５判／228頁
　　　　　　　　　　　　　　　　　　　　　　　本体　2500円
　　遠藤利彦・石井佑可子・佐久間路子／編著

よくわかる社会心理学　　　　　　　　　　　　　Ｂ５判／236頁
　　　　　　　　　　　　　　　　　　　　　　　本体　2500円
　　山田一成・北村英哉・結城雅樹／編著

よくわかる認知科学　　　　　　　　　　　　　　Ｂ５判／196頁
　　　　　　　　　　　　　　　　　　　　　　　本体　2500円
　　乾　敏郎・吉川左紀子・川口　潤／編

社会心理学　　　　　　　　　　　　　　　　　　Ａ５判／260頁
　　──社会で生きる人のいとなみを探る　　　　本体　2500円
　　遠藤由美／編著

認知心理学　　　　　　　　　　　　　　　　　　Ａ５判／264頁
　　──心のメカニズムを解き明かす　　　　　　本体　2500円
　　仲　真紀子／編著

はじめて学ぶパーソナリティ心理学　　　　　　　Ａ５判／246頁
　　──個性をめぐる冒険　　　　　　　　　　　本体　2500円
　　小塩真司／著

──────── ミネルヴァ書房 ────────
http://www.minervashobo.co.jp/